JN496304

가서 제자 삼으라

Go therefore and make disciples of all the nations

한국성서학연구소는
종교개혁의 신학전통을 이어받아
다양한 성서해석 때문에 갈등을 겪는 한국 교회를
하나님의 말씀 위에 바로 세우기 위하여 일하고 있습니다.
한국 교회가 안고 있는 현실문제에 대한 성서적이고
올바른 신학적 해석을 제시함으로써 이 땅의 문화가
그리스도의 이름 아래 세워질 때까지
이 일을 계속해 나가겠습니다.

가서 제자 삼으라
–마태복음 성경연구

개정·증보 합본 1쇄 인쇄 2009년 1월 10일
개정·증보 합본 1쇄 발행 2009년 1월 20일
지은이 장흥길
펴낸이 이연옥
펴낸곳 도서출판 한국성서학
서울 종로구 연지동 1-1 여전도회관 1105호
TEL. 02-766-5220, FAX. 02-744-7046
출판등록 제1-1286호(1991.12.21)
총판 도서출판 두란노(TEL. 02-749-1059 / FAX. 02-749-3705)

ISBN 978-89-86015-69-0 93230
값 15,000원

※ 잘못된 책은 바꿔 드립니다.

가서 제자 삼으라

마태복음 성경연구

장 흥 길

Matthew

한국성서학연구소
KOREA INSTITUTE OF BIBLICAL STUDIES

Go therefore and make disciples of all the nations

–A Study of the Gospel According to Matthew–

by

Hung-Kil Chang

머리말

신학대학교 교수의 일과 목회를 동시에 한다는 것은 필자의 경우 여간 힘드는 것이 아니었다. 그것은 필자가 신학대학교에서 매주 십 수 시간을 강의하면서 그와 함께 섬기는 교회에서 매 주일 예배 시 전해야 할 설교 두 편과 수요 기도회 시 전할 말씀을 위해 매주 수요일과 토요일에는 거의 종일토록 꼬박 말씀 준비에만 매달려야 했기 때문이다. 그렇기는 하나 이 시간이 필자가 신학교 강의실 교단에 서서 가르치던 신학을 목회 현장인 교회의 강단으로 옮길 수 있는 좋은 기회가 되고 평소 생각하던 신학과 목회의 괴리 해소 문제를 진지하게 숙고해볼 수 있는 시간이 되어 개인적으로는 참으로 보람 있고 유익한 시간이었다.

본 성경공부 교재는 필자가 장로회신학대학교 교수로 봉직하면서 지난 삼 년 반 동안 섬겼던 청운동부교회(서울시 강동구 명일동 소재)에서 매주 수요 기도회 시간에 52주 동안 전했던 강해 설교 원고를 현장감을 살리기 위해 그대로 옮긴 것이다. 이 성경공부 교재를 출판하게 된 동기는 앞서 언급한 신학과 목회의 괴리 해소 이외에도 일선 목회현장에서 과다한 목회 업무로 시간에 쫓기는 목회자들의 말씀 준비에 도움을 주고, 또 청·장년을 위한 신학적 성경공부 교재가 부족한 한국 교회의 실정에 조금이나마 보탬이 되고자 하는 필자의 소원에서 비롯되었다.

본 성경공부 교재는 52주 1년 치 분량으로 이를 사용하는 이가 형편에 따라 적절하게 성경공부 진도를 조절할 수 있다. 예컨대 한 과는 실제 40분 정도의 강해 설교 시간에 다루었던 분량이므로 한 시간 반정도 공부한다면 반 년 만에 마칠 수 있다. 각 과는 크게 네 개의 뼈대로 구성되어 있는데 먼저 해당 본문이 마태복음에서 차지하고 있는 자리를 전체 본문 맥락에서 매겨보고(본문의 자리 매김), 그 본문의 구조를 살펴본 다음(본문의 짜임새), 그 본문의 원래 의미를 밝히고 나서(본문 풀이), 그후 해당 본문이 전하는 메시지를 현실로 옮기는 해석학적 시도를 하였다(본문이 전하는 말씀). 그리고 각 과의 말미에 그 내용에 부합된 찬송가를 선정하여 붙였다. 또 성경공부 교재가 신학적이어야 하지만 현학적이어서는 안 된다는 필자의 소견에 따라 복잡하고 불확실한 신학적인 논쟁을 피하고, 일반인에게는 낯선 헬라어를 낯익은 로마 자모로 음역하여 옮겼다. 이 교재를 사용하는 이들에게 특별히 당부하고 싶은 것은 본 교재가 마태복음을 다루고 있으나 다른 공관복음서인 마가복음이나 누가복음과 비교하면서 공부하라는 점이다. 이를 위해서는 성종현 교수가 엮은 『공관복음서 대조연구』(서울: 장로회신학대학교 출판부, 1992)를 참고하는 것이 도움이 될 것이다.

아쉬운 점은 본 성경공부 교재가 분량 때문에 불가피하게 상·하권으로 출판하게 되었다는 것이다. 또 이 교재를 사용하는 이들이 기억해야 하는 한 가지 사실은 본 교재가 청·장년을 위한 신학적 성경공부 교재 제작의 한 시도에 불과하다는 것이다. 게다가 이 성경공부 교재의 내용이 실제로 수요 기도회 때 전한 말씀이지만 요약적으로 정리되어 있어 부분적으로는 자세한 설명이 부족하다는 것이 필자로서는 마음에 걸리는 점이다. 그렇기는 하나 더 자세하게 다루면 분량이 늘어나고 성경공부의 흥미를 잃어버릴 지루함도 생길 수 있다는 점에서 부족하나마 현재의 상태로 출판할 수밖에 없었다고 변명해 본다.

끝으로 수요 기도회에 나와 말씀을 경청해 주신 청운동부교회 성도들과 이 책의 출판을 허락해 주신 한국성서학연구소 김지철 소장님께 심심한 감사들 드린다.

2001년 초봄

광나루 선지동산에서 장 흥 길

개정 · 증보 합본 머리말

필자가 '청 · 장년을 위한 성경연구(마태복음 편)'인 『가서 제자 삼으라』(상 · 하권)를 출판한 지도 벌써 7년이 되었다. 이 성경공부 교재는 필자가 장로회신학대학교에서 교수로 학생들을 가르치면서 삼 년 반 동안 섬겼던 '청운동부교회'(서울시 강동구 소재)에서 매주 수요 기도회 때 52주 동안 전했던 강해 설교 원고를 바탕으로 성경공부의 형식에 맞게 다듬은 것이었다. 7년이 지난 지금 책이 절판(絕版)되고, 또 그동안 독자로부터 상 · 하권을 하나로 묶은 합본 출판의 요청이 있었다.

이에 필자는 다음에 언급한 몇 가지를 고려하여 개정 · 증보 합본을 세상에 다시 내놓게 되었다. 무엇보다도 우선, 개정 · 증보 합본은 상 · 하권을 하나로 묶고, 전체적으로 자구적으로나 내용적으로 교정해야 할 부분을 수정하였으며, 보충해야 할 부분에 대해서는 이를 덧붙였다. 둘째로, 한글개역성경에서 인용한 성구를 본문으로 삼아 원문과 대조하여 그 의미를 밝혔던 초판과 비교해볼 때, 개정 · 증보 합본에서는 한글개역개정 성경에서 인용한 본문을 해석의 기본 본문으로 삼아 주석하였다. 셋째로, 페이지마다 바깥 쪽 여백을 활용하여 참조해야 할 관련 성구나 해설을 담아 성경공부 교재를 사용하는 독자들의 편의를 도모하였다. 넷째로, 본서의 말미(末尾)에 주요 참고 문헌을 첨가함으로써 독자들이 마태복음에 대한 심화 학습을 할 수 있도록 서지 정보를 제공하였다. 다섯째로, 각 단원 끝에 제시한 찬송가에 『21세기 찬송가』를 첨가하여 새 찬송가 사용에 불편함이 없게 하였다(정식 명칭 『21세기 찬송가』를 사용하되 본문에서는 약식 형태로 '새 ~장'으로 표기했다). 마지막으로, 필요한 경우 성경 말씀의 이해를 돕기 위해 필자가 성지인 이스라엘에서 촬영했던 사진 몇 장을 함께 실었다.

끝으로, 『가서 제자 삼으라』 개정·증보 합본 출판을 위해 여러 가지로 수고하신 한국성서학연구소 직원들, 곧 전임연구원인 장성민 목사님과 조용현 목사님, 비상임 연구원인 홍성민 목사님과 라병원 목사님, 그리고 사무원으로 연구소를 섬기시는 최혜진 간사님께 감사드리며, 또한 본서가 출판되는 마지막 순간까지 마음을 졸이시며 애써 주신 생명나무 임수경 실장님께 감사드린다. 무엇보다도 개정·증보 합본이 세상에서 빛을 볼 수 있게 해주신 하나님께 감사드리며, 모든 영광을 하나님께 돌리고 싶다. 아무쪼록 이 성경공부 교재가 한국 교회를 말씀 위에 세우는 일에 한몫을 담당하기를 바라며, 그와 함께 이 교재를 사용하는 모든 분들이 그리스도의 신실한 제자가 되고, 또 다른 사람들을 제자 삼는 온전한 그리스도인이 되기를 소망한다. 2008년 한 해도 얼마 남지 않았다. 올 성탄절은 마태복음 2장에서 아기 예수님을 경배했던 동방박사의 심정으로 맞이하고 싶다.

2008년 성탄절을 며칠 앞두고
광나루 선지동산에서
저자 장 흥 길

차례

제1과 마태복음의 개론적인 문제

저자

예수님의 열두 제자 가운데 한 사람인 세리 마태(10:3; 막 2:14, 레위) 또는 이방 선교에 개방적인 미지의 한 유대인 기독교인으로 본다.

마태복음의 표제어(inscriptio): "마태에 의한 복음"(*euanggelion kata Maththaion*)

A. "마태에 의한"(*kata Maththaion*): 4세기 사본(시내 사본, 바티칸 사본)에서 등장
B. "마태에 의한 복음"(*euanggelion kata Maththaion*): 5세기 사본
C. "마태에 의한 거룩한 복음"
D. "하나님과 함께 마태에 의한 복음의 시작": 7세기 사본
E. "마태에 의한 (복음)에서 유래한": 8, 9세기 사본

저작 장소 및 시기

A. 저작 장소

“그의 소문이 온 수리아에 퍼진지라”(4:24)라는 말씀에 근거하여 수리아(Syria)를 저작 장소로 여긴다.

B. 저작 시기

몇 본문에 의하면 저자는 주후 70년에 일어난 예루살렘 멸망에 대해 깊은 충격을 받았음을 읽어낼 수 있기 때문에 저작 시기는 예루살렘 멸망 이후 75-80년으로 본다.

1. 왕의 혼인 잔치 비유

“임금이 노하여 군대를 보내어 그 살인한 자들을 진멸하고 그 동네를 불사르고”(22:7)

참조. 마 21:41, “그들이 말하되 그 악한 자들을 진멸하고 포도원은 제 때에 열매를 바칠 만한 다른 농부들에게 세로 줄지니이다”

2. 예루살렘에 대한 탄식

“보라 너희 집이 황폐하여 버려진바 되리라”(23:38)

특징

A. 유대 기독교적이면서 이방 기독교적이다.

1. 유대 기독교적인 특징

a) 기본적으로 율법을 긍정(5:17-20; 23:3): 예수께서 율법의 폐지가 아니라 율법의 완성을 위해 오심

"내가 율법이나 선지자를 폐하러 온 줄로 생각하지 말라 폐하러 온 것이 아니요 완전하게 하려 함이라"(5:17)
"그러므로 무엇이든지 그들이 말하는 바는 행하고 지키되 그들이 하는 행위는 본받지 말라 그들은 말만 하고 행하지 아니하며"(23:3)

b) **구약** 인용
예수님은 구약 예언을 성취하신 분이다.
또 구약과 예수님의 관계는 약속과 성취의 관계이다.
이것이 마태의 구속사관이요 마태의 역사 이해이다.

	마태복음	예언의 내용	구약
1	1:23	처녀 탄생	사 7:14
2	2:6	베들레헴에서 날 이스라엘의 목자	미 5:2
3	2:15	이집트로 피신	호 11:1
4	2:18	헤롯의 유아 살해	렘 31:15
	2:23	나사렛 사람	-
5	4:15-16	갈릴리에서 활동하심	사 9:1-2
6	8:17	예수님의 병 치유	사 53:4
7	12:18-21	상한 갈대를 꺾지 않으시는 예수님	사 42:1-3
8	13:35	비유로 말하심	시 78:2
9	21:5	나귀 새끼를 타시고 예루살렘에 입성	슥 9:9
10	27:9-10	피 값으로 밭을 삼	슥 11:13

c) 예수님의 선교는 기본적으로 **이스라엘**에 국한된다.

(1) 열두 제자 파송

"예수께서 이 열둘을 내보내시며 명하여 이르시되 이방인의 길로도 가지 말고 사마리아인의 고을에도 들어가지 말고 오히려 이스라엘 집의 잃어버린 양에게로 가라"(10:5-6)

(2) 이스라엘 집의 잃어버린 양에게 보내심을 받음

"예수께서 대답하여 이르시되 나는 이스라엘 집의 잃어버린 양 외에는 다른 데로 보내심을 받지 아니하였노라 하시니"(15:24)

d) 마태의 교회는 여전히 **안식일**을 지킨다.

"너희가 도망하는 일이 겨울에나 안식일에 되지 않도록 기도하라"(24:20)

2. 이방 기독교적인 특징

a) 구원의 보편주의(universalism): 이방인 선교, "모든 민족을 제자로 삼아"(28:18-20)

b) (마태의) 율법 비판: 5장 21-48절에 나타나는 6개의 대립명제(Antithese)

c) 안식일 규정의 중요성 상실: 안식일에 밀 이삭을 자름(12:1-8)

B. 말씀(믿음)과 함께 행함을 강조한다.

1	5-7장	산상설교
2	10장	제자 파송 설교
3	13장	천국 비유 설교
4	18장	교회 규정 설교
5	24-25장	종말 심판 설교

다섯 개의 말씀 강화(講話)와 열 개의 이적 기사 (8-9장)

예수님은 "**말씀(가르침)의 메시아**"(5-7장)요, "**행함의 메시아**"(8-9장)이다(Julius Schniewind).

"이러므로 그들의 **열매**로 그들을 알리라"(7:20)

"나더러 주여 주여 하는 자마다 다 천국에 들어갈 것이 아니요 다만 하늘에 계신 내 아버지의 뜻대로 **행하는** 자라야 들어가리라"(7:21)

"그러므로 무엇이든지 그들이 말하는 바는 행하고 지키되 그들이 하는 행위는 본받지 말라 그들은 말만 하고 **행하지** 아니하며"(23:3)

C. 마태복음의 예수님은 '보다 나은 의'를 가르치는 권위 있는 교사이다.

산상설교의 주제는 '바리새인과 서기관보다 나은 의'이다.

1. 예수님은 '더 나은 의'를 가르치는 '권위' 있는 교사이다.

"이는 그 가르치시는 것이 **권위** 있는 자와 같고 그들의 서기관들과 같지 아니함일러라"(7:29)

참조 마태복음에서 권세(exousia): '권위'(authority) 또는 '권능'(power)의 뜻이다.

2. 예수님은 죄를 사하는 권능을 가지고 계신다.

"그러나 인자가 세상에서 **죄를 사하는 권능**이 있는 줄을 너희로 알게 하려 하노라 하시고 중풍병자에게 말씀하시되 일어나 네 침상을 가지

고 집으로 가라 하시니"(9:6)

3. 예수님은 하늘과 땅의 모든 권세를 가지고 계신다.

"예수께서 나아와 말씀하여 이르시되 **하늘과 땅의 모든 권세**를 내게 주셨으니"(28:18)

4. 그러므로 예수님만이 유일한 **권위** 있는 교사이다.

"그러나 너희는 랍비라 칭함을 받지 말라 너희 선생은 하나요 너희는 다 형제니라"(23:8)

"… 지도자는 한 분이시니 곧 그리스도시니라"(23:10)

마태의 교회

유대인 기독교인과 이방인 기독교인으로 구성된 **혼합 공동체**(corpus permixtum)로 열방에 선교하는 교회

A. 마태가 마태복음을 기록한 목적은 모든 그리스도인을 '제자 삼는 것'이다. 곧 예수님의 가르침을 가르쳐 지키게 하고, 그들로 하여금 또 다른 사람들을 '제자 삼게 하는 것'이다.

B. 마태에게 있어서 '그리스도인이 된다'는 것은 '예수님을 따르는 제자 되는 것'(28 : 19)이다.

C. 마태의 경우 '따르다'란 '추종하다'의 의미이다.

D. 마태에게 있어서 '추종'의 의미

1. 고난 받을 수 있음(10:17 이하): 박해
2. 겸손(18:1-5): 어린 아이 같이 자기를 낮추는 사람
3. 섬김(20:20 이하): 세배대의 두 아들에게 요구
4. 자비로운 사랑의 행위(25:31-46)

믿음의 **실천 행위**가 종말 심판에서 결정적인 기준이 된다.

마태복음의 해석 열쇠

마태복음의 종결 단락(28:16-20)인 부활하신 예수님의 '선교 지상 명령'이 마태복음 전체를 이해하는 해석의 열쇠가 된다.

그러므로 '뒤에서부터' 전체 마태복음을 바라보아야 한다.

교회는 '모든 족속'에게로 가서 복음을 전하는 선교하는 교회가 되어야 한다(구원의 보편주의).

선교의 세 가지 관점

A. 예수님의 권세: 기독론적인 관점
B. 제자 삼음: 교회론적인 관점
C. 부활하신 주님께서 세상 끝날까지 함께 하심(임마누엘의 주님): 종말론적인 관점

마태복음이 전하는 말씀

첫째, 모든 권세는 주님께 있으므로 오직 **주님만을 의지**하자.

둘째, 주님의 가르침을 배우고 지킴으로써 **제자가 되자**.

셋째, 주님의 제자로서 주님의 가르침을 전하고 이를 지키게 함으로써 **제자 삼자**.

찬송: 162장(새 175장)

제2과 예수님의 계보와 탄생

1장 1-25절

마태복음의 구조

<table>
<tr><td colspan="2">예수님의 공생애 이전 기사 (1-2장)</td></tr>
<tr><td colspan="2">예수님의 공생애 준비와 시작(3-4장)</td></tr>
<tr><td rowspan="7">갈릴리 활동</td><td>말씀 1: 산상설교(5-7장)</td></tr>
<tr><td>예수의 이적(8-9장)</td></tr>
<tr><td>말씀 2: 파송 설교(10장)</td></tr>
<tr><td>결단의 준비(11-12장)</td></tr>
<tr><td>말씀 3: 천국 비유 설교(13장)</td></tr>
<tr><td>여러 활동(14-17장)</td></tr>
<tr><td>말씀 4: 교회 규정 설교(18장)</td></tr>
<tr><td>갈릴리에서 예루살렘으로</td><td>예루살렘 상경기(19-20장)</td></tr>
<tr><td rowspan="4">예루살렘 활동</td><td>예루살렘에서의 대립(21-23장)</td></tr>
<tr><td>말씀 5: 종말 심판 설교(24-25장)</td></tr>
<tr><td>수난(26-27장)</td></tr>
<tr><td>부활(28장)</td></tr>
</table>

본문의 자리 매김

마태복음의 서두에 자리 잡은 예수님의 공생애 '전(前) 역사'의 한 부분. '전(前) 역사'란 예수님의 공생애 이전의 기사를 말한다.

1장: 예수님의 계보와 탄생 기사
2장: 예수님의 유아 기사

본문의 짜임새

A. 1-17절: 예수님의 계보(geneology)
B. 18-25절: 예수님의 탄생

본문 풀이

A. 예수님의 계보(1-17절)

1절의 서두: "**계보**의 책"(*biblos geneseōs*)
1절: "아브라함과 다윗의 자손 예수 그리스도의 계보라"
그러나 이것은 단순한 계보(족보)가 아니다. 이 계보는 예수님이 **누구**이며 무엇을 위해 세상에 오신 분인가를 보여 준다.

예수님은 누구신가?

1. **유대인**과 **이방인** 모두를 위해 세상에 오신 분이시다(1절, **구원의 보편주의**).

(1절) "**아브라함**과 **다윗의 자손** 예수 그리스도의 계보라"

a) **아브라함**의 자손

아브라함은 '모든 믿는 자'의 조상이다. 마태의 경우 아브라함은 '이방인의 조상'도 된다.

참조. 마 3:9, "속으로 아브라함이 우리 조상이라고 생각하지 말라 내가 너희에게 이르노니 하나님이 능히 이 돌들로도 아브라함의 자손이 되게 하시리라"

b) **다윗**의 자손(1절)

다윗은 유대인의 왕이며, 메시아의 혈통이다.

c) 3-6절에 언급된 네 명의 포로기 이전의 이방 여인들 역시 구원의 보편주의를 보여 준다.

(3-6절) "유다는 **다말**에게서 베레스와 세라를 낳고 베레스는 헤스론을 낳고 헤스론은 람을 낳고 람은 아미나답을 낳고 아미나답은 나손을 낳고 나손은 살몬을 낳고 살몬은 **라합**에게서 보아스를 낳고 보아스는 **룻**에게서 오벳을 낳고 오벳은 이새를 낳고 이새는 다윗 왕을 낳으니라 다윗은 **우리야의 아내**에게서 솔로몬을 낳고"

'다말'(3절): 유다의 며느리로 이스라엘인의 조상 할머니
'라합'(5절): 이스라엘의 하나님을 믿는, 본이 되는 이방인
'룻'(5절): 하나님의 택하심을 받은 다윗의 증조 할머니
'우리야의 아내'(밧세바, 6절): 헷 사람 우리야의 아내였으나 남편의 전사 후 다윗의 후처가 된 여인

서두(1:3-6)의 네 이방 여인은 마태복음의 말미(28:19)의 '모든 족속'과 보편적인 구원의 의미에서 일치한다: "그러므로 너희는 가서 모든 민족을 제자로 삼아 …"(28:19).

마태복음의 경우 하나님의 구원 행동은 처음부터 유대인뿐 아니라 이방인에게도 유효하다.

2. 예수님은 **그리스도**(메시아)이시다(1, 16절).

예수님 계보의 신학적인 의미는 그분의 그리스도되심(기독론적인 근거)이다.

a) 예수님은 **다윗의 자손**(1절)이다.

이사야의 예언(사 11:1, 10)에 의하면

(사 11:1) "**이새의 줄기**에서 한 싹이 나며 그 뿌리에서 한 가지가 나서 결실할 것이요"

(사 11:10) "그 날에 **이새의 뿌리**에서 한 싹이 나서 만민의 기치로 설 것이요 열방이 그에게로 돌아오리니 그가 거한 곳이 영화로우리라"

이새는 다윗의 아버지이다.

b) 예수님은 **그리스도**(16절)이시다.

(16절) "야곱은 마리아의 남편 요셉을 낳았으니 **마리아**에게서 **그리스도라 칭하는 예수**가 나시니라"

3. 예수님의 계보는 **완전**하다(17절).

(17절) "그런즉 모든 대 수가 아브라함부터 다윗까지 **열네 대**요 다윗부터 바벨론으로 사로잡혀 갈 때까지 **열네 대**요 바벨론으로 사로잡혀 간

후부터 그리스도까지 **열네 대더라**"

■ 역대상 1-3장과 마태복음 1:1-17의 계보 비교

아브라함부터 다윗까지		다윗부터 바벨론으로 사로잡혀 갈 때까지		바벨론으로 사로잡혀 간 후부터 그리스도까지	
대상 1-3장	마 1:1-17	대상 1-3장	마 1:1-17	대상 1-3장	마 1:1-17
아브라함	① 아브라함	다윗	① 다윗	여호야김	① 여고냐
이삭	② 이삭	솔로몬	② 솔로몬	여고냐	② 스알디엘
이스라엘	③ 야곱	르호보암	③ 르호보암	스알디엘	③ 스룹바벨
유다	④ 유다	아비야	④ 아비야	**브다야**	④ 아비훗
베레스	⑤ 베레스	아사	⑤ 아사	스룹바벨	⑤ 엘리아김
헤스론	⑥ 헤스론	여호사밧	⑥ 여호사밧		⑥ 아소르
람	⑦ 람	요람	⑦ 요람		⑦ 사독
아미나답	⑧ 아미나답	**아하시야**			⑧ 아킴
나손	⑨ 나손	**요아스**			⑨ 엘리웃
살몬	⑩ 살몬	**아마샤**			⑩ 엘르아살
보아스	⑪ 보아스	**아사랴**	⑧ **웃시야**		⑪ 맛단
오벳	⑫ 오벳	요담	⑨ 요담		⑫ 야곱
이새	⑬ 이새	아하스	⑩ 아하스		⑬ 요셉
다윗	⑭ 다윗	히스기야	⑪ 히스기야		⑭ 예수
		므낫세	⑫ 므낫세		
		아몬	⑬ 아몬		
		요시야	⑭ 요시야		

14수(2×7) 의미

① 다윗(דוד) = 4+6+4 = 14, 예수님은 다윗의 혈통에서 나셨다.

② 완전수 7×2 = 14, 예수님의 계보는 완전하다.

참조. 히브리어 철자는 수를 나타내기도 한다.

B. 예수님의 탄생(18-25절)

1. 성령으로 잉태되심(18, 20, 23절)

(18절) "예수 그리스도의 나심은 이러 하니라 그의 어머니 마리아가 요셉과 약혼하고 동거하기 전에 **성령으로 잉태**된 것이 나타났더니"
(20절) "이 일을 생각할 때에 주의 사자가 현몽하여 이르되 **다윗의 자손** 요셉아 네 아내 마리아 데려오기를 무서워하지 말라 그에게 **잉태된 자는 성령으로 된 것**이라"
(23절) "보라 **처녀**(*parthenos*)**가 잉태하여** 아들을 낳을 것이요 그 이름은 **임마누엘**이라 하리라"

히브리어 "알마"는 젊은 여인이라는 뜻이나, 이 절의 파르테노스(*parthenos*)는 문맥상 '처녀'를 의미한다.

2. '예수'라는 이름의 뜻(21절)

(21절) "아들을 낳으리니 이름을 예수라 하라 이는 그가 **자기 백성을 그들의 죄에서 구원할 자**이심이라 하니라"

3. 예수님의 탄생은 구약의 약속이 이루어지는 것이다(22절).

(22절) "이 모든 일이 된 것은 주께서 선지자로 하신 **말씀을 이루려 하심이니** 이르시되"

참조. '회상 인용문'이란 예수님을 통해 성취된 구약의 약속을 담고 있는 구약 인용 구절이다.

복음서 저자 마태가 하나님의 구속사를 해석하는 틀은 '**약속과 성취**' 모델이다.

22-23절: 마태복음에서 첫 번째 등장하는 '**회상 인용문**' 또는 '**성취 인용문**'이다.

4. 임마누엘 예수님(23절)

(23절) "보라 처녀가 잉태하여 아들을 낳을 것이요 그의 이름은 **임마누엘**이라 하리라 하셨으니 이를 번역한즉 **하나님이 우리와 함께 계시다** 함이라"

'임' : '함께'(with)에 해당하는 히브리어 전치사
'임마누' : '우리와 함께'(with us)
'엘' : '하나님'(God)
'**우리와 함께 하시는 하나님**'은 마태복음에서 중요한 주제이다.
마태복음의 서두와 말미(28 : 20)에서 '**임마누엘의 예수님**'이 각각 언급된다.

참조. 마 28:20, "… 볼지어다 내가 세상 끝날까지 너희와 **항상 함께 있으리라** 하시니라"

본문이 전하는 말씀

예수님은 누구신가?
예수님의 계보와 탄생 기사는 예수님이 온 인류(유대인과 이방인)를 위해 오신 그리스도로 구세주이시며 믿는 자와 함께 하시는 하나님이심을 보여 준다.

찬송: 101장(새 80장)

베들레헴
젖동굴
기념교회 내
요셉의 가족과
아기 예수 모형

제3과 **공생애 이전의 예수님**

2장 1-23절

본문의 자리 매김

1-2장은 공생애 이전의 예수님의 탄생과 유아기의 몇 사건들을 기술하고 있다. 마태는 이로써 예수님의 정체를 밝히고자 한다. 즉 1장에서는 '예수님이 누구이신가'(Who is Jesus?) 그리고 2장에서는 '예수님이 어디에서 유래되신 분이신가'(Where does Jesus come from?)가 묘사되어 있다.

1장: 예수님의 **정체**
2장: 예수님의 **기원**
(4절) "왕이 모든 대제사장과 백성의 서기관들을 모아 **그리스도가 어디서 나겠느냐** 물으니"

본문의 짜임새

2장은 크게 두 부분으로 구분된다.

A. **동방박사의 경배**(1–12절)

B. **예수님의 영아기와 관련된 세 가지 사건**(13–23절)
둘째 문단은 네 복음서 중 마태복음에서만 나타나는 세 단락으로 구성되어 있다.
1. **애굽(이집트)으로 피신**(13–15절)
2. **헤롯의 유아 살해**(16–18절)
3. **애굽으로부터 귀환**(19–23절)

본문 풀이

A. 예수님은 동방(*anatolē*)의 박사들(*magoi*)로부터 경배를 받으신 분이다(1, 2, 11절).

(1–2절) "헤롯왕 때에 예수께서 유대 베들레헴에서 나시매 **동방으로부터 박사들**(*magoi apo anatolōn*)이 예루살렘에 이르러 말하되 유대인의 왕으로 나신 이가 어디 계시냐 우리가 동방에서 그의 별을 보고 그에게 **경배하러**(*proskynēsai*) 왔노라 하니"
(11절) "집에 들어가 아기와 그의 어머니 마리아가 함께 있는 것을 보고 엎드려 아기께 **경배하고**(*prosekynēsan*) 보배합을 열어 황금과 유향과 몰약을 예물로 드리니라"

누가복음에서 예수님은 '유대인 목자들로부터'(= 비천한 사람으로부터) 경배를 받으신다(눅 2:8-20). 그러나 마태의 경우 예수님은 **이방인**으로부터 경배를 받으신다(**구원의 보편주의**).

1. 동방박사: 순교자 저스틴(Justin)에 의하면 이 동방은 '남 아라비아'이다. 교회 전승에서 이들은 동방에서 온 세 '왕'으로 여겨졌다.

2. '경배하다'(*proskynein*는 *pros*, '앞으로 [나아가]'와 *kynein*, '입맞추다'의 합성어)는 마태의 특징어이다.

■ **신약성경에서 이 단어의 사용 빈도 수**

마태복음	마가복음	누가복음	사도행전
13회	2회	3회	4회

(마태복음 2:2; 8:11; 4:9, 10; 8:2; 9:18; 14:33; 15:25; 18:26; 20:20; 28:9, 17)

특히 마태복음의 종결 단락(28:16-20) 중 28장 17절에서 강조되어 있다: "(열한 제자가) 예수를 뵈옵고 경배하나 아직도 의심하는 사람들이 있더라"

3. 경배 예물 세 가지

a) **황금**: 왕을 알현할 때 사용되는 경배 용품

b) **유향**: 예배 때 쓰는, 여러 향료를 섞은 향품

c) **몰약**: 향내 나는 나무진, 장례시 향품제 또는 마취제로 사용

참조. 출애굽기 30장 34-38절에 따르면, 네 가지 향료에 소금을 더한 것이 예배 향품이다. 신약 시대에는 13가지 향료가 있었다.

B. 예수님은 구약에서 예언된 이스라엘의 목자이시다(5-6절).

(5-6절) "이르되 유대 베들레헴이오니 이는 선지자로 이렇게 기록된 바 또 유대 땅 베들레헴아 너는 유대 고을 중에서 가장 작지 아니하도다 네게서 한 다스리는 자가 나와서 **내 백성 이스라엘의 목자**가 되리라 하였음이니이다"

6절은 구약의 미가서 5장 2절과 사무엘하 5장 2절로부터 합성한 구절이다. 이스라엘은 '내 백성'이며, 마태에게 있어서는 교회가 '새 이스라엘'이다. **새 이스라엘**은 **유대인**과 **이방인**으로 구성되는 **믿음의 공동체**이다. 또 첫째 단락에서 '별'이라는 단어가 여러 번 사용된다(2, 7, 9, 10절).

참조. 민 24:17, "한 별이 야곱에게서 나오며 한 규가 이스라엘에게서 일어나서 모압을 이쪽에서 저쪽까지 쳐서 무찌르고 또 셋의 자식들을 다 멸하리로다"

특히 10절을 보면("그들이 **별**을 보고 매우 크게 기뻐하고 기뻐하더라"), 이는 민수기 24장 17절의 발람 기사와 관련되어 있다.

'야곱에서 난 별'(*astēr*; 참조. astrology, 점성술)은 예수를 가리킨다(메시아 예언).

교부 터툴리안(Tertullian)에 의하면 "메시아의 별 이후에 별의 권세가 깨어졌다."

예수님은 모든 하늘의 정사 권세를 깨뜨리고 구약에 예언된 메시아이시다.

C. 예수님은 구약에서 예언되었던 '하나님의 아들'이시다 (15절).

(15절) "헤롯이 죽기까지 거기 있었으니 이는 주께서 선지자를 통하여 말씀하신 바 애굽으로부터 **내 아들**을 불렀다 함을 이루려 하심이라"

15절은 마태복음에서 두 번째 나타나는 **회상 인용문**(또는 성취 인용문)이다.

아기 예수의 애굽 체류는 호세아 예언의 성취이다.

참조. 호 11:1, "이스라엘이 어렸을 때에 내가 사랑하여 내 아들을 애굽에서 불러냈거늘"

마태의 경우 예수님의 '**하나님의 아들**'되심이 강조되어 있다.

(2:15) "헤롯이 죽기까지 거기 있었으니 이는 주께서 선지자를 통하여 말씀하신 바 애굽으로부터 **내 아들**을 불렀다 함을 이루려 하심이라"(유아기)

(3:17) "이는 **내 사랑하는 아들**이요"(수세시)

(4:3, 6) "네가 만일 **하나님의 아들**이어든"(시험시)

(8:29) "**하나님의 아들**이여"(가다라 지방의 귀신 들린자)

(14:33) "진실로 **하나님의 아들**이로소이다"(풍랑 진압시)

(16:16) "주는 그리스도시요 살아 계신 **하나님의 아들**"(베드로의 신앙고백)

(17:5) "이는 **내 사랑하는 아들**이요"(산상의 변모시)

(26:63) "네가 **하나님의 아들** 그리스도인지 우리에게 말하라"(대제사장의 심문)

(27:40, 43) "네가 만일 **하나님의 아들**이어든 자기를 구원하고 십자가에서 내려오라"(십자가에서 희롱)

(27:54) "이는 진실로 **하나님의 아들**이었도다"(백부장의 고백)

한편 예수님은 하나님을 '**내 아버지**'라고 부르셨다(7:21; 10:32-33; 16:17; 18:10, 19; 26:29, 39).

마태에 의하면 예수님은 하나님의 아들이시며 예수님 안에 하나님의 뜻이 나타났으며 예수님 안에서 하나님의 뜻이 실현되었다.

아버지 하나님!

D. 예수님의 경우 출생시 이미 십자가 고난의 길이 암시되어 있었다(16-18절).

애굽으로 피신(13-14절)하신 예수님, 메시아 예수님에 대한 헤롯 왕의 조치로서 유아 살해 장면에 이미 예수께서 당하실 수난의 운명이 사전에 암시되어 있었다.

(16-18절) "이에 헤롯이 박사들에게 속은 줄 알고 심히 노하여 사람을 보내어 베들레헴과 그 모든 지경 안에 있는 사내아이를 박사들에게 자세히 알아본 그 때를 기준하여 두 살부터 그 아래로 다 죽이니 이에 선지자 예레미야를 통하여 말씀하신 바 라마에서 슬퍼하며 크게 통곡하는 소리가 들리니 라헬이 그 자식을 위하여 애곡하는 것이라 그가 자식이 없으므로 위로 받기를 거절하였도다 함이 이루어졌느니라"

18절은 세 번째 '**회상 인용문**'이다(렘 31:15).

E. 예수님은 '새로운 모세'이시다(13-23절).

예수님의 애굽 땅으로의 피신, 애굽에 머무심, 애굽으로부터의 귀환은 모세를 연상하게 한다(**모세-메시아 유형론**). 또 두 살 아래의 사내 아이를 죽이는 것도 애굽 바로의 사내 아이 살해 기사와 비교된다(출 1:15-22 참조). 이것은 '모세 오경'이라는 다섯 권의 율법서에 상응하는 마태복음의 다섯 '설교 말씀 묶음'에 관련되어 있다.

1. 산상설교(5-7장)
2. 제자 파송 설교(10장)
3. 천국 비유 설교(13장)
4. 교회 규정 설교(18장)

5. 종말 심판 설교(24–25장)

본문이 전하는 말씀

첫째, 예수님은 만민의 **경배를** 받으실 분이시다.

둘째, 예수님은 예고된 **이스라엘의 목자**이시다.

셋째, 예수님은 예고된 **하나님의 아들**이시다.

넷째, 예수님은 **새로운 모세**이시다.

다섯째, 예수님의 탄생, 유아 기사에 처음부터 인류의 구원을 위한 수난이 암시되어 있었다.

즉, 예수님은 온 인류를 위한 **구원자**이시다.

요약하면, **예수님은 하나님의 인간 구원의 역사를 위해 이미 구약에 예고된 하나님의 아들이시다**(마태의 구속 사관).

찬송: 91장(새 91장)

요단 건너편
베다니의
예수님 세례터
기념교회

제4과 세례자 요한과 예수님의 세례 받으심

3장 1-17절

본문의 자리 매김

본문은 예수님의 공생애 이전 기사, 곧 탄생과 유아 기사 뒤에 위치해 있으며 예수님의 공생애 활동 준비 기사인 3장 1절부터 4장 11절(세례자 요한 등장 기사, 예수님의 수세 기사, 예수님의 시험 기사)의 첫 부분에 자리하고 있는 단락이다.

본문의 짜임새

3장은 두 단락으로 구성되어 있다.

A. 세례자 요한(3:1-12): 세례자 요한이 누구(who)인가?

B. 예수님의 세례 받으심(3:13-17): 세례자 요한이 무엇을 (what) 했는가?

본문 풀이

A. 세례자 요한(1-12절)

세례자 요한은 예수님 앞에 등장하는 **선주자**(先走者)요, 예수님을 준비하는 **예비자**이다.

1. 세례자 요한의 정체(1-6절)

a) 구약성경(사 40:3)에서 **예고된 자**

(3절) "그는 선지자 이사야를 통하여 말씀하신 자라 일렀으되 광야에 외치는 자의 소리가 있어 이르되 너희는 주의 길을 준비하라 그가 오실 길을 곧게 하라 하였느니라"

b) **선지자**, 곧 하나님의 말씀을 맡은 예언자

(3절) "광야에 **외치는 자의 소리**"
(11:9) "**선지자**를 보기 위함이었더냐 … 선지자보다 더 나은 자니라"
(11:13) "모든 **선지자**와 율법이 예언한 것은 요한까지니"

c) **세례를 베푸는 자**

(1절) "**세례** 요한"

(6절) "(이 때에 예루살렘과 온 유대와 요단 강 사방에서 다 그에게 나아와) 자기들의 죄를 자복하고 요단 강에서 그에게 **세례를 받더니**"

세례자 요한이 베푼 세례는 어떤 세례인가?

마태복음은 요한의 세례와 예수님의 세례를 구분하고 있다. 마태에 의하면, 요한의 세례는 "**회개하게 하는 세례**"이며, **죄 용서는 오직 예수님에 의해** 비로소 행해진다(26:28 참조).

2. 세례자 요한의 설교(2, 7-12절)

a) "회개하라"(*metanoeite*)(2절).

회개해야 할 이유는 "천국이 가까왔기 때문이다". 즉 회개가 천국에 들어가는 전제 조건이 아니라, 천국이 회개의 전제요 근거이다. 예수님의 오심으로써 천국이 가까이 온 것이 회개의 전제이지, 회개가 천국의 전제가 아니다. 이것이 율법주의와 복음, 곧 유대교와 기독교의 차이이다.

마태복음에서는 주로 '하나님 나라'(*basileia tou theou*)라는 용어 대신 '천국'(*basileia tōn ouranōn*)이라는 용어를 선호한다('하나님'의 이름을 망령되이 일컫지 않기 위해 노력하는 유대인의 전통적인 용어).

b) 회개에 합당한 열매를 맺으라(7-10절).

(7-10절) "요한이 많은 바리새인들과 사두개인들이 세례 베푸는 데로 오는 것을 보고 이르되 독사의 자식들아 누가 너희를 가르쳐 임박한

진노를 피하라 하더냐 그러므로 **회개에 합당한 열매를 맺고**(*poiēsate karpon axion tēs metanoias*) 속으로 아브라함이 우리 조상이라고 생각하지 말라 내가 너희에게 이르노니 하나님이 능히 이 돌들로도 아브라함의 자손이 되게 하시리라 이미 도끼가 나무 뿌리에 놓였으니 **좋은 열매**(*karpon kalon*)를 맺지 아니하는 나무마다 찍혀 불에 던져지리라"

■ **신약성경에서 나타나는 '열매'(*karpos*)의 각 권별 빈도 수**

마태복음	마가복음	누가복음	요한복음	기타
19회	5회	12회	10회	20회

이 단어는 신약성경에서 총 66회, 그 중 복음서에서 46회 사용되는데, 마태복음에서 가장 많이 사용되었다.

(8절) "회개에 **합당한 열매**"

(10절) **"좋은 열매"**

(7:16) "그들의 **열매**로 그들을 알지니"

(7:20) "그들의 **열매**로 그들을 알리라"

(21:19) **열매** 맺지 못한 무화과 나무의 저주

(21:43) "하나님의 나라를 너희는 빼앗기고 그 나라의 **열매 맺는 백성**이 받으리라"

마태의 경우 믿는 자에게 '열매'가 중요하며, '열매'는 믿는 자의 선행, 곧 착한 행실(5:16 참조)을 의미한다.

c) 진정한 아브라함의 자손(9절)

혈통적인 유대인(바리새인, 사두개인)이 아니라 회개한 사람

d) 물로 베푸는 세례(11절)
회개하게 하는 세례

e) 예수님의 세례(11-12절)

(11-12절) "나는 너희로 **회개하게 하기 위하여 물로 세례를** 베풀거니와 내 뒤에 오시는 이는 나보다 능력이 많으시니 나는 그의 신을 들기도 감당하지 못하겠노라 그는 **성령과 불로** 너희에게 세례를 베푸실 것이요 손에 키를 들고 자기의 타작 마당을 정하게 하사 알곡은 모아 곳간에 들이고 쭉정이는 꺼지지 않는 불에 태우시리라"

(1) **성령**과 **불**의 세례(11절): 세례자 요한의 세례와 구별됨
(2) **심판**하실 주님(12절)

B. 예수님의 세례 받으심(13-17절)

1. 예수께서 세례자 요한으로부터 세례 받으심은 하나님의 모든 의를 이루기 위함이다(13-15절).

(13-15절) "이 때에 예수께서 갈릴리로부터 요단 강에 이르러 요한에게 세례를 받으려 하시니 요한이 말려 이르되 내가 당신에게서 세례를 받아야 할 터인데 당신이 내게로 오시나이까 예수께서 대답하여 이르시되 이제 허락하라 우리가 이와 같이 하여 **모든 의를 이루는 것이 합당하니라** 하시니 이에 요한이 허락하는지라"

'의'(*dikaiosynē*)는 마태의 특징적인 용어이다. 복음서에서 '의'라는 단어는, 마태복음에서 6회, 누가복음에서 1회, 요한복음에서 2회 사용되었다. 마태에게 있어서 '의'는 바리새인과 서

기관보다 나은 의, 곧 정죄하고 심판하는 의가 아니라 **용서하는 의, 돕는 의, 사랑하는 의**이다.

(5:6) "**의**에 주리고 목마른 자는 복이 있나니 그들이 배부를 것임이요"

(5:10) "**의**를 위하여 박해를 받은 자는 복이 있나니 천국이 그들의 것임이라"

(5:20) "내가 너희에게 이르노니 **너희 의**가 서기관과 바리새인보다 더 낫지 못하면 결코 천국에 들어가지 못하리라"

(6:1) "사람에게 보이려고 그들 앞에서 **너희 의**를 행하지 않도록 주의하라 그리하지 아니하면 하늘에 계신 너희 아버지께 상을 받지 못하느니라"

(6:33) "너희는 먼저 그의 나라와 **그의 의**를 구하라 그리하면 이 모든 것을 너희에게 더 하시리라"

(21:32) "요한이 **의의 도**로 너희에게 왔거늘 너희는 그를 믿지 아니하였으되 세리와 창녀는 믿었으며 너희는 이것을 보고도 끝내 뉘우쳐 믿지 아니하였도다"

마태의 제자도는 정죄하고 외식하는 **바리새인과 서기관보다 더 나은 의**를 행하는 것이다.

2. 예수께서 세례 받으심은 예수께서 하나님의 아들이심을 증거하는 예식이다(16-17절).

(16-17절) "예수께서 세례를 받으시고 곧 물에서 올라오실새 **하늘이 열리고 하나님의 성령이 비둘기 같이 내려** 자기 위에 임하심을 보시더니 하늘로부터 소리가 있어 말씀하시되 이는 **내 사랑하는 아들**이요 **내 기뻐하는 자**라 하시니라"

본문이 전하는 말씀

구원자를 예비하는 세례자 요한과 구원자 예수님

첫째, 예수님만이 우리의 구원이시다.

둘째, 예수님의 재림을 예비하는 삶을 살자.

찬송: 162장(새 175장)

예수께서
시험 받으신
유대광야를 지나는
와디 켈트의
성 조지 수도원

제5과 예수님의 시험 받으심과 공생애 활동 시작

4장 1-25절

본문의 자리 매김

본문은 예수께서 세상을 구원하기 위한 본격적인 활동을 시작하기 앞서 하나님의 아들로서 시험 받으시고 그 시험을 이기신 시험 기사(1-11절)와 공적인 삶을 시작하는 공생애 개시 단락(12-25절)으로 이루어져 있다. 시험 기사는 예수께서 하나님의 아들로써 공생애를 시작하는 '관문'이며 공생애 활동 시작 기사는 예수께서 세례를 받으시고(3:1-17), 마귀의 시험을 이기신 후(4:1-11) 본격적인 공생애 활동 개시(開始)를 알리는 '팡파르'일 뿐 아니라, 마태복음 안에 있는 다섯 '설교 묶음'인 산상설교(5-7장), 제자파송설교(10장), 천국비유설교(13장), 교회규정설교(18장), 종말심판설교(24-25장)와 이 설교 말씀들 사이에 있는 이적 활동(8-9장에 모여 있는 열 개의 이적 모음 등)에 대한 요약적인 서론이다. 마태는 이 단락에서 말씀을 가르치기 전에 먼저 능력을 행하신 예수님의 메시아되심을 보여 준다. 또 말씀과 행함으로써 권세를 나타내는 메시아 예수님의 사역을 가르침과 천국복음전파, 모든 약함과 병을 고침으로 요약하고, 이 사역의 승계(承繼)를 위해 예수께서 첫 제자들을 부르시어 제자 공동체를 만들었음을 보여 준다. 이때 예수님은 제자들 앞서 행하신 '본'의 역할을 하며 제자들에게 요구되는 것은 앞서 걸어가신 예수님을 따라가는 추종이다. 이로써 마태는 구원의 '요구'(명령법, imperative) 앞에 있는 구원의 '은총'(직설법, indicative)을 분명히 밝히고 있다. 그리고 이 예수님을 좇은 사람들은, 마태에 의하면, 소수의 특정한 제자가 아니라 갈릴리와 데가볼리와 예루살렘과 유대와 요단강 건너편에서 따른 허다한 무리들이다. 바로 이들이 마태복음의 첫 독자인 마태 공동체와 연루되어 있다. 이는 부활하신 그리스도의 선교 명령인 마태복음의 종결 단락(28:16-20)이 전체 마태복음을 적절하게 이해하는 신학적인 해석 열쇠라는 관점에서 볼 때 '예수 - 제자 - 무리 - (마태공동체) - 모든 민족'으로 확대되는 선교 과제와 관련되어 있다.

본문의 짜임새

A. 예수님의 시험 받으심(1-11절)

B. 예수님의 공생애 활동 시작(12-25절)

1. 첫 번째 갈릴리 활동(12-17절)
2. 첫 번째 제자 부르심(18-22절)
3. 첫 번째 갈릴리 활동 요약(23-25절)

본문 풀이

A. 예수님의 시험 받으심(1-11절)

1. 예수님의 시험 받으심은 전후 문맥에 비추어 볼 때, 예수께서 세례 받은 후, 그리고 공생애 시작 전에 하신 일이다.

마 3:13-17　예수님의 세례 받으심
마 4:1-11　예수님의 시험 받으심
마 4:12-17　예수님 공생애 활동 시작

2. 예수님의 시험 받으심은 성령에 의해 인도된 일이다(1절).

(1절) "그 때에 예수께서 **성령**에게 이끌리어 마귀에게 시험을 받으러 광야로 가사"

예수님의 시험 받으심에 관한 기사는 공관복음 모두에 언급되어 있다(막 1:12-13; 눅 4:1-13 참조).

그리고 모든 공관복음서 저자들은 예수님의 시험 받으심이 성령에 의해 인도된 일이며, 하나님에 의해 계획된 사건임을 말한다.

(막 1:12) "**성령**이 곧 예수를 광야로 몰아내신지라"
(눅 4:1) "예수께서 **성령**의 **충만**함을 입어 요단 강에서 돌아오사 광야에서 사십 일 동안 **성령**에게 이끌리시며"(누가의 경우 성령의 역사를 강조)

3. 시험은 세 가지였다.

a) 돌을 떡덩이 되게 하라(3절): 배고픔
b) 성전 꼭대기에서 뛰어내리라(6절): 과시욕
c) 마귀(사단)에게 경배하라(9절): 천하 만국과 그 영광

누가의 경우 두 번째 시험과 세 번째 시험의 순서가 바뀌어 있다(눅 4:1-13). 누가는 성전 주제를 마지막 시험에 둠으로써 예수께서 가신 길이 예루살렘에서 끝난다는 것을 부각시킨다.

4. 예수님은 시험을 하나님의 말씀으로 이기셨다(4, 6, 10절).

a) 첫 번째 시험에 대하여 이긴 **말씀**(4절)

(2-4절) "사십 일을 밤낮으로 금식하신 후에 주리신지라 시험하는(*peirazein*) 자가 예수께 나아와서 이르되 **네가 만일 하나님의 아들이어든** 명하여 **이 돌들로 떡덩이가 되게 하라** 예수께서 대답하여 이르시되 기록되었으되 **사람이 떡으로만 살 것이 아니요 하나님의 입으로부터 나오는 모든 말씀으로 살 것이라**(신 8:3 인용) 하였느니라 하시니"

b) 두 번째 시험에 대하여 이긴 **말씀**(6, 7절)

(5-7절) "이에 마귀가 예수를 거룩한 성으로 데려다가 성전 꼭대기에 세우고 이르되 **네가 만일 하나님의 아들이어든 뛰어내리라** 기록되었으되 **그가 너를 위하여 그의 사자들을 명하시리니 그들이 손으로 너를 받들어 발이 돌에 부딪치지 않게 하리로다**(시 91:11, 12 인용) 하였느니라 예수께서 이르시되 또 기록되었으되 **주 너의 하나님을 시험하지**(*ekpeirazein:* '도전하다' 의 뜻) **말라** 하였느니라 하시니"

c) 세 번째 시험에 대하여 이긴 **말씀**(9절)

(8-10절) "마귀가 또 그를 데리고 지극히 높은 산으로 가서 천하 만국과 그 영광을 보여 이르되 **만일 내게 엎드려 경배하면** 이 모든 것을 네게 주리라 이에 예수께서 말씀하시되 사탄아 물러가라 기록되었으되 **주 너의 하나님께 경배하고 다만 그를 섬기라** 하였느니라(신 5:9; 6:13; 32:43 인용)"

5. 예수께서 사탄의 시험대로 하지 않으심은 예수께서 자신의 권세가 이적 행함을 과시하는 수단이 아니라, 하나님의 뜻에 순종하는 권세임을 보여 주기 위함이다. 예수님은 하나님의 아들이시다(3, 6절).

(3, 6절) "네가 만일 하나님의 아들이어든"(*ei hyios ei tou theou*)의 뜻은 "네가 만일 하나님의 아들이라면(가정법)"이 아니라, "너는 하나님의 아들이다(직설법) 그러하다면"이다.

예수님은 하나님의 말씀에 순종하심으로써 시험을 이기셨다. **순종**이 하나님 사역을 하는 전제이다.

B. 예수님의 공생애 활동의 시작(12-25절)

1. 첫 번째 갈릴리 활동(12-17절)

a) 예수님의 공생애는 **요한이 잡힌 후** 시작된다(12절).

(12절) "예수께서 요한이 잡혔음을 들으시고 갈릴리로 물러가셨다가"

참조. 마 11:11-15, "내가 진실로 너희에게 말하노니 여자가 낳은 자 중에 세례 요한보다 큰 이가 일어남이 없도다 그러나 천국에서는 극히 작은 자라도 그보다 크니라 세례 요한의 때부터 지금까지 천국은 침노를 당하나니 침노하는 자는 빼앗느니라 모든 선지자와 율법이 예언한 것은 요한까지니 만일 너희가 즐겨 받을진대 오리라 한 엘리야가 곧 이 사람이니라 귀 있는 자는 들을지어다"

b) 예수님의 갈릴리 활동은 **구약 예언의 성취**이다(13-16절).

(13-16절) "나사렛을 떠나 스불론과 납달리 지경 해변에 있는 가버나움에 가서 사시니 이는 선지자 이사야를 통하여 하신 말씀을 이루려 하심이라 일렀으되 스불론 땅과 납달리 땅과 요단 강 저편 해변 길과 **이방의 갈릴리여** 흑암에 앉은 백성이 큰 빛을 보았고 사망의 땅과 그늘에 앉은 자들에게 빛이 비치었도다 하였느니라"

c) 마태복음에서 예수께서 걸어가신 길은 처음부터 "**이방인을 향한 하나님의 길**"로 나타난다(15절, Udo Schnelle).

서두인 1장 1-17절의 '예수님의 계보'에서 시작하여 말미인 28장 16-20절에 이르기까지 유대인만이 아니라 이방인에게도 미치는 **구원의 보편주의**(universalism)가 반영되어 있다. 갈릴리는 이방 지역이다(15절). 예수님의 공생애는 예루살렘이 아닌 갈릴리에서 시작되었다.

d) 예수님의 첫 **선포**이자 **선포의 핵심**은 17절 말씀이다.

(17절) "이 때부터 예수께서 비로소 전파하여 이르시되 **회개하라 천국이 가까이 왔느니라** 하시더라"

회개가 천국 입장의 전제가 아니라, 천국이 회개의 전제요 이유이다. 천국이 가까웠기 때문에 회개해야 한다. 예수님은 단순한 천국의 **선포자**가 아니라 천국을 가지고 오시는 천국의 **운반자**(담지자)이다. 이 점에서 예수님의 하나님 나라 선포는 구약 예언자의 그것과 구별된다.

2. 첫 번째 제자 부르심(18-22절)

이 단락은 '**갈릴리**'(18절)라는 용어를 통해서 앞 단락(12-17절)과 연결되며, '좇다'(*akloutbein*, 20, 22절)라는 용어로써 뒷 단락(23-25절)과도 연결된다. 이로써 12-25절은 산상설교(5-7장) 이전 예수님의 갈릴리 사역을 요약하는 산상설교(5-7장)와 이적기사 모음(8-9장)의 서론적인 틀이 된다.

a) 열두 제자 가운데 **수제자**에 속하는 무리들이 먼저 부름 받는다. 그들은 시몬(베드로)과 안드레 형제(18절), 세베대의 두 아들 야고보와 요한 형제(21절)이다. 이들 가운데 베드로, 요한, 야고보는 열두 제자 가운데 수제자 그룹(inner circle)에 속한다.

b) 제자는 스스로의 의사에 의해서가 아니라 예수님의 **선택**에 의해 부름 받는다(19절).

(18-19절) "갈릴리 해변에 다니시다가 두 형제 곧 베드로라 하는 시몬과 그의 형제 안드레가 바다에 그물 던지는 것을 보시니 그들은 어부라 말씀하시되 **나를 따라오라** 내가 너희를 사람을 낚는 어부가 되게 하리라 하시니"

'부름'과 '선택'은 하나님의 **주권**, 예수님의 **권세**로부터 말미암는다.

c) 부름 받은 제자는 예수님을 즉시 좇아야 한다(20, 22절).

(20-22절) "그들이 **곧 그물을 버려 두고** 예수를 따르니라 거기서 더 가시다가 다른 두 형제 곧 세베대의 아들 야고보와 그의 형제 요한이

그의 아버지 세베대와 함께 배에서 그물 깁는 것을 보시고 부르시니 그들이 곧 **배와 아버지를 버려 두고** 예수를 따르니라"

곧(즉시, *eutheōs*)이란 말이 두 번 나온다(20, 22절). 주님을 좇는 데는 주저함이나 망설임, 핑계나 이유가 필요하지 않다. 왜냐하면 추종보다 중요한 것이 없기 때문이다. 베드로와 안드레는 '그물'을 버려두고 주님을 따랐다. 요한과 야고보는 '배'와 '그물'을 버려두고 예수님을 좇았다.

3. **첫 번째 갈릴리 활동 요약 보고**(23-25절)

a) 예수님의 3대 활동(23절)

(1) 가르치심(*didaskein*)
(2) 천국 복음 전파(*kēryssein*)
(3) 모든 병과 모든 약함을 고치심(*therapeuein*)

가르침과 선포(전파)하심은 **말씀**으로 하고, 고침은 **행함**으로 한다. 예수님은 '**말씀의 메시아**'요(5-7장, 산상설교), '**행함의 메시아**'이시다(8-9장, 10개의 이적 기사).

b) 이 소문이 이방 지역인 '**수리아**'에 퍼졌다(24절).

(23-24절) "예수께서 온 갈릴리에 두루 다니사 그들의 회당에서 **가르치시며** 천국 복음을 **전파하시며** 백성 중의 모든 병과 모든 약한 것을 **고치시니** 그의 소문이 **온 수리아**에 퍼진지라 사람들이 모든 앓는 자 곧 각종 병에 걸려서 고통 당하는 자, 귀신 들린 자, 간질하는 자, 중풍병자들을 데려오니 그들을 고치시더라"

신약학자들은 이 구절에 근거하여 마태복음의 기록 장소와 마태와 관련된 교회의 소재지가 **수리아**라고 여긴다.

c) 이로 인해 이방인의 땅뿐 아니라 유대 땅과 예루살렘에서도 '**수많은 무리**'(*ochloi polloi*)가 좇았다(25절).

(25절) "갈릴리와 데가볼리와 예루살렘과 유대와 요단 강 건너편에서 **수많은 무리**가 따르니라"

이 '많은 무리'들은 '제자들'과 함께 산상설교(5-7장)를 듣는 청중이 된다(5:1; 7:28 참조).

본문이 전하는 말씀

첫째, 예수께서 하나님의 말씀으로써 시험을 이긴 것은 하나님의 말씀에 순종했기 때문이다. 이처럼 예수님의 제자들도 하나님의 일을 시작하려면 하나님의 말씀에 **순종해야 한다**.

둘째, 예수님을 믿고 따르는 제자가 되려면 **회개해야 한다**.

셋째, 부름 받은 제자는 **예수님을 즉시 좇아야 한다**.

넷째, 예수님을 따르는 제자는 이방 지역이라 하더라도 **어디에서든지 또 누구에게든지** 복음을 전해야 한다.

찬송: 514장(새 459장)

갈릴리 호수와
북서안에
위치해 있는
예수님의 산상설교
추정지 전경(상)

산상설교 추정지에
세워진
팔복교회 내
팔복 노래 악보(하)

제6과 산상설교(I): 복 있는 사람들

5장 1-20절

본문의 자리 매김

본문은 마태복음 안에 있는 다섯 '강화 덩어리'인 산상설교(5-7장), 제자파송설교(10장), 천국비유설교(13장), 교회규정설교(18장), 종말심판설교(24-25장) 가운데 첫 번째 '설교묶음'인 산상설교의 서론 단락으로 마태복음 전체 강화의 관점과 방향을 설정하는 표제(表題) 단락의 성격을 띠고 있다. 그것은 산상설교의 첫 말씀 단락인 '복 선언'(Makarismen)에서 마태복음 전체 흐름의 방향을 주도하는 '의'(*dikaiosynē*) 개념(마 3:15; 5:6, 10, 20; 6:1, 33; 21:32 참조)과 그 기본 성격이 드러나기 때문이다. 곧 이 단락에서 인간의 의를 선행(先行)하는 하나님의 의(마 6:33 참조)와 이러한 신학적 토대 위에서 요구되는 인간의 의가 하나로 통합되어 있다. 마태에 의하면 예수께서 걸어가신 길은 다름 아닌 '의의 길'이다. 예수께서 세례자 요한에게 세례를 받으신 것은 "모든 의를 이루기" 위함이요(마 3:15), 가르치고 요구하신 것이 "서기관과 바리새인보다 더 나은 의"(마 5:20)이다. 그것은 사람에게 보이기 위해 행하는 의가 아니라(마 6:1), 하나님의 의이다(마 6:33). 그리고 그 의는 서기관과 바리새인에게 국한된 의가 아니라 세리와 창기들에게도 유효한 의다(마 21:32).

마태복음의 종결 단락(28:16–20)이 전체 마태복음을 적절하게 이해하는 신학적·해석학적인 열쇠라는 관점에서 산상설교의 첫 번째 단락을 보면, 부활하신 예수께서 제자들에게 선교 명령을 하신 '산'(마 28:16)은 산상설교의 배경이 되는 '산'(마 5:1)과 종말론적인 연속선상에 있으며, 산상설교의 가르침에서 드러난 '권위'(*exousia*)는(마 7:29) 부활 후 공동체에게도 주어지는 '권세'(마 28:18)이다. 마태의 경우 지상에서 활동하셨던 예수는 부활하여 하늘로 올리우신 분이시며 세상 끝날까지 그를 믿는 자들과 함께 하시는 그리스도이시다(마 28:20).

이런 맥락에서 산상설교의 구성을 살펴보면, 그것은 다음과 같이 분류될 수 있다.

5:1–2	산상설교의 배경
5:3–12	복 선언: 의를 구하는 자, 의를 위해 사는 자
5:13–16	세상의 빛과 소금인 제자
5:17–20	제자에게 요구된 서기관과 바리새인보다 '나은 의'
5:21–48	율법 영역에서 '나은 의'에 대한 이론적 해설
6:1–7:11	제의적·윤리적 영역에서 '나은 의'의 실천적 해설
7:12	'나은 의'의 요약: 황금률
7:13–27	'나은 의' 선택을 위한 결단: 두 길 사상
7:28–29	맺는 말: 권위 있는 가르침

그리고 산상설교의 중심에 주기도(6:9-13)가 위치해 있으며, 그것도 주기도의 세 번째 간구("당신의 뜻이 하늘에서처럼 땅에서도 이루어지소서, 6:10)가 자리 잡고 있는 것은 결코 우연이 아니다. 왜냐하면 '하나님의 의'라는 토대 위에 요구된 서기관과 바리새인보다 나은 의는 땅에서도 이루어져야 할 '하나님의 뜻'(*thelēma theou*)이기 때문이다.

본문의 자리 매김과 관련하여 요약적으로 정리하면, 복 선언 단락은 마태복음의 다섯 개 강화 묶음 중 첫 번째 강화묶음인 산상설교에 속해 있으며, 그것도 산상설교의 서두에 위치한, 권위 있는 가르침의 '개회사'와 같은 표제 단락이다. 그리고 '복 선언' 단락은 율법의 영역에서 '더 나은 의'(5:17-20)를 대립 명제적으로 해설하는 단락(5:21-48) 앞에 위치해 있다. 이는 마태의 신학에서 믿음이 행함의 근거요 구원을 약속하는 하나님의 은혜가 은혜 받은 자에게 요구된 행함을 앞선다는 결정적인 증거이다.

본문의 짜임새

A. 산상설교의 배경(1-2절)
B. 복 있는 사람(3-12절)
C. 복 있는 사람이 갖추어야 할 기본적인 삶의 자세(13-16절)
D. 복 있는 사람이 추구해야 하는 의: 서기관과 바리새인보다 나은 의(17-20절)

본문 풀이

A. 산상설교의 배경(1-2절)

(1-2절) "예수께서 무리를 보시고 **산**에 올라가 앉으시니 제자들이 나아온지라 입을 열어 가르쳐 이르시되"

참조. 누가의 경우 '산'은 기도의 장소이다(눅 6:12; 9:28-29; 22:39).

'산'(*oros*): 마태의 경우 계시 장소이다(4:8-10; 8:1; 15:29; 28:17 참조).

예수께서 '산에서' 가르치신다: 중요한 하나님의 뜻을 계시하신다.

B. 복 있는 사람(3-12절)

(3-12절) "심령이 가난한 자는 복이 있나니 천국이 그들의 것임이요 애통하는 자는 복이 있나니 그들이 위로를 받을 것임이요 온유한 자는 복이 있나니 그들이 땅을 기업으로 받을 것임이요 의에 주리고 목마른 자는 복이 있나니 그들이 배부를 것임이요 긍휼히 여기는 자는 복이 있나니 그들이 긍휼히 여김을 받을 것임이요 마음이 청결한 자는 복이 있나니 그들이 하나님을 볼 것임이요 화평하게 하는 자는 복이 있나니 그들이 하나님의 아들이라 일컬음을 받을 것임이요 의를 위하여 박해를 받은 자는 복이 있나니 천국이 그들의 것임이라 나로 말미암아 너희를 욕하고 박해하고 거짓으로 너희를 거슬러 모든 악한 말을 할 때에는 너희에게 복이 있나니 기뻐하고 즐거워하라 하늘에서 너희의 상이 큼이라 너희 전에 있던 선지자들도 이같이 박해하였느니라"

1. 이 단락은 복의 종류를 말하는 것이 아니라 복 있는 사람이 누구인가를 말한다. 누가 복 있는 사람인가?

성경은 복 자체보다 **복 있는 사람**에게 관심이 있다.

한마디로 말하면, 예수님을 믿고 따르는 사람(제자)이 복 있는 사람이다.

2. 어떤 사람이 예수님을 따르는 사람인가?

a) 심령에 있어서 가난한 사람(3절)
b) 애통하는 사람(4절)
c) 온유한 사람(5절)
d) 의에 주리고 목마른 사람(6절)
e) 긍휼을 베푸는 사람(7절)
f) 마음에 있어서 깨끗한 사람(8절)
g) 화평하게 하는 사람(9절)
h) 의를 위하여 박해를 받는 사람(10절)

이런 사람이 예수님을 따르는 제자들이요 복 있는 사람들이다.

'**왜냐하면**'(*hoti*)
a) 천국이 이들의 것이요
b) 위로 받을 것이며
c) 땅을 상속 받을 것이요
d) 배부를 것이요
e) 긍휼히 여김을 받을 것이요
f) 하나님을 볼 것이요
g) 하나님의 자녀라고 불릴 것이요
h) 천국이 이들의 것이기 때문이다.

여기서 복 선언과 약속을 연결하는 접속사는 '무엇을 하기 위해서'(*hina*)가 아니라 '**왜냐하면**'(*hoti*)이라는 것에 유의해야 한다. 여덟 번(또는 아홉 번)의 '복 있도다' 말씀은 천국에 들어가기 위해 갖추어야할 천국 입장 조건이 아니라, 예수님을 믿고 따르는 제자들, 즉 복 받은 사람에 대한 다양한 표현일 뿐이다.

3. 이 '복 있는 사람'의 단락에서 산상설교와 전체 마태복음의 주제인 '의'(*dikaiosynē*)가 언급된다(6, 10절).

(6절) "**의**에 주리고 목마른 자"
(10절) "**의**를 위하여 박해를 받은 자"

마태복음에서 예수님이 걸어가신 길은 '의의 길'(Georg Strecker)이다.

4. 이 단락에서 믿는 자에게 요구되는 행함이 암시되어 있다.

믿는 자	믿음으로 행하는 자
a) 심령이 가난한 사람 b) 애통하는 사람 c) 온유한 사람 d) 의에 주리고 목마른 사람	e) 긍휼을 베푸는 사람 f) 마음이 깨끗한 사람 g) 화평하게 하는 사람 h) 의를 위해 박해를 받는 사람
구원의 직설법	구원의 명령법

5. '**가난한 사람**'(3절, *ptōchoi*)이란 하나님 앞에서 온전히 낮아진 사람, 그래서 하나님께 전적으로 의지하는 사람이다. 하늘 나라로 들어가는 유일한 조건은 하나님을 전적으로 의지하며 하나님께 무릎 꿇는 것 외 다른 조건이 없는 '조건 없음'이다.

C. 복 있는 사람에게 요구되는 기본적인 삶의 자세(13-16절)

예수님을 따르는 제자들, 너희들이 바로

1. '땅의 소금'(*to halas tēs gēs*, 13절)이다.

(13절) "너희는 세상의 소금이니 소금이 만일 그 맛을 잃으면 무엇으로 짜게 하리요 후에는 아무 쓸 데 없어 다만 밖에 버려져 사람에게 밟힐 뿐이니라"

그러므로 맛을 내야 한다. 맛을 잃으면 밖에 버려져 사람에게 밟힐 뿐이다.

이는 그리스도인의 본질(존재)에 관한 문제이다.

2. '세상의 빛'(*to phōs tou kosmou*, 14절)이다.

(14절) "너희는 세상의 빛이라 산 위에 있는 동네가 숨겨지지 못할 것이요"

등불은 됫박(말) 안에 두어서는 집 안을 비출 수 없다. 등불이 등경 위에 있을 때 집안 모든 사람에게 비춘다. 이는 그리스도인의 실존에 관한 문제이다. 곧 세상에서 그리스도인의 위치 선정, 자리 매김의 문제이다. 여기서 '**빛**'은 '착한 행실'(*ta kala erga*)이다(16절).

(15-16절) "사람이 등불을 켜서 말 아래에 두지 아니하고 등경 위에 두나니 이러므로 집 안 모든 사람에게 비치느니라 이같이 너희 빛이 사람 앞에 비치게 하여 그들로 너희 착한 행실을 보고 하늘에 계신 너희 아버지께 영광을 돌리게 하라"

D. 복 있는 사람, 제자들이 추구해야 되는 삶(17-20절)

서기관과 바리새인보다 더 나은 의를 행하는 삶이다.

1. 예수님은 율법을 폐하러 온 것이 아니라 완전하게 하려 오셨다(17절).

(17절) "내가 율법이나 선지자를 폐하러 온 줄로 생각하지 말라 폐하러 온 것이 아니요 완전하게 하려 함이라"

예수님은 율법주의자가 아니요, 무율법주의자도 아니다.

율법주의자: 율법 준수와 할례 등 제의법의 실천으로써 구원에 이르겠다는 생각을 가진 사람들

2. 예수님은 율법(*nomos*) 자체를 부인하지 않으신다(18-19절).

(18절) "천지가 없어지기 전에는 **율법**의 일점 일획도 결코 없어지지 아니하고 다 이루리라"
(19절) "그러므로 누구든지 이 **계명** 중의 지극히 작은 것 하나라도 버리고 또 그같이 사람을 가르치는 자는 천국에서 지극히 작다 일컬음을 받을 것이요 누구든지 이를 행하며 가르치는 자는 천국에서 크다 일컬음을 받으리라"

참조.
① 예수님은 '불법을 행하는 자들'에게 자신에게서 떠나가라고 말씀하셨다(마 7:23).
② 예수님은 마지막 때 '불법'(anomia)이 만연하여 사랑이 식을 것이라고 예언하셨다(마 24:12).

3. 제자들의 의는 서기관과 바리새인의 의보다 '더'(*pleion*) 나아야 한다(20절).

'더'(more)의 의미

a) **질적**(質的)인 의미

서기관과 바리새인의 의: 죄인과 분리되는 의, 외식하는 의,

정죄(판단)하는 의

예수께서 요구하시는 의: 돕는 의, 죄인을 용서하는 의, 사랑을 베푸는 의, 은밀하게 행하는 의

b) **양적**(量的)인 의미

서기관과 바리새인들은 의와 율법을 가르치나 행하지 않는다: (23:2-3, "서기관들과 바리새인들이 모세의 자리에 앉았으니 그러므로 무엇이든지 그들이 말하는 바는 행하고 지키되 그들이 하는 행위는 본받지 말라 그들은 말만 하고 **행하지 아니하며**")

본문이 전하는 말씀

첫째, 복 있는 사람은 하나님 앞에서 **가난**해야 한다. 즉 하나님을 전적으로 의지해야 한다.

둘째, 복 있는 사람은 복 있는 **삶**을 살아야 한다.

셋째, 복 있는 사람은

소금으로서 맛을 내어야 하며(본질)

빛으로서 등경 위에 있어야 한다(삶의 자리).

넷째, 복 있는 사람은 바리새인과 서기관보다 **나은 의**를 행해야 한다.

찬송: 516장(새 427장)

예루살렘
시온 산 지역
다윗 가묘 앞에서
경전을 읽는
유대인

제7과 산상설교(Ⅱ): 더 나은 의에 대한 해설

5장 21-48절

본문의 자리 매김

이 단락은 신약학계에서 '**대립 명제**'(또는 반대 명제, Antithese)로 불린다. 왜냐하면 "옛 사람에게 말해진 것"(*errethē tous archaiois*)과 예수께서 말씀하시는 것("나는 너희에게 이르노니", *egō de legō hymin*)이 '대립' 관계를 나타내는 '**그러나**'(*de*)라는 접속사로 연결되어 있기 때문이다. 이로써 예수님은 새로운 의, 곧 **바리새인과 서기관보다 더 나은 의**를 설명한다. 이 단락에서 '보다 나은 의'는 여섯 개의 주제(살인, 간음, 이혼, 맹세, 보복, 원수 사랑)로 나누어져 구체적으로 다루어진다.

본문의 짜임새

A	첫 번째 반대 명제	살인(21-26절)	마태복음에만 나타남
B	두 번째 반대 명제	간음(27-30절)	마태복음에만 나타남
C	세 번째 반대 명제	이혼(31-32절)	눅 16:18
D	네 번째 반대 명제	맹세(33-37절)	마태복음에만 나타남
E	다섯 번째 반대 명제	보복(38-42절)	눅 6:29-30
F	여섯 번째 반대 명제	원수 사랑(43-47절)	눅 6:27-28
G	요약(48절)		눅 6:36

본문 풀이

A. 살인(21-26절)

명제(21절): "옛 사람에게 말한 바 **살인하지 말라**(*ou phoneuseis*) 누구든지 살인하면 심판을 받게 되리라 하였다는 것을 너희가 들었으나"

대립 명제(22절): "**나는 너희에게 이르노니** 형제에게 노하는 자마다 심판을 받게 되고 형제를 대하여 **라가라 하는 자**는 공회에 잡혀가게 되고 **미련한 놈이라 하는 자**는 지옥 불에 들어가게 되리라"

여기서 예수님은 겉으로 드러난 행위만을 문제시하는 당시의 계명 해석에 대해 **말**까지도 고려하신다. 그래서 외적인 경건의 예배와 예물에 대해 내적인 경건을 함께 요구하신다. 그러므로 외적 예배가 하나님과의 화해 관계 회복을 목표로 한다면 예배 드리는 사람은 하나님과의 화해를 위해서 먼저 형제 간에 서로 화해해야 한다.

(23-26절) "그러므로 예물을 제단에 드리려다가 거기서 네 형제에게 원망들을 만한 일이 있는 것이 생각나거든 예물을 제단 앞에 두고 **먼저 가서** 형제와 화목하고 그 후에 와서 예물을 드리라 너를 고발하는 자와 함께 **길에 있을 때에 급히** 사화하라 그 고발하는 자가 너를 재판관에게 내어 주고 재판관이 옥리에게 내어 주어 옥에 가둘까 염려하라 진실로 네게 이르노니 네가 한 푼이라도 남김이 없이 다 갚기 전에는 결코 거기서 나오지 못하리라"

B. 간음(27-30절)

명제(27절): "또 **간음하지 말라**(*ou moicheuseis*) 하였다는 것을 너희가 들었으나"

대립 명제(28절): "**나는 너희에게 이르노니** 음욕을 품고 여자를 보는 자마다 **마음**에 이미 간음하였느니라"

예수님은 드러난 행위뿐만 아니라 감추어져 있는 **마음**까지도 고려하신다.

간음(*moicheia*): 혼인 관계를 벗어난 성 행위

음행(*porneia*): 모든 종류의 불법적인 성 행위, 성적 방종

음욕(*epithymia*)에서 이미 간음이 배태되었다.

(29-30절) "만일 네 오른 눈이 너로 실족하게 하거든(*skandalizein*, '죄짓게 하다') 빼어 내버리라 네 백체 중 하나가 없어지고 온 몸이 지

옥에 던져지지 않는 것이 유익하며 또한 만일 네 오른손이 너로 실족하게 하거든 찍어 내버리라 네 백체 중 하나가 없어지고 온 몸이 지옥에 던져지지 않는 것이 유익하니라"

C. 이혼(31-32절)

명제(31절): "또 일렀으되 **누구든지 아내를 버리려거든 이혼 증서를 줄 것이라** 하였으나"

대립 명제(32절): "**나는 너희에게 이르노니** 누구든지 **음행한 이유 없이** (마 19:9 참조) 아내를 버리면 이는 그로 간음하게 함이요 또 누구든지 버림받은 여자에게 장가드는 자도 간음함이니라"

참조. 마 19:9, "내가 너희에게 말하노니 누구든지 **음행한 이유 외에** 아내를 버리고 다른 데 장가 드는 자는 간음함이니라"

모세의 율법에 의하면 이혼은 남편만 요구할 수 있었고, 이 경우 이혼 증서를 써 준 경우만 가능하였다. 예수님은 어떤 남편도 아내를 내쫓을 권리가 없다고 하신다. 하나님께서 짝지어 주신 것은 사람이 나누지 못한다(마 19:6). 모세가 이혼 증서를 주어 아내 버림을 허락하였으나, 그것은 아내를 버리는 남편의 마음이 완악했기 때문이었지, 그것이 본래적인 하나님의 뜻이 아니다. 예수님에게 있어서는 율법보다 하나님의 뜻이 우선이다. 한 번 맺어진 혼인 관계는 깰 수 없다. 어떤 남편도 아내를 내쫓을 권리가 없다. 여기서 '**음행한 이유 없이**'(32절, *parektos logou porneias*)라는 단서 조항은 마태복음에만 나온다(19:9 참조). 이는 마태 교회의 상황과 밀접하게 관련되어 있다. 예수님에 의하면 결혼은 둘이 한 몸 되는 것이기에(창 2:24) 나눌 수 없는 것이다. 모세의 법보다 하나님의 뜻이 더 우선이다. 법은 상황에 맞는 하나님의 뜻에 따라 개정될 수 있다.

참조. 마 19:6, "그런즉 이제 둘이 아니요 한 몸이니 그러므로 하나님이 짝지어 주신 것을 사람이 나누지 못할지니라 하시니"

D. 맹세(33-37절)

명제(33절): "또 옛 사람에게 말한 바 **헛 맹세**(*horkos*)**를 하지 말고 네 맹세한 것을 주께 지키라** 하였다는 것을 너희가 들었으나"

대립 명제(34-37절): "**나는 너희에게 이르노니 도무지 맹세하지 말지니**(*mēomosai holōs*) 하늘로도 하지 말라 이는 하나님의 보좌임이요 땅으로도 하지 말라 이는 하나님의 발등상임이요 예루살렘으로도 하지 말라 이는 큰 임금의 성임이요 네 머리로도 하지 말라 이는 네가 한 터럭도 희고 검게 할 수 없음이라 오직 너희 말은 **옳다 옳다, 아니라 아니라 하라**(*nai nai, ou ou*) 이에서 지나는 것은 악으로부터 나느니라"

유대인들은 맹세할 때 맹세의 신실함을 나타내기 위해 무엇에 걸고 맹세하였다. 때로는 하늘, 땅, 예루살렘, 머리에 걸고 맹세하였다. 하나님의 이름에 걸고 맹세하는 것은 하나님의 이름을 더럽히는 것이다. 예수님은 이보다 더 철저하게 맹세 자체를 하지 말라고 말씀하신다. 맹세에서 중요한 것은 맹세할 때 내세우는 권위 있는 성물(聖物)이 아니라 맹세하는 사람이 하는 맹세의 진실성이요, 그 맹세를 지키는 신실성이다. 그러므로 무슨 말을 하든 진솔함이 중요하다. 옳은 것은 옳다, 아닌 것은 아니라고 해야 한다.

E. 보복(38-42절)

명제(38절): "또 **눈은 눈으로, 이는 이로 갚으라**(*ophthalmon anti ophthalmou kai odonta anti odontos*) 하였다는 것을 너희가 들었으나"

대립 명제(39-42절): "**나는 너희에게 이르노니** 악한 자를 대적하지 말라 누구든지 네 오른편 뺨을 치거든 왼편도 돌려 대며 또 너를 고발하여 속옷을 가지고자 하는 자에게 겉옷까지도 가지게 하며 또 누구든지 너로 억지로 오 리를 가게 하거든 그 사람과 십 리를 동행하고 네게 구하는 자에게 주며 네게 꾸고자 하는 자에게 거절하지 말라"

여기서도 출애굽기 21장 24절에 나오는 38절의 규정은 예수님과 함께 시작된 하나님 나라 라는 변화된 상황에 드러나는 **하나님의 뜻**이 문제이다. 원래 "눈에는 눈, 이에는 이"라는 규정은 복수를 정당화하는 법 규정이 아니라 지나친 복수를 규제한 법이다. 보복은 지나침과 무절제를 불러일으킨다. 그래서 무제한적인 보복 금지를 위해 허락된 법이 보복법이었다. 예수님은 도래하는 하나님 나라의 복음을 들은 사람들에게 단순하게 보복의 절제를 요구하는 것이 아니라 더 나아가 보복을 금지하며 도리어 그를 위해 사랑을 베풀 것을 요구하신다. 이것이 시작된 하나님의 나라 선포에 직면하여 복 선언을 받은 사람들에게 예수께서 요구하시는 **더 나은 의**이다.

F. 원수 사랑(43-47절)

명제(43절): "또 **네 이웃을 사랑하고 네 원수를 미워하라** 하였다는 것을 너희가 들었으나"

대립 명제(44-47절): "**나는 너희에게 이르노니** 너희 **원수**를 사랑하며 너희를 박해하는 자를 위하여 기도하라 이같이 한즉 하늘에 계신 너희 아버지의 아들이 되리니 이는 하나님이 그 해를 악인과 선인에게 비추시며 비를 의로운 자와 불의한 자에게 내려주심이라 너희가 너희를 사랑하는 자를 사랑하면 무슨 상이 있으리요 세리도 이같이 아니하느냐 또 너희가 너희 형제에게만 문안하면 남보다 더하는 것이 무엇이냐 이방인들도 이같이 아니하느냐"

구약성경에는 "네 원수를 미워하라"(*misēseis ton echthron sou*)는 계명이 없다. 이 계명은 예수님 당시 유대교에서 찾아볼 수 있다. 쿰란(Qumran) 문서에 "모든 빛의 아들들을 사랑하고 … 모든 어둠의 자식들을 미워하라"는 요구가 나타난다. 그러나 예수님은 자신과 함께 시작된 하나님 나라를 맛보고 예수님 안에서 가까이 오신 아버지 하나님을 경험한 사람들은 원수까지도 사랑해야 한다고 말씀하신다. 예수께서 생각하시는 '이웃'은 형제뿐만이 아니라 나를 박해하고 저주하는 원수까지도 포함된다. 이 원수 사랑이 예수님과 함께 시작된 하나님 나라의 복을 받은 사람이 추구해야 하는 '더 나은 의'이다.

G. 요약(48절)

(48절) "그러므로 **하늘에 계신 너희 아버지의 온전하심과 같이 너희도 온전하라**(*esesthe oun hymeis teleioi ōs ho patēr hymōn ho ouranos teleios estin*)"

여기서 '온전한'(*teleios*)이란, 구약에서는 '나누어지지 않은'의 뜻이며, 유대교의 쿰란(Qumran) 문헌에서는 '하나님을 향해 나누어짐이 없이 바라봄'의 뜻이다. 예수님의 경우 '온전한'이란 '흠 없음', '완벽함'의 뜻이 아니라 '하나님을 향해 전적으로 바라봄(집중함)', '하나님을 전적으로 의지함'이라는 뜻이며 이웃을 위해서 '전적으로 열려 있음'을 의미한다. 하나님께서 죄인을 온전히 받아들이시기 위해 온전한 그 분의 아들 예수 그리스도를 내주신 것처럼, 하나님 나라의 선물을 받은 복 받은 사람들 역시 하나님을 온전하게 바라보아야 하고 하나님을 향해 '나누어짐이 없이'(의심 없이) 의지해야 한다. 하나님을 향해 반쪽이나 일부가 돌아서는 것이 아니라 전부가 하나님을 향해 돌아서야 하며 하나님 지향적인 태도를 가져야 한다.

보충설명 **신학적 결론**

① 예수님은 율법 자체를 거부하지 않으셨다. 오히려 율법을 인용하셨다. 이로써 예수님에게 있어서도 율법은 **유효**하였다.
② 그러나 예수님은 그 당시까지 내려온 일부 **율법 해석**을 거절하였다.
③ 예수님은 율법에 나타난 **하나님의 뜻**을 전통과 다르게 **해석**하였다.
④ 게다가 예수님은 율법 해석에서 행위 이전에 행함을 유발하는 **심성**을 고려하셨다. 여기서 바리새인과 서기관보다 더 철저한 율법 해석을 볼 수 있다.
⑤ 율법의 의도는 하나님의 뜻을 나타내는 것이다.
⑥ 예수님은 모세보다 더 위에 계신 분이다.
⑦ 여섯 개의 대립 명제는 믿는 자가 전적으로 하나님을 향해 서며 온전한 하나님의 뜻에 나누어짐이 없이 온전하게 서도록 전적으로 하나님을 바라보고 의지할 것을 요구한다.

본문이 전하는 말씀

첫째, 복 있는 사람은 바리새인과 서기관보다 **더 나은 의**를 행해야 한다.

둘째, 더 나은 의는 율법에 나타난 **하나님의 뜻을 행하는 것**

이며 그것은 하나님께서 우리를 사랑하셨듯이 우리도 **원수까지도 포함하는 이웃을 사랑**하는 것이다.

셋째, 유대인보다 또 이방인보다 더 나은 의인 원수에까지 미치는 사랑을 위해서는 **하나님을 온전하게 바라보고 의지**해야 한다. 하나님께서 우리에게 전부를 주셨던 것처럼 우리도 우리 자신 전부를 하나님을 향해 개방하고 전적으로 의지해야 한다.

찬송: 424장(새 380장)

예루살렘 성전
서쪽 벽 앞에서
장막절을 지키는
유대인

제8과 산상설교(Ⅲ): 참된 경건

6장 1-18절

본문의 자리 매김

6장 1-18절은 6장 1절부터 7장 11절까지 단락이 다루고 있는, 온전한 하나님의 뜻을 추구하는 복 있는 사람들에 대한 예전적, 교리 문답적, 윤리적인 가르침의 한 단락이다. 구제, 기도, 금식이라는 구체적인 세 가지 경건 영역에서 그리스도인이 어떻게 하는 것(교리 문답적인 세 단편들)이 바리새인과 서기관보다 나은 의를 행하는 것인가?

본문의 짜임새

ㅇ.　　논지(1절)

A. 구제(2-4절)
B-1. 기도(5-8절)
B-2. 주기도(9-15절)
C. 금식(16-18절)

ㅇ. 논지

(1절) "사람에게 보이려고 그들 앞에서 **너희 의**(*dikaiosynē hymōn*)를 행하지 않도록 주의하라 그리하지 아니하면 하늘에 계신 너희 아버지께 상을 받지 못하느니라"

예수님의 관심은 두 가지였다.
1) '너희 의'가 아니라 '**하나님의 의**'(33절)를 구하라.
2) 의를 행할 때 '사람에게 보이려고'(*pros to theathēnai*) 하지 말라.

본문 풀이

A. 구제에 대하여(2-4절)

1. 주제

(2절) "그러므로 구제할 때에" (각 단락은 "할 때에"[*hotan*]로 시작된다.)

첫째 단락의 주제는 '구제'(*eleēmosynē*)이다. '구제'라는 용어는 유대교 문헌에서는 '선행'이라는 일반적인 의미(단 4:24 참조)를 지니고 있지만, 신약성경에서는 '가난한 자에게 베푸는 선행', 곧 '자선'이라는 뜻을 가진다.

2. 유대인들의 관습(2절)

유대인의 회당은 어떤 사람이 거액의 헌금을 할 때 뿔 나팔을 불었다(*salpizein*).

> (2절) "그러므로 **구제할 때에 외식하는 자가 사람에게서 영광을 받으려고** 회당과 거리에서 하는 것 같이 너희 앞에 나팔을 불지 말라 진실로 너희에게 이르노니 **그들은 자기 상을 이미 받았느니라**"

3. 예수님의 비판

a) '외식하는 자'(*hypokritai*): '의'(*dikaiosynē*)의 반대 개념이 여기서는 '불의'(*adikia*)가 아니라 '위선'(*hypokrisis*)이다. '외식하는 자'(*hypokritēs*)는 헬라어에서 원래는 '배우, 광대'라는 뜻으로 사용되었다.

b) '사람에게서 영광을 받으려고'(*doksasthōsin hypo tōn anthrōpōn*): 이들에게는 '상'(*misthos*, 보상)이 없는 것이 아니라 이미 주어졌다(계산되었다).

4. 예수님의 가르침(3-4절)

> (3-4절) "너는 구제할 때에 오른손이 하는 것을 왼손이 모르게 하여 네 구제함을 **은밀하게**(*en tō kryptē*) **하라 은밀한 중에 보시는 너의**

아버지께서 갚으시리라"

예수님은 행위의 **은밀성**을 말씀하신다. 하나님은 '아버지'(*patēr*)이시다. 그 '아버지'는 '은밀한 중에 보시는 분'(*ho blepōn en tō kryptō*)이시다.

B-1. 기도에 대하여(5-8절)

1. 주제 : 기도

(5절) "또 너희는 **기도할 때에 외식하는 자**와 같이 하지 말라 그들은 **사람에게 보이려고** 회당과 큰 거리 어귀에 서서 기도하기를 좋아하느니라 내가 진실로 너희에게 이르노니 **그들은 자기 상을 이미 받았느니라**"

'너희가 기도할 때에'(*hotan proseuchēsthe*): 기도는 유대인의 중요한 종교적 관습이었다. 초기 유대교에서는 하루에 세 번(아침, 정오, 저녁) 예루살렘 성전의 지성소를 향해 '18 기도문'(Shemoneh Esreh)을 암송하였다.

2. 유대인들의 기도 습관(5절)

회당과 큰 거리 어귀, 즉 공개된 장소에서 기도함.

3. 예수님의 비판

a) '외식하는 자'
b) '사람에게 보이려고'
외식하는 기도에 대해 이미 계산된 보상이 언급된다.

4. 예수님의 가르침(6절)

(6절) "너는 기도할 때에 **네 골방**(*tameion*: 창문 없는 어두운 방)**에 들어가 문을 닫고 은밀한 중**에 계신 네 아버지께 기도하라 **은밀한 중**에 보시는 **네 아버지께서** 갚으시리라"

이는 3-4절과 동일하다.

5. 이방인(*ethnikoi*)의 기도 관습(7절)

(7절) "또 기도할 때에 이방인과 같이 **중언부언하지 말라** 그들은 **말을 많이** 하여야 들으실 줄 생각하느니라"

'중언부언하다'(*battalogein*), '많은 말'(*polylogia*): 이방인들의 주문 낭독 기도를 염두에 두고 한 말이다. 이들은 기도를 일종의 마술로 여긴다. 세네카(Seneca)는 "이런 기도가 신들을 짜증나게(지치도록) 한다(fatigare deos)."고 말했다.

6. 예수님의 가르침(8절)

(8절) "그러므로 그들을 본받지 말라 구하기 전에 너희에게 있어야 할 것을 하나님 **너희 아버지**께서 아시느니라"

기도의 응답은 아버지에게 달려 있다. 8절은 19-33절에서 다루어질 주제의 사전 암시 구절이다.

B-2. 주기도(9-15절)

하나님 아버지께서 그의 자녀들을 돌보신다는 **믿음**이 기도의 올바른 전제이다. '주기도'란 비밀스런 힘이나 마성(魔性)을 가지고 있는 신비스러운 주문이 아니라 올바른 기도에 대한 가르침이다. 즉 "이 기도를 암송하라"가 아니라, "너희는 **이렇게** 기도하라"(*houtōs oun proseuchesthe hymeis*)이다.

(9-13절) "그러므로 너희는 이렇게 기도하라 하늘에 계신 **우리 아버지**여 이름이 거룩히 여김을 받으시오며 나라가 임하시오며 뜻이 하늘에서 이루어진 것 같이 땅에서도 이루어지이다 오늘 우리에게 일용할 양식을 주시옵고 우리가 우리에게 죄(*opheilēmata*) 지은 자를 사하여 준 것 같이 우리 죄를 사하여 주시옵고 우리를 시험에 들게 하지 마시옵고 다만 악에서 구하시옵소서(나라와 권세와 영광이 **아버지**께 영원히 있사옵나이다 아멘)(*hoti sou estin hē basileia kai hē dynamis kai hē doxa eis tous aiōnas. amēn;* 이 구절은 몇 사본에 나타나 있으나, 신약성경에서 중요한 사본인 시내 사본, 바티칸 사본 등에는 없다.)"

■ **주기도의 구조**

0	하나님을 부름	하늘에 계신 우리 아버지 (9절)
1	첫째 간구	하나님의 이름 (9절)
2	둘째 간구	하나님의 나라 (10절)
3	셋째 간구	하나님의 뜻 (11절)
4	넷째 간구	우리의 양식 (11절)
5	다섯째 간구	우리의 죄 (12절)
6	여섯째 간구	우리의 시험 (13절)

'주기도'는 **산상설교의 중심**이며, 그 중에서도 세 번째 간구인 "하나님의 뜻이 이루어지소서"가 산상설교의 중심이다. 이 '하나님의 뜻'은 산상설교의 중심 주제일 뿐 아니라 마태복음의 중심 주제인 '**더 나은 의**'와 관련되어 있다. 그리고 '더 나은 의'는 '하나님 사랑'과 '이웃 사랑'이라는 **사랑의 이중 계명**으로 요약될 수 있다(마 22:37-40).

앞의 세 간구는 하나님께 대한 간구이며, 뒤의 세 간구는 인간의 필요에 대한 간구이다.

14-15절은 다시 12절의 주제로 되돌아가서 용서받은 사람은 다른 사람을 용서해야 한다는 것을 강조한다(마 18:21-35 참조).

> (14-15절) "너희가 사람의 잘못(*paraptōmata*)을 용서하면 너희 하늘 아버지께서도 너희 잘못을 용서하시려니와 너희가 사람의 잘못을 용서하지 아니하면 **너희 아버지**께서도 너희 잘못을 용서하지 아니하시리라"

참조. 마 18:35, "너희가 각각 마음으로부터 형제를 용서하지 아니하면 나의 하늘 아버지께서도 너희에게 이와 같이 하시리라"

C. 금식에 대해서(16-18절)

1. 주제: 금식

> (16절) "금식할 때에"(*hotan de nēsteuēte*)

2. 유대인들의 관습

a) 침울하거나 슬픈 기색을 한다.
b) 과시적이다.

구전(口傳)으로 내려온 율법을 다시 성문화한 미쉬나(Mischna)의 요마 편(Traktat Joma)에 의하면, 화해의 (축제)절기 때 금식해야 한다. 유대교의 금식 관습은 공식적인 금식일(월, 목요일)이나 슬픈 날뿐만이 아니라 때로는 기쁜 축일에도 행하여졌다. 독일어에서 '축제를 벌이다'(festen)와 '금식하다'(fasten)라는 단어는 모음 한 철자만 다르고 똑같다.

참조. 영어에서 '아침식사'(breakfast)는 원래 '금식을 깨뜨림'에서 유래하였다.

(16절) "**금식할 때에** 너희는 **외식하는 자**들과 같이 슬픈 기색을 보이지 말라 그들은 금식하는 것을 사람에게 보이려고 얼굴을 흉하게 하느니라 내가 진실로 너희에게 이르노니 **그들은 자기 상을 이미 받았느니라**"

3. 예수님의 비판(16절)

a) '외식하는 자'(16절)
b) '사람에게 보이려고'(16절)

4. 예수님의 가르침(17-18절)

(17-18절) "너는 금식할 때에 머리에 기름을 바르고 얼굴을 씻으라 이는 금식하는 자로 사람에게 보이지 않고 오직 **은밀한 중**에 계신 네 아버지께 보이게 하려 함이라 **은밀한** 중에 보시는 **네 아버지**께서 갚으시리라"

a) '머리에 기름을 바르고'(17절)
b) '얼굴을 씻으라'(17절)

자신의 경건성을 과시하려고 하는 금식은 참된 금식이 아니다. 오히려 금식도 '축제'처럼 행할 때에만 진실한 것이다.

본문이 전하는 말씀

첫째, 경건의 행위는 사람에게 보이려고 과시적으로 행하는 **인간의 의**가 되어서는 안 된다.

둘째, 경건의 행위는 **하나님의 의**를 드러내는 것이어야 한다.

셋째, 하나님의 의는 **하나님 사랑과 이웃 사랑**에서 나타난다.

넷째, **은밀하게 행해지는 하나님의 뜻**일 때 장차 받을 상이 있다.

다섯째, 상을 주시는 하나님은 **아버지**이시다.

찬송: 548장(새 635장)

예루살렘 성전
서쪽 벽 앞에서
경전을 읽는
유대인

제9과 산상설교(IV): 먼저 구해야 할 하나님의 의

6장 19-34절

본문의 자리 매김

이 단락은 앞뒤의 단락과 아무런 상관이 없는 독립적인 단락이 아니다. 다시 말하면, 단순하게 재물의 문제를 다루거나 재물에 대해서 염려하지 말라는 권고가 아니다. 오히려 본문은 5장 17-20절에서 요구된 바리새인과 서기관보다 더 나은 새로운 의에 대한 윤리적인 지침이다. 5장 21-48절에 기록된 6개의 대립 명제 말씀이 율법 영역에서 **'더 나은 새로운 의'에 대한 해설**이라면, 6장 1-18절은 신앙실천 영역에서 **'더 나은 의'를 실천하기 위한 해설**이고, 본문 단락인 6장 19-34절은 **주기도의 첫 네 간구에 대한 해설**이다. 특히 "먼저 하나님의 나라와 그의 의를 구하라"는 33절 말씀에서 산상설교의 주제 단어인 **'의'**(*dikaiosynē*)가 절정에 이르고 분명하게 명령형(imperative)으로 요구된다.

본문의 짜임새

이 단락은 둘로 나누어진다.

A. 첫째 단락(6:19-24): 재물(Mammon)이 아니라 **하나님만**을 주님으로 섬겨라.

B. 둘째 단락(6:25-34): 재물을 위하여 염려하지 말고 **하나님의 나라와 하나님의 의**를 구하라.

본문 풀이

A. 첫째 단락(19-24절): 하나님만을 주님으로 섬겨라.

이 단락은 주기도문의 첫 번째, 두 번째, 세 번째 간구(9-10절)에 대한 해설 내지는 실행 지침이다. 그리스도인이 어떻게 하는 것이 하나님의 이름이 거룩히 여김을 받는 것이며, 하나님 나라가 임하게 되는 것이고, 하나님의 뜻이 하늘에서처럼 땅에서도 이루어지는 것인가?

그것은 무엇보다도 재물(*mamōnas*) 숭배를 버리는 것이다. 즉 재물을 절대시하는 물질제일주의, 황금만능주의(mammonism)를 배격하는 것이다. 세부적으로 살펴보면, 이 단락은 세 개의 작은 예수님의 어록 말씀으로 이루어져 있다.

1. 첫 번째 말씀(19-21절): 땅에 쌓는 보물과 하늘에 쌓는 보물

(19-21절) "너희를 위하여 보물을 땅에 쌓아 두지 말라 거기는 좀과

동록이 해하며 도둑이 구멍을 뚫고 도둑질하느니라 오직 너희를 위하여 보물을 하늘에 쌓아 두라 거기는 좀이나 동록이 해하지 못하며 도둑이 구멍을 뚫지도 못하고 도둑질도 못하느니라 네 보물 있는 그 곳에는 네 마음도 있느니라"

보물을 땅에 쌓아 두지 말고 하늘에 쌓아 두라. 그 이유는 세 가지이다.

a) 보물(*thēsauros*)은 좀(*sēs*)이 먹는다.

b) 보물은 녹(*brōsis*)이 슨다.

c) 도둑(*kleptēs*)이 든다.

땅에 쌓는 물질은 좀과 녹처럼 서서히 사라지기도 하고 도적에 의해 갑자기 사라질 수 있는 무상(無常)한 것이다. 예수께서 문제 삼은 것은 재물, 물질 그 자체가 아니라 물질에 마음을 두는 것이었다.

2. 두 번째 말씀(22-23절): '눈(*ophthalmos*)은 몸의 등불(*lychnos*)'이라는 은유적 비유(metaphor)

(22-23절) "눈은 몸의 등불이니 그러므로 네 눈이 성하면 온 몸이 밝을 것이요 눈이 나쁘면 온 몸이 어두울 것이니 그러므로 네게 있는 빛이 어두우면 그 어둠이 얼마나 더하겠느냐"

예수님은 이 말씀에서 제자들에게 건강한 눈을 가르치신다.

'눈'은 시각 기관 이상의 의미를, '몸'은 신체 이상의 의미를 갖는다. 왜냐하면 '밝은'-'어두운'이라는 대립어에서 볼 때 눈과 몸은 신체적인 의미가 아니라 **윤리적인 의미**로 사용되었기 때문이다. 따라서 '성하다'-'나쁘다'란 '건강한'-'병든'의 뜻이 아니다. 오히려 '깨끗한(선한)'과 '더러운(악한)'의 뜻으로 사용되었다.

3. 세 번째 말씀(24절): 두 주인 섬김의 불가함

(24절) "한 사람이 **두 주인**을 섬기지 못할 것이니 혹 이를 미워하고 저를 사랑하거나 혹 이를 중히 여기고 저를 경히 여김이라 너희가 **하나님**과 **재물**을 겸하여 섬기지 못하느니라"

참조. 올바른 재물관은

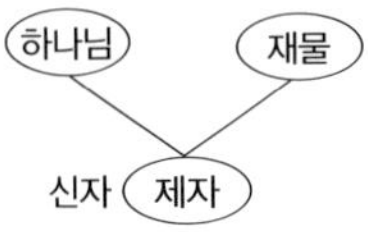

가 아니라

이다.
재물은 신격화하는 것을 '물신주의'(mammonism)라 부른다.

재물이 하나님 아래 있지 않고 하나님 옆에 나란히 있어 사람들이 선택할 수 있는 양자택일의 대상이 될 때 재물은 신격화되고, 하나님을 대적하는 경쟁 상대로 사탄의 권세를 갖는다. 그리스도인은 재물에 마음을 빼앗겨서는 안 된다. 하나님께서 요구하시는 것은 우리의 일부나 반(半)쪽이 아니라 우리의 전부, 내 마음 전체를 원하신다. **그래서 하나님만을 주님으로 섬기기를 원하신다**.

B. 둘째 단락(25-34절): 하나님의 나라와 하나님의 의를 구하라.

이 단락은 첫째 단락의 주제를 이어 받으면서(재물이 아니라 하나님을 주인으로 삼으라), 더 나아가 적극적으로 '하나님의 나라'와 '하나님의 의'를 구할 것을 요구한다. 그리스도의 제자는 재물 때문에 마음을 빼앗겨서는 안 된다. 나누어지는 마음, 분열된 마음은 바로 본문에서 말하는 '염려'이다. 하나님을 주님으로 섬기는 그리스도인은 '염려하지 말아야 한다'. 재물 때문에 마음이 나누어지거나, 물질 때문에 마음이 오락가락해서는 안 된다.

왜 염려해서는 안 되는가? 염려하지 말아야 하는 다섯 가지 이유

1. 목숨이 음식보다, 몸이 의복보다 소중하기에

(25-26절) "그러므로 내가 너희에게 이르노니 목숨을 위하여 무엇을 먹을까 무엇을 마실까 몸을 위하여 무엇을 입을까 염려하지 말라 **목숨**이 음식보다 중하지 아니하며 **몸**이 의복보다 중하지 아니하냐 공중의 새를 보라 심지도 않고 거두지도 않고 창고에 모아들이지도 아니하되 너희 하늘 아버지께서 기르시나니 너희는 이것들보다 귀하지 아니하냐"

2. 염려해도 소용 없기에

(27절) "너희 중에 누가 염려함으로 그 키를 한 자(*pēchys*, 약 48cm)라도 더할 수 있겠느냐"

염려는 백해무익하다.

3. 하나님께서 보살펴 주시기에

(28-30절) "또 너희가 어찌 의복을 위하여 염려하느냐 들의 백합화가 어떻게 자라는가 생각하여 보라 수고도 아니하고 길쌈도 아니하느니라 그러나 내가 너희에게 말하노니 솔로몬의 모든 영광으로도 입은 것이 이 꽃 하나만 같지 못하였느니라 오늘 있다가 내일 아궁이에 던져지는 들풀도 하나님이 이렇게 입히시거든 **하물며** 너희일까보냐 **믿음이 작은 자**(*oligopistoi*)들아"

백합화와 들풀이 수고하지 아니하여도 하나님께서 입히신다면, '**하물며**'(*pollō mallon*) 하나님의 자녀들이야 말할 것도 없다. 이러한 화법은 '**작은 것에서 큰 것으로**'(a minori ad maius)

전개하는 유대적인 논증법이다.

'**믿음이 작은 자**'(*oligopistos*): 신약성경에서 이 단어는 총 5회 사용되는데 누가복음에서 한 번 사용되는데, 그것도 마태복음의 평행절에서 나타나고(눅 12:28 // 마 6:30), 네 번은 마태복음에서만 사용된다(6:30; 8:26; 14:31; 16:8). 따라서 이 용어는 마태복음의 특징적인 전문용어이다. 모두 **복수** 형태(*oligopistoi*)로 사용되었고, 그것도 모두 **제자들**에게 사용되었다. 그러므로 이는 믿음이 작은 교회에게 주시는 말씀이다.

(8:26) 광풍 진압 기사 중

(14:31) 수면 보행 기사 중

(16:8) 오천 명 급식을 오해하는 제자 기사 중

즉 마태복음에서는 '믿음이 없는 한 **개인**'의 문제가 아니라 교회 안에 있는 '믿음이 작은 **무리**'들이 문제이다.

4. 하나님 아버지께서 우리에게 있어야 할 것을 다 알고 계시므로

(31-32절) "그러므로 염려하여 이르기를 무엇을 먹을까 무엇을 마실까 무엇을 입을까 하지 말라 이는 다 이방인들이 구하는 것이라 너희 하늘 아버지께서 이 모든 것이 너희에게 있어야 할 줄을 아시느니라"

5. 한 날의 괴로움은 그날로 족하기에

(34절) "그러므로 내일 일을 위하여 염려하지 말라 내일 일은 내일이 염려할 것이요 한 날의 괴로움은 그 날로 족하니라"

이를 원문대로 옮기면 "그러므로 내일을 위하여 염려하지 말라 왜냐하면 내일이 스스로를 염려할 것이며 그날의 괴로움은 그날에 족하기 때문이다"

25-34절 단락은 주기도문의 네 번째 간구인 "오늘날 우리에게 일용할 양식을 주옵시고"에 대한 해설이다(Walter Grundmann).

(33절) "그런즉 너희는 먼저 그의 나라와 그의 의를 구하라 그리하면 이 모든 것을 너희에게 더하시리라"

복음을 받은 제자들은 '일용할 양식' 때문에 하나님을 향한 마음이 나누어지거나 갈라져서는 안 된다. 하나님께서 그것을 책임져 주시기에, 오히려 **먼저** 하나님의 나라와 하나님의 의를 구해야 한다. 이 하나님의 의는 하나님 나라를 세우는 것에 연관되어 있다. 하나님의 나라와 하나님의 의를 먼저 구하면 모든 것을 하나님께서 더해 주신다.

본문이 전하는 말씀

첫째, 재물에 마음을 빼앗기지 말고 **하나님만 섬기자**!

둘째, 재물 때문에 염려하지 말고 **하나님의 나라와 하나님의 의를 구하자**!

찬송: 455장(새 370장)

예루살렘 성전
서쪽 벽 앞에서
경전을 읽는
유대인

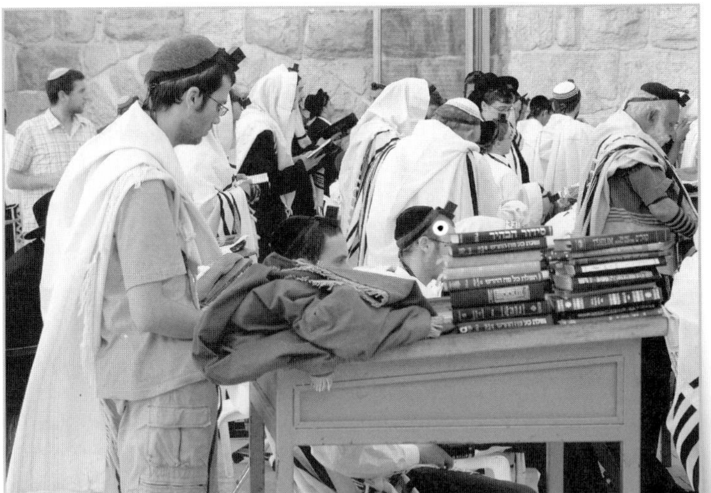

제10과 산상설교(V): 더 나은 의에 대한 마지막 해설 지침

7장 1-12절

본문의 자리 매김

본문은 '더 나은 의'에 대한 마지막 해설 지침이다. 신약학자 그룬트만(W. Grundmann)은 주기도문(6:9-15)과 그 이후 단락(6:19-7:6)의 관계를 주기도의 간구와 그 간구에 대한 해설로 본다.

주기도(6:9-15)	그 이후 단락(6:19-7:6)
제1-3간구(하나님에 대한 간구: 하나님의 이름, 나라, 뜻에 대한 간구, 9-10절)	보물과 두 주인 섬김 말씀(6:19-24)
제4간구(일용할 양식, 11절)	염려 금지 말씀(6:25-34)
제5간구(죄용서, 12절, 14-15절)	비판 금지 말씀(7:1-5)
제6간구(시험·악에서 구원, 13절)	개와 돼지 말씀(7:6)

본문의 짜임새

본문은 네 단락으로 구성되어 있다.

A. 비판하지 말라(1-5절): 주기도의 다섯 번째 간구에 대한 해설

B. 거룩한 것을 개나 돼지에게 주지 말라(6절): 주기도의 마지막 간구에 대한 해설

C. 이렇게 기도하라: 기도를 들으시는 하나님(7-10절)

D. 더 나은 하나님의 뜻에 대한 구체적인 실천 규범 요약(12절): 황금률(the Golden Rule)

본문 풀이

A. 주기도의 다섯 번째 간구(죄 용서, 6:12)에 대한 해설 (7:1-5): 비판하지 말라(*mēkrinete*)

'비판하다'(*krinein*)는 '심판하다', '정죄하다', '잘못을 지적하다'라는 뜻을 가진다. 하나님께 죄 용서를 구하는 자는 그에 부합되게 형제의 잘못을 용서할 수 있어야 한다.

비판하지 말아야 하는 이유: 왜 비판하지 말아야 하는가?

1. 그렇지 않으면 하나님의 심판을 면할 수 없기에(1절)

(1절) "비판을 받지 아니하려거든 비판하지 말라"

예수님은 제자들뿐 아니라 예수님을 따르는 모든 무리들이 자기 중심적인 인생관에서 은혜를 베푸시며 심판하시는 하나님께로 전적으로 돌아서도록 회개를 요청하신다. 하나님의 심판을 받지 않으려면 다른 사람들을 심판하지 말아야 한다.

2. 심판하는 그 심판으로 심판을 받을 것이기에(2절)

(2절) “너희가 비판하는 그 비판으로 너희가 비판을 받을 것이요 너희가 헤아리는 그 헤아림으로 너희가 헤아림을 받을 것이니라”(지혜적인 권고 말씀)

3. 남의 티보다 자신의 들보가 더 크기 때문에(3-4절)

(3-4절) “어찌하여 형제의 눈 속에 있는 **티**는 보고 네 눈 속에 있는 **들보**는 깨닫지 못하느냐. 보라 네 눈 속에 들보가 있는데 어찌하여 형제에게 말하기를 나로 네 눈 속에 있는 티를 빼게 하라 하겠느냐”

사람들은 자주 자신을 의롭게 여기고 정당화하기 위해 자신의 최선(the best)과 다른 사람의 최악(the worst)을 비교한다. 누구와 견주어서 비교 우위를 차지하기 위해서 나의 최고와 남의 최저를 비교하는 것이다. 그러나 주님의 말씀에 의하면 남(형제)에게 있는 허물은 ‘티’(*karphos*)에 불과하며, 오히려 비판하는 자신에게 있는 허물은 ‘들보’(*dokos* 〈 *dechesthai*)이다. 이 ‘티와 들보’ 비유에서 주목해야 할 점은 사람들이 남의 ‘티’는 잘 보지만(*blepein*), 자신의 ‘들보’는 잘 깨닫지(*katanoein*) 못한다는 사실이다. 남의 허물에 얼마나 민감했으면 티끌 같은 남의 허물이 보일까? 반면에 자신의 허물에 얼마나 둔감하였으면 들보만한 자신의 허물을 보지 못할까? 자신의 ‘들보’는 그냥 보아서는 보이지 않는다. 깨달아야 보인다.

4. 자신의 '들보'를 빼야 남의 '티'를 뺄 수 있기에(5절)

(5절) "외식하는 자여 먼저 네 눈 속에서 들보를 빼어라 그 후에야 밝히 보고 형제의 눈 속에서 티를 빼리라"

B. 주기도의 여섯 번째 간구(시험 · 악에서 구원, 6:12)에 대한 해설(7:6): 거룩한 것을 개나 돼지에게 주지 말라

(6절) "**거룩한 것**을 **개**에게 주지 말며 너희 **진주**를 **돼지** 앞에 던지지 말라. 그들이 그것을 발로 밟고 돌이켜 너희를 찢어 상하게 할까 염려하라"

6절 말씀은 복음서 중 마태복음에만 나타난다. 남을 비판(심판)하지 말아야 하나, 거룩한 것과 거룩하지 않은 것은 분별해야 한다.

'거룩한 것'과 '진주', '개'와 '돼지' 해석에 대한 여러 입장

1. '거룩한 것', '진주'
   a) 영지주의적인 비밀 지식
   b) 교회의 가르침
   c) 유대 기독교적인 서기관적 입장

2. '개', '돼지'
   a) '개'는 이방인, '돼지'는 이단자와 동일시(Hilarius)
   b) '개'는 배교자, '돼지'는 개종하지 않은 자와 동일시

어떤 입장이든 6절의 교훈은 '악의 유혹에 빠지지 말라'는

주기도의 여섯 번째 간구와 관련되어 있다.

C. 기도하라: 기도를 들으시는 하나님(7-11절)

마태는 주기도문에 대한 해설(6:19-7:6) 이후 기도를 들으시는 하나님을 말한다. 누가복음의 경우도 이 단락에 해당하는 평행 본문(눅 11:9-13)은 주기도문(눅 11:1-4) 다음에 위치해 있다. 7-11절 단락에서는 기도에 대한 가르침이 아니라 가르침을 받은 대로 기도하는 것이 문제가 된다. 그리스도인은 간절히 기도하고 계속 기도하도록 요청을 받으며, 그렇게 드리는 기도는 응답 받게 된다.

> (7-11절) "**구하라** 그리하면 너희에게 **주실 것이요 찾으라** 그리하면 **찾아낼 것이요 문을 두드리라** 그리하면 너희에게 **열릴 것이니** 구하는 이마다 받을 것이요 찾는 이는 찾아낼 것이요 두드리는 이에게는 열릴 것이니라 너희 중에 누가 아들이 떡을 달라 하는데 돌을 주며 생선을 달라 하는데 뱀을 줄 사람이 있겠느냐 너희가 악한 자라도 좋은 것으로 자식에게 줄 줄 알거든 하물며 하늘에 계신 너희 아버지께서 구하는 자에게 좋은 것으로 주시지 않겠느냐"

이 단락은 기도하면 아버지 하나님께서 반드시 주신다는, 꼭 응답하신다는 것을 보여 줌으로써 항상 기도할 것을 요구한다. 특히 여기서는 기도의 목표가 미래적 종말론과 관련된 하나님의 나라(6:10, 33 참조)가 아니며 묵시적인 최후의 심판을 위한 것도 아니다. 오히려 예수님은 매일의 일상 생활에서 필요한 것을 위해 기도할 것을 요청한다.

‘기도하면 응답 주신다’는 근거 세 가지

1. 반복되는 명령법(7절)

‘구하라’(*aiteite* ⟨ *aitein*)
‘찾으라’(*zēteite* ⟨ *zētein*)
‘문을 두드리라’(*krouete* ⟨ *krouein*)
: (반복되는 명령법으로써) ‘기도하라’는 권고가 강조되어 있다.

2. 명령법 뒤에 ‘그러면’(*kai*) 응답하리라는 약속(7절)

‘주어질 것이다’(*dothēsethai*, *didōmi*의 미래 수동태)
‘발견할 것이다’(*heurēsete*, *heuriskō*의 미래 능동태)
‘열려질 것이다’(*anoigēsetai*, *anoigō*의 미래 수동태)

3. 부모-자식 간에도 자식의 요구를 부모가 들어준다면 천부-하나님의 자녀 간에는 더욱 그러하다(11절).

‘더욱’(*mallon*): 대화나 서술시 **‘작은 것으로부터 큰 것으로’** (a minori ad maius) 전개하는 유대적인 논증법

공관복음서에서 ‘아버지와 아들’ 관계가 흔히 나타나지만 ‘아버지와 아들**들**’의 관계는 단지 마태복음 5장 9절과 45절에서만 나타난다. 그것은 하나님께서 그의 자녀를 돌보시는 사랑을 나타낸다. 기도를 들으시는 분이 하늘 아버지이시기에 기도는 확실히 응답될 것이다. 인간인 부모가 자녀의 요구를 들어준다면, 천부께서는 얼마나 더 그러하시겠는가?

D. 하나님의 뜻에 대한 구체적 실천 규범: 황금률(12절)

(12절) "**그러므로** 무엇이든지 남에게 대접을 받고자 하는 대로 너희도 남을 대접하라 이것이 **율법**이요 **선지자**니라"

1. 12상반절: 황금률

12절은 '그러므로'(*oun*)라는 인과적인 접속사로 시작된다. 헬라 세계(예를 들면 Herodotus)에서나 헬라적인 유대교(R. Hillel, 주전 20년경)에서는 이런 규범이 부정적으로 표현되어 있다. 즉 "네게 달갑지 않은 일을 남에게 하지 말라. 이것이 온 율법이요 나머지는 그에 대한 해석이다"(Schab. 31a). 그러나 12절에서는 긍정적으로 표현되어 있다.

'황금률'은 '받기 위해 주라'(do ut des)는 법칙과는 구별된다. '대접을 받고자 하는 대로'란 이웃 사랑이 **먼저 사랑**이라는 표현이지 '되돌려 받기 위해 주라'는 뜻은 아니다.

2. 12하반절

12상반절로써 산상설교의 명제 단락인 5장 17-20절의 중심 개념인 '더 나은 의'가 요약된다. '(서기관과 바리새인보다) 나은 의'는 원수에게까지 미치는 **이웃 사랑**이며 그것이 다시 좁은 의미의 산상설교를 마감하는 7장 12절에서 구체적인 '**이웃 대접**'의 말씀으로 요약된다. "이것이 율법(*nomos*)이요 선지자(*prophētai*)"이다. 다시 말하면 "이 두 계명이 온 율법과 선지자의 강령이니라"(마 22:40).

본문이 전하는 말씀

첫째, 비판(심판)하지 말자.
둘째, 시험(유혹)에 빠지지 말고 거룩함을 지키자.
셋째, 기도하자.
넷째, 먼저 대접하자.

찬송: 513장(새 458장)

제11과 산상설교(VI): 말씀을 듣고 행하는 사람

7장 13-29절

본문의 자리 매김

산상설교의 마지막 열일곱 절은 예수님이 전하시는 복음의 두 가지 성격을 분명하게 보여 준다. 즉 예수님의 복음은, 예수님과 함께 시작된 하나님 나라 선포를 듣고 **회개하라**는 부르심과 **행하라**는 요구라는 양면을 가지고 있다. 주님의 산상설교를 들은 사람은 **회개**해야 하며, 회개한 사람은 원수에게까지 이르는 이웃 사랑 계명에 **순종**하도록 부름 받는다. 이것이 **산상설교의 정신**이다.

본문의 짜임새

A. 종결 권고와 종결 비유(13-27절)
  1. 두 가지 문과 두 가지 길(13-14절)
  2. 두 가지 나무와 두 가지 열매(15-20절)
  3. 두 종류의 교인(21-23절)
  4. 두 건축자(24-27절)

B. 설교 후기(epilog, 28-29절)

본문 풀이

A. 종결 권면과 종결 비유(13-27절)

'네 가지 짝 말씀'을 통해서 말씀을 지키고 행하는 결단이 촉구된다.

1. 두 가지 문과 두 가지 길(13-14절)

> (13-14절) "좁은 문으로 들어가라 멸망으로 인도하는 문은 크고 그 길이 넓어 그리로 들어가는 자가 많고 생명으로 인도하는 문은 좁고 길이 협착하여 찾는 자가 적음이라"

참조. 신 30:15-20, 보라 내가 오늘 생명과

'두 가지 길' 표상은 구약의 전통에서 발견된다. 특히 이는 신명기서의 중요한 사상이다(신 30:15-20).

좁은 문(*hē stenē pylē*)과 **넓은**(*plateia*) **문** 표상: '넓은 문'은 멸망으로 인도하는 문이며, '좁은 문'은 생명으로 인도한다. 그러므로 좁은 문으로 들어가야 한다. 넓은 문은 길이 넓어 들어가는 사람이 많고 좁은 문은 길이 좁아 '**적은 자들**'(*oligoi*)이 찾는다. 여기서 벌써 믿는 자에게 십자가의 길이 암시되었다.

2. 두 가지 나무와 두 가지 열매(15-20절)

> (15-20절) "거짓 선지자들을 삼가라 양의 옷을 입고 너희에게 나아오나 속에는 노략질하는 이리라 그들의 열매로 그들을 알지니 가시나무에서 포도를, 또는 엉겅퀴에서 무화과를 따겠느냐 이와 같이 좋은 나무마다 아름다운 열매를 맺고 못된 나무가 나쁜 열매를 맺나니 좋은 나무가 나쁜 열매를 맺을 수 없고 못된 나무가 아름다운 열매를 맺을 수 없느니라 아름다운 열매를 맺지 아니하는 나무마다 찍혀 불에 던져지느니라 이러므로 그들의 열매로 그들을 알리라"

이 단락에서 '**거짓 선지자들을 삼가라**'(*prosechete apo tōn pseudoprophētōn*) 라는 권면이 주어진다. 거짓 선지자들은 이미 교회 안에 들어와서 교인을 미혹한다. 그들은 '양의 옷'을 입었으나 속은 '노략질하는 이리'이다. 그러므로 겉모습으로는 양과 이리를 구분할 수 없다. 교회 안에서 거짓 선지자를 가려낼 수 있는 판별 기준은 '열매'(*karpoi*)이다. 열매로 알 수 있다(16절 상반절). 가시나무(*akantha*)와 야생 포도나무(*staphylē*)가 비슷하며, 엉겅퀴(*tribolos*)와 야생 무화과(*sykon*)는 겉보기에 비슷하다. 그러나 가시나무에서 포도를 딸 수 없고 엉겅퀴에서 무화과를 얻을 수 없다. 나무의 호(好), 불호(不好)에 따라서 열매의 호불호가 결정된다. 여기서 '나무'는 교인들이며 '열매'는 선한 행실, '불'은 심판을 의미한다. 선한 행함이 없이 교인들 틈에서 교인들을 미혹하는 거짓 선지자는 그들의 열매

복과 사망과 화를 네 앞에 두었나니 곧 내가 오늘 네게 명령하여 네 하나님 여호와를 사랑하고 그 모든 길로 행하며 그의 명령과 규례와 법도를 지키라 하는 것이라 그리하면 네가 생존하며 번성할 것이요 또 네 하나님 여호와께서 네가 가서 차지할 땅에서 네게 복을 주실 것임이니라 그러나 네가 만일 마음을 돌이켜 듣지 아니하고 유혹을 받아 다른 신들에게 절하고 그를 섬기면 내가 오늘 너희에게 선언하노니 너희가 반드시 망할 것이라 너희가 요단을 건너가서 차지할 땅에서 너희의 날이 길지 못할 것이니라 내가 오늘 하늘과 땅을 불러 너희에게 증거를 삼노라 내가 생명과 사망과 복과 저주를 네 앞에 두었은즉 너와 네 자손이 살기 위하여 생명을 택하고 네 하나님 여호와를 사랑하고 그의 말씀을 청종하며 또 그를 의지하라 그는 네 생명이시요 네 장수이시니 여호와께서 네 조상 아브라함과 이삭과 야곱에게 주리라고 맹세하신 땅에 네가 거주하리라

를 보아 식별할 수 있으며, 그런 자들은 찍혀 불에 던져질 수 밖에 없다.

3. 두 종류의 교인(21-23절)

(21-23절) "나더러 주여 주여 하는 자마다 다 천국에 들어갈 것이 아니요 다만 하늘에 계신 내 아버지의 뜻대로 행하는 자라야 들어가리라 그 날에 많은 사람이 나더러 이르되 주여 주여 우리가 주의 이름으로 선지자 노릇 하며 주의 이름으로 귀신을 쫓아 내며 주의 이름으로 많은 권능을 행하지 아니하였나이까 하리니 그 때에 내가 그들에게 밝히 말하되 내가 너희를 도무지 알지 못하니 불법을 행하는 자들아 내게서 떠나가라 하리라"

마태의 교회 안에 두 종류의 교인이 있다. 곧 **입으로 '주여 주여 하는 자'**(*ho legōn kyrie kyrie*)와 **'아버지의 뜻대로 행하는 자'**(*ho poiōn to thelēma tou patros*)이다. 입으로 '주여 주여 하는 자'는 선을 행하는 것이 없이 주의 이름을 오용하는 사람들이다. 이들은 행함이 없이 주의 이름으로 선지자 노릇하고, 주의 이름으로 귀신을 쫓아내고, 주의 이름으로 많은 권능을 행했다. 그들은 단지 종교적인 행함으로 신앙 생활을 다했다고 생각하는 표면적인 그리스도인이었다. 그들은 천국에 들어갈 수 없다. 마지막 때('그 때에') 주님은 그들을 알지 못한다고 말씀하실 뿐 아니라 '불법을 행하는 자들'(*hoi ergazomenoi tēn anomian*) 이라고 책망하며 '떠나가라'고 말씀하신다.

4. 두 건축자(24-27절)

(24-27절) "그러므로 누구든지 나의 이 말을 듣고 행하는 자는 그 집을 반석 위에 지은 지혜로운 사람 같으리니 비가 내리고 창수가 나고

바람이 불어 그 집에 부딪치되 무너지지 아니하나니 이는 주추를 반석 위에 놓은 까닭이요 나의 이 말을 듣고 행하지 아니하는 자는 그 집을 모래 위에 지은 어리석은 사람 같으리니 비가 내리고 창수가 나고 바람이 불어 그 집에 부딪치매 무너져 그 무너짐이 심하니라"

주님의 **이 말씀을 듣고 행하는 사람**은 집을 반석(*petra*) 위에 지은 지혜로운 사람(*anērphronimos*)과 같으며, 주님의 **이 말씀을 듣고 행하지 않는 사람**은 집을 모래(*ammos*) 위에 지은 어리석은 사람(*anēr mōros*)과 같다. '큰 비'(*brochē*)가 내리고 '홍수'(*potamoi*)가 나고 '바람'(*anemoi*)이 불 때, 곧 심판 때 모래 위에 지은 집이 무너지는 것처럼 주님의 이 말씀을 듣고 행하지 않은 사람은 멸망하게 될 것이다. 유대교의 랍비 문헌에서도 이와 비슷한 비유가 나타난다. 그러나 랍비 문헌(Elischa ben Abuja, 주후 120년; R. Eleazar ben Azarja, 주후 100년)에서는 **들음과 행함**이 율법에 관련되어 있으나, 여기서는 **예수님의 가르침**에 관련되어 있다. 바로 이 종결 비유에서 산상설교의 청중들은 이 말씀대로 지키고 행할 것인지 아닌지 양단간에 결단을 해야 한다.

B. 설교 후기(epilog): 28-29절

(28-29절) "예수께서 이 말씀을 마치시매 무리들이 그의 가르치심에 놀라니 이는 그 가르치시는 것이 권위 있는 자와 같고 그들의 서기관들과 같지 아니함일러라"

28절 상반절은 마태복음의 다섯 큰 설교 말씀이 끝날 때마다 설교 후에 나타나는 **공식어구**이다. 즉 "그리고 예수께서 이 말씀을 마치셨을 때 일어난 바"(*kai egeneto hote etelesen ho*

참조. 마 7:28, '말씀'; 11:1, '명'; 13:53, '비유'; 19:1, '말씀'; 26:1, '모든 말씀'

Iēsous tous logous toutous, …)라는 공식적인 어구가 나타난다. 말씀을 들은 무리들에게 일어난 **반응**은 두 가지였다.

1. 예수님의 가르침(*didachē*)에 놀랬다.

2. 예수님의 **가르침**에 대한 **인식**: 서기관과 같지 않고 '**권위**'(exousia) 있는 자와 같다.

마태복음의 특징 중 하나는 예수님이 '**권위 있는 교사**'라는 사실이다.

산상에서 예수님은 제자들을 가르치시며(마 5:2), 부활하신 그리스도의 선교 명령(마 28:18-20)에서도 제자들에게 부탁하신 모든 것을 '가르쳐 지키게 하라'고 말씀하신다(마 28:20).

"그러나 너희는 랍비라 칭함을 받지 말라 너희 선생은 하나요 너희는 다 형제니라"(마 23:8)

본문이 전하는 말씀

예수님의 하나님 나라 선포에는 '**선물**'과 '**요구**'가 함께 들어 있다. 은혜의 천국 선물을 주시는 하나님 앞에 선 죄인된 사람은 하나님께로 돌아서야 하며, 이렇게 회개한 사람은 산상에서 들려진 예수님의 말씀을 지키고 행해야 한다. 산상설교에서는 **믿음과 행함**은 나누어질 수 없는 **하나**이다.

"예수께서 이르시되 오히려 하나님의 말씀을 듣고 지키는 자가 복이

있느니라 하시니라"(눅 11:28)

오늘의 그리스도인에게 있어서 문제는 '말씀을 듣지 못함'에 있는 것이 아니라 '들은 말씀을 지키지 않는 데'에 있다. 즉 하나님의 **말씀을 알지 못하는 것**이 문제가 아니라 **지키지 않는 것**이 문제이다. 들은 말씀대로 **행하고**, 들은 말씀대로 **지키고**, 들은 말씀대로 **순종하자**.

찬송: 379장(새 204장)

예수께서
2천 마리
돼지 떼를
몰아내신
이적을 행하셨다고 알려진
거라사 전경

제12과 **이적을 행하시는 예수님(I)**

8장 1-34절

본문의 자리 매김

본문은 '산상설교'(마 5-7장) 뒤에 연결된 '열 개의 이적 기사'(마 8-9장) 중 전반부에 해당한다. 이로써 마태복음에서 '**말씀**'과 '**행함**'이 결합된다. 즉 산 위에서 가르치시던 예수님(**말씀의 메시아**)이 바로 산 아래에서 이적을 행하시던 예수님(**행함의 메시아**)이시다.

본문의 짜임새

A. 배경(1절)

B. 한 나병환자의 치유(2-4절): 첫 번째 이적

C. 가버나움 백부장의 종 치유(5–13절): 두 번째 이적
D. 베드로 장모의 열병 치유(14–15절): 세 번째 이적
E. 이적 요약 보고(16–17절)
F. 추종(제자도)으로 부르심(18–22절)
G. 광풍 진압(23–27절): 네 번째 이적
H. 가다라 지방의 두 귀신 들린 자의 귀신을 쫓아냄(28–34절): 다섯 번째 이적

본문 풀이

A. 말씀과 행함이 하나가 되어야 한다(1절).

(1절) "예수께서 산에서 내려 오시니 수많은 무리가 따르니라"

산 위에서 예수님의 말씀을 듣던 청중들이 예수께서 행하시는 이적의 목격자들이 된다.

예수님은 말씀을 가르치시고 이적을 행하신 **말씀**과 **행함**의 메시아이다.

B. 예수께서 행하신 이적은 세 가지였다.

1. 병 치유 이적(2–15절, 세 가지)

한 나병환자, 가버나움 백부장의 종의 중풍병, 베드로 장모의 열병을 고치심: 이 경우 이적 행위의 대상은 '**사람**'이다.

2. 구조 이적(23-27절)

풍랑을 잔잔하게 하심: 이 이적에서는 이적 행위의 대상이 '**광풍**', 곧 **자연**이었다.

3. 귀신 축출 이적(28-34절)

귀신 들린 두 가다라 지방 사람의 귀신을 쫓아냄: 이 경우 이적 행위의 대상은 '**귀신**'이다.

C. 예수께서 행하시는 이적에서 '믿음'이 이적 행위의 중요한 동기가 된다.

1. 가버나움 백부장의 하인의 중풍병 치유 기사에서 '믿음'의 동기가 강조되어 있다(10절).

(10절) "예수께서 들으시고 놀랍게 여겨 따르는 자들에게 이르시되 **내가 진실로 너희에게 이르노니 이스라엘 중 아무에게서도 이만한 믿음**(*tosautē pistis*)**을 보지 못하였노라**"

2. 풍랑 진압 기사 중에서 구조를 요청하는 제자들에게 예수님은 '믿음이 작은 자들아'(*oligopistoi*)라고 말씀하신다(26절).

(26절) "예수께서 이르시되 **어찌하여 무서워하느냐 믿음이 작은 자들아** 하시고 곧 일어나사 바람과 바다를 꾸짖으시니 아주 잔잔하게 되거늘"

D. 예수님의 이적 행위에서는 '말씀'이 중요하다.

1. 한 나병환자 치유 기사(3절)

(3절) "예수께서 손을 내밀어 그에게 대시며 이르시되 **내가 원하노니 깨끗함을 받으라** 하시니 즉시 그의 나병이 깨끗하여진지라"

2. 가버나움 백부장 하인의 중풍병 치유 기사(8, 13절)

(8절) "백부장이 대답하여 이르되 주여 내 집에 들어오심을 나는 감당하지 못하겠사오니 **다만 말씀으로만 하옵소서** 그러면 내 하인이 낫겠사옵나이다"
(13절) "예수께서 백부장에게 이르시되 **가라 네 믿은 대로 될지어다** 하시니 그 즉시 하인이 나으니라"

3. 광풍 진압 기사(26절)

(26절) "… 바람과 바다를 **꾸짖으시니**(*epetimēsen*) …"

4. 귀신 축출 기사(32절)

(32절) "그들에게 **가라**(*hypagete*) 하시니 귀신들이 나와서 돼지에게로 들어가는지라 온 떼가 비탈로 내리달아 바다에 들어가서 …"

5. 이적 요약 기사(16절)

(16절) "저물매 사람들이 귀신 들린 자를 많이 데리고 예수께 오거늘 예수께서 **말씀으로**(*logō*) **귀신들을 쫓아 내시고 병든 자들을 다 고치시니**"

E. 예수님의 이적 행위는 보편적이다.

유대인뿐만 아니라 이방인까지도 고쳐 주신다. 가버나움 백부장은 이방인이었다. 그러나 그의 믿음은 예수께서 이스라엘 중에서도 만나 보지 못한 믿음이었다(10절, '이만한 믿음'). 동서로부터 오는 많은 이방인들도 '이스라엘 자손'이 될 수 있다. 그러나 믿지 않는 이스라엘은 오히려 바깥 어두운 데로 쫓겨난다(11-12절).

(11-12절) "또 너희에게 이르노니 동서로부터 많은 사람이 이르러 아브라함과 이삭과 야곱과 함께 천국에 앉으려니와 **그 나라의 본 자손**들은 바깥 어두운 데 쫓겨나 거기서 울며 이를 갈게 되리라"

비슷한 것이 '귀신 들린 딸의 고침을 구하는 가나안 여인 기사'(마 15:21-28)에서도 나타난다.

'혈통'이 아니라 '믿음'이 그 나라에 들어가는 기준이 된다. 믿지 않는 이스라엘은 결단코 천국에 들어갈 수 없다. 이는 19장 30절(먼저 된 자와 나중 된 자에게 일어나는 역전[逆轉] 현상), 21장 43절("하나님 나라를 너희는 빼앗기고 그 나라의 열매 맺는 백성이 받으리라")에서도 나타난다.

F. 예수님의 이적 행위는 구약성경에서 예고된 예언의 성취이다(17절).

(17절) "이는 선지자 이사야를 통하여 하신 말씀에 우리의 연약한 것을 친히 담당하시고 병을 짊어지셨도다 함을 이루려 하심이더라"(회상 인용문 혹은 성취 인용문)

G. 예수님의 이적 행위는 예수님의 신분, 정체를 드러낸다 (27, 29절).

관심의 초점은 이적 행위 자체가 아니라 **이적 행위자**에 있다.

(27절) "그 사람들이 놀랍게 여겨 이르되 **이이가 어떠한 사람**이기에 바람과 바다도 순종하는가 하더라"

바람과 바다조차 잠잠하게 하시는 예수님은 누구인가?

(29절) "이에 그들이 소리 질러 이르되 **하나님의 아들**이여 우리가 당신과 무슨 상관이 있나이까 때가 이르기 전에 우리를 괴롭게 하려고 여기 오셨나이까 하더니"

그 분은 다름 아닌 '**하나님의 아들**'이시다.

H. 마태복음에서 이적 기사는 단순하게 이적을 내보이는 기사가 아니라 이적을 행하시는 예수님을 따를 것을 요구하는 제자도 기사 내지는 추종 기사이다(18-22절).

(18-22절) "예수께서 무리가 자기를 에워싸는 것을 보시고 건너편으로 가기를 명하시니라 한 서기관이 나아와 예수께 아뢰되 선생님이여 어디로 가시든지 저는 따르리이다 예수께서 이르시되 여우도 굴이 있고 공중의 새도 거처가 있으되 인자는 머리 둘 곳이 없다 하시더라 제자 중에 또 한 사람이 이르되 주여 내가 먼저 가서 내 아버지를 장사하게 허락하옵소서 예수께서 이르시되 죽은 자들이 그들의 죽은 자들을 장사하게 하고 **너는 나를 따르라** 하시니라"

제자가 되는 삶에는 고난이 따른다. 그럼에도 불구하고 제자됨이 우선이다. 여기서 마태의 교회는 교회의 최우선 과제인 '**예수님을 따름**'(추종) 앞에 서 있다.

본문이 전하는 말씀

첫째, 이적을 행하시는 예수님은 구약에서 예언된 메시아로 '**하나님의 아들**'이시다.

둘째, 하나님의 아들을 **믿는** 자에게는 이적이 일어난다.

셋째, 믿음에 있어서 **주님의 말씀**이 절대적이다.

넷째, 이적을 행하시는 주님의 말씀을 들은 성도는 우선적으로 **주님을 따르는 제자**가 되어야 한다.

찬송: 377장(새 449장)

예수께서
이적을
많이 행하신
가버나움 회당 유적

제13과 이적을 행하시는 예수님(Ⅱ)

9장 1-38절

본문의 자리 매김

9장은 8장을 이어서 예수께서 행하신 이적을 계속 보도한다. 즉 이 장에서 나머지 5개의 이적이 소개되고, 4장 23-25절에서 말씀을 가르치시고 행하신 예수님의 사역이 요약·보도된 것처럼, 9장 35-38절에서도 말씀과 행함의 메시아 예수님의 활동이 요약·보도됨으로써 5-7장의 산상설교(말씀)와 8-9장의 이적 보도(행함)가 결합하게 되었고 5-9장까지 하나의 큰 본문이 형성되었다.

본문의 짜임새

A. 중풍 병자의 치유(9:1-8): 여섯 번째 이적, 서기관과의 논쟁
B. 세리 마태를 부르심(9:9-13): 바리새인과의 논쟁
C. 금식 논쟁(9:14-17): 세례자 요한을 따른 제자와의 논쟁
D. 혈루증 앓는 여인의 치유(9:18-22): 일곱 번째 이적
E. 죽은 야이로의 딸을 살리심(9:23-26): 여덟 번째 이적
F. 두 눈 먼 맹인의 치유(9:27-31): 아홉 번째 이적
G. 말 못하는 귀신 들린 자 치유(9:32-34): 열 번째 이적

이 중 일곱, 여덟 번째 이적이 한 단락이며 아홉, 열 번째 이적이 한 단락이다. 또 다섯 개의 이적 중 네 개가 치유 이적이며 나머지 하나는 죽음의 문제를 극복하는 소생 이적이다.

본문 풀이

A. 예수께서 이적을 행하시는 중요한 동기는 이적을 바라는 자의 믿음이다.

1. 중풍 병자 치유 기사

(2절) "예수께서 그들의 **믿음**을 보시고"(*idōn ho Iēsous tēn pistin autōn*)

2. 혈루증 여인 치유와 야이로의 딸 소생 기사

(22절) "딸아 안심하라 네 **믿음**이 너를 구원하였다"(*hē pistis sou sesōken se*)

3. 두 맹인과 말 못하는 귀신 들린 자 치유 기사

(29절) "너희 **믿음**대로 되라"(*kata tēn pistin hymōn genēthētō hymin*)

B. 예수께서 이적을 행하실 때 이적을 행하시는 예수님의 정체가 드러난다.

1. 예수님은 죄를 사하시는 권능을 가진 분이시다.

(2절) "침상에 누운 중풍병자를 사람들이 데리고 오거늘 예수께서 그들의 **믿음**을 보시고 중풍병자에게 이르시되 작은 자야 안심하라 네 **죄 사함을 받았느니라**"

(6절) "그러나 인자가 세상에서 **죄를 사하는 권능**이 있는 줄을 너희로 알게 하려 하노라 하시고 중풍병자에게 말씀하시되 일어나 네 침상을 가지고 집으로 가라 하시니"

2. 예수님은 죄인을 부르는 분이시다.

(13절) "너희는 가서 내가 긍휼을 원하고 제사를 원하지 아니하노라 하신 뜻이 무엇인지 배우라 나는 의인을 부르러 온 것이 아니요 **죄인을 부르러 왔노라** 하시니라"

3. 예수님은 지금 구원을 가지고 오는 분이시다.

(15절) "예수께서 그들에게 이르시되 혼인집 손님들이 신랑과 함께 있을 동안에 슬퍼할 수 있느냐 그러나 신랑을 빼앗길 날이 이르리니 그 때에는 금식할 것이니라"

예수님의 이적 행하심에서 예수님과 함께 구원의 시대가 이미 시작되었다.

4. 예수님은 죽은 자도 살리는 분이시다.

(24절) "이르시되 물러가라 이 소녀가 죽은 것이 아니라 잔다 하시니 그들이 비웃더라"

5. 예수님은 '다윗의 자손'이시다.

(27절) "예수께서 거기에서 떠나가실새 두 맹인이 따라오며 소리 질러 이르되 **다윗의 자손**이여 우리를 불쌍히 여기소서 하더니"

참조. 마 1:1, "아브라함과 다윗의 자손 예수 그리스도의 계보라"

여기서 예수님은 '다윗의 자손'으로 불린다. 이는 메시아 칭호이다. 예수님은 구약에서 예언된 '새 다윗'이다. 예수님의 이적 행하심에서 예수님의 메시아되심이 드러난다. 세례자 요한이 옥에서 제자를 보내어 "오실 그이가 당신이오니이까?"라고 질문한 일을 참조해 보라.

(11:2-6) "요한이 옥에서 그리스도께서 하신 일을 듣고 제자들을 보내어 예수께 여짜오되 **오실 그이가 당신이오니이까** 우리가 다른 이를 기다리오리이까 예수께서 대답하여 이르시되 너희가 가서 듣고 보는 것을 요한에게 알리되 맹인이 보며 못 걷는 사람이 걸으며 나병환자가

깨끗함을 받으며 못 듣는 자가 들으며 죽은 자가 살아나며 가난한 자에게 복음이 전파된다 하라 누구든지 나로 말미암아 실족하지 아니하는 자는 복이 있도다 하시니라"

C. 예수님은 이적 행위를 통해 무리들을 '추종'(제자도)으로 부르신다.

1. 하나님께 영광을 돌림

(8절) "무리가 보고 두려워하며 이런 권능을 사람에게 주신 **하나님께 영광**을 돌리니라"

2. 이적 기사들 가운데 제자 부름 기사가 들어 있다.

(9절) "예수께서 그 곳을 떠나 지나가시다가 마태라 하는 사람이 세관에 앉아 있는 것을 보시고 이르시되 **나를 따르라** 하시니 일어나 따르니라"

참조. 마가복음 2장 14절에서는 '마태'를 '레위'라고 부른다.

3. 소문이 퍼짐

(26절) "그 **소문**이 그 온 땅에 퍼지더라"
(31절) "그들이 나가서 **예수의 소문**을 그 온 땅에 퍼뜨리니라"

4. 열 개의 이적 기사를 소개하고 나서 마태는 다시 예수님의 활동을 요약하여 보도하며(35절), 곧바로 **제자 부름**의 말씀을 이음으로써 마태 당시 교회의 성도에게 제자됨을 일깨운다.

(35-38절) "예수께서 모든 도시와 마을에 두루 다니사 그들의 회당에서 가르치시며 천국 복음을 전파하시며 모든 병과 모든 약한 것을 고

치시니라 무리를 보시고 불쌍히 여기시니 이는 그들이 목자 없는 양과 같이 고생하며 기진함이라 이에 제자들에게 이르시되 **추수**할 것은 많되 **일꾼**이 적으니 그러므로 추수하는 주인에게 청하여 **추수할 일꾼**들을 보내 주소서 하라 하시니라"

'추수할 것은 많되 일꾼이 적다'(*ho men therismos polys, hoi de ergatai oligoi*) 이 일을 위해서 주님께 **기도**해야 한다(*deēthēte*). 이 단락에서 '추수'(심판)라는 종말론적인 진술이 선교와 결합된다. 이로써 10장에 서술된 선교를 위한 제자 파송 설교와 연결하게 된다. 이 단락에서 '심판-제자들-기도-일'은 '**종말론-교회-기도-선교**'의 결합을 보여 준다. 종말론적인 신앙 공동체인 교회는 기도하고 선교하는 공동체이다.

본문이 전하는 말씀

첫째, 예수님의 능력과 권세를 경험하는 데 있어서 예수님에 대한 믿음이 필수적이다. 예수님을 믿고 예수님을 의지하자!(**믿음**)

둘째, 예수님은 단순히 인간을 치유하시는 이적 행위자가 아니라 죄를 용서하시는 메시아이시다. 예수님은 단지 현세적인 문제를 해결할 뿐만 아니라 모든 문제의 근원인 죄를 해결하신다(**예수 그리스도**).

셋째, 이적을 행하시고 죄를 용서하시는 메시아이신 예수님을 믿고 그 분을 끝까지 따르자!(**추종**, **제자도**)

찬송: 340장(새 542장)

제14과 제자들을 부르시고 보내시는 주님

10장 1-26절 상반절

본문의 자리 매김

5-9장은 '말씀'과 '행함'이 결합된 이 큰 덩어리 본문의 종결 단락인 9장 35-38절을 통해서 10장과 자연스럽게 연결된다. 예수께서 말씀을 가르치고 이적을 행하신 것은 제자들을 부르고 보내시어 예수께서 하신 일을 제자들이 대신하게 하기 위함이다. 본문은 5-7장의 산상설교에 이어 마태복음에서 두 번째 나타나는 설교인 예수님의 **제자 파송 설교**이다.

본문의 짜임새

A. 열두 제자를 **부르심**(1-4절)

B. 열두 제자를 **보내심**(5-16절): 좁은 의미에서 제자 파송 말씀

C. 제자들의 **박해 예고**(17-25절)

D. **제자도**에 관한 말씀(26-42절)

본문 풀이

A. 열두 제자를 부르심(1-4절)

1. 열두 제자를 부르신 목적: 예수께서 하신 일을 계속하도록 하기 위해서

(1절) "예수께서 그의 열두 제자를 부르사 더러운 귀신을 쫓아내며 모든 병과 모든 약한 것을 고치는 권능(*exousia*)을 주시니라"

예수님은 제자들이 예수님의 사역을 계속하도록 '권능'(*exousia*)을 주신다. 이 권능은 섬김을 위한 권능이요, 당부하신 것을 수행하기 위한 권능이며, 전파함을 위한 권능이다.

2. 열두 사도(*apostolos*)의 명단

(2-4절) "열두 사도의 이름은 이러하니 베드로라 하는 시몬을 비롯하여 그의 형제 안드레와 세베대의 아들 야고보와 그의 형제 요한, 빌립과 바돌로매, 도마와 세리 마태, 알패오의 아들 야고보와 다대오, 가나나인 시몬 및 가룟 유다 곧 예수를 판 자라"

a) '사도'라는 명칭은 예수님의 부활 이후 붙여진 호칭이다.
b) 마태 교회에서 '제자'는 '사도'보다 더 확대된 의미로 사용되었다.
c) 같은 이름일 경우 구별한다: 세베대의 아들 야고보와 알패오의 아들 야고보, 베드로라 하는 시몬과 가나나인(*kananaios*, 이는 지역 이름이 아니라 출신 성분을 나타내는 말로 열혈당원 출신을 가리키는데 아람어 카나안에서 유래되었다) 시몬
d) 형제는 함께 붙여 언급된다: 시몬과 안드레, 야고보와 요한
e) 마태만 직업(세리)이 밝혀진다.
f) 가룟 유다만 행한 일(예수를 판 자)이 서술된다.
g) 베드로의 이름이 가장 먼저 언급된다(베드로의 수위[首位]성).

B. 제자 파송 설교(5-16절)

1. 이스라엘 백성, 곧 잃어버린 양에게로 가라.

(5-6절) "예수께서 이 열둘을 내보내시며 명하여 이르시되 이방인의 길로도 가지 말고 사마리아인의 고을에도 들어가지 말고 오히려 **이스라엘 집의 잃어버린 양**에게로 가라"

참조. 마 15:24, "나는 이스라엘 집의 잃어버린 양 외에는 다른 데로 보내심을 받지 아니하였노라 하시니"

마태복음에서 이방인 선교는 부활하신 예수님의 선교 명령에서 비로소 시작된다(28:16-20).

2. 천국이 가까이 왔다고 전하라.

(7절) "가면서 전파하여 말하되 **천국이 가까이 왔다** 하고"

3. 거저 주라.

(8절) “병든 자를 고치며 죽은 자를 살리며 나병환자를 깨끗하게 하며 귀신을 쫓아내되 너희가 거저 받았으니 **거저 주라**”

4. 먹을 것을 염려하지 말라.

(9-10절) “너희 전대에 금이나 은이나 동을 **가지지 말고** 여행을 위하여 배낭이나 두 벌 옷이나 신이나 지팡이를 **가지지 말라** 이는 일꾼이 자기의 먹을 것 받는 것이 마땅함이라”

5. 머물 곳을 염려하지 말라.

(11-15절) “어떤 성이나 마을에 들어가든지 그 중에 합당한 자를 찾아내어 너희가 떠나기까지 **거기서 머물라** 또 그 집에 들어가면서 평안하기를 빌라 그 집이 이에 합당하면 너희 빈 평안이 거기 임할 것이요 만일 합당하지 아니하면 그 평안이 너희에게 돌아올 것이니라 누구든지 너희를 영접하지도 아니하고 너희 말을 듣지도 아니하거든 그 집이나 성에서 나가 너희 발의 먼지를 떨어 버리라 내가 진실로 너희에게 이르노니 심판 날에 소돔과 고모라 땅이 그 성보다 견디기 쉬우리라”

6. 뱀같이 지혜롭고 비둘기같이 순결하라.

(16절) “보라 내가 너희를 보냄이 양을 이리 가운데로 보냄과 같도다 그러므로 너희는 **뱀 같이 지혜롭고 비둘기 같이 순결**하라”

C. 제자들의 박해 받음 예고(17-26상반절)

예수님처럼 전하고 행하는 제자는 **예수님과 같은 운명**에 처하게 될 것이다.

1. 예수님처럼 제자들도 고난을 받을 것이다.

(17-18절) "사람들을 삼가라 그들이 너희를 공회에 넘겨 주겠고 그들의 회당에서 채찍질하리라 또 너희가 나로 말미암아 총독들과 임금들 앞에 끌려 가리니 이는 그들과 이방인들에게 증거가 되게 하려 하심이라"

2. 심문 받을 때 할 말에 대해 염려하지 말라.

(19-20절) "너희를 넘겨 줄 때에 어떻게 또는 무엇을 말할까 염려하지 말라 그 때에 너희에게 할 말을 주시리니 말하는 이는 너희가 아니라 너희 속에서 말씀하시는 이 곧 너희 아버지의 성령이시니라"

3. 박해자를 두려워하지 말라.

(21-26상반절) "장차 형제가 형제를, 아버지가 자식을 죽는 데에 내주며 자식들이 부모를 대적하여 죽게 하리라 또 너희가 내 이름으로 말미암아 모든 사람에게 미움을 받을 것이나 끝까지 견디는 자는 구원을 얻으리라 이 동네에서 너희를 박해하거든 저 동네로 피하라 내가 진실로 너희에게 이르노니 이스라엘의 모든 동네를 다 다니지 못하여서 인자가 오리라 제자가 그 선생보다, 또는 종이 그 상전보다 높지 못하나니 제자가 그 선생 같고 종이 그 상전 같으면 족하도다 집 주인을 바알세불이라 하였거든 하물며 그 집 사람들이랴 그런즉 그들을 두려워하지 말라"

제자들은 박해자를 두려워할 필요가 없다. 왜냐하면 제자들은 예수님이 당한 것보다 더 심한 고난을 받지는 않을 것이기 때문이다. 박해를 예고하는 것은 박해의 체감 정도를 줄이고 박해를 이기게 하기 위해서이다. 또 박해 예고는 제자들에게 진실한 신앙을 촉구하기 위함이다.

본문이 전하는 말씀

첫째, 예수께서 제자들을 부르시고 그들을 세상에 보내시는 것은 **예수님의 일**(천국 전파)을 계속하도록 하기 위해서였다. 하나님께서는 우리를 일꾼으로 부르시고 보내신다(**소명과 파송**). 부르심에 순종하고 주신 일에 헌신하자!

둘째, 천국 전파를 위해서 예수께서 제자들에게 **권능**을 주셨다. 천국을 전하기 위해서는 **예수님과 일치**해야 한다. 주님을 본받자!

셋째, 제자들은 고난에 있어서도 본을 보이신 예수님을 따라 **고난**을 받아야 한다. 그러므로 그리스도의 제자는 주님의 권능을 받을 뿐만 아니라 **고난을 받음**에 있어서도 주님과 하나가 되어야 한다.

주님은 주님을 따르는 제자들이 주님과 하나 되기를 원하신다.

내 안에 그리스도께서 계시고 그리스도 안에 내가 있을 때 주님의 참 제자가 된다. 그럴 때 권능을 받게 되나 고난도 함께 받게 될 것이다.

찬송: 350장(새 321장)

제15과 예수님 때문에

10장 26-42절

본문의 자리 매김

본문은 마태복음에서 나타나는 다섯 개의 큰 설교 묶음 중 두 번째 나타나는 '제자 파송 설교'의 끝 부분에 위치한 '**제자도**'에 관한 말씀을 다룬다.

본문의 짜임새

A. 두려워하지 말라(26-33절).

B. 예수님 때문에 일어나는 불화(34-39절)

C. 예수님 때문에 영접함(40-42절)

본문 풀이

A. 두려워하지 말라(26-33절).

본문의 주제는 지옥에서 몸과 영혼을 함께 멸할 수 있는 하나님의 권세 사상이 아니다. 인자의 마지막 심판 사상이나 하나님의 돌보심 사상 역시 본문의 주제가 아니다. 오히려 본문에서는 두려움 없는 담대한, 세상을 향한 **전도**의 문제이다. 전도할 때 두려워하지 말아야 한다. 특히 세상에서, 대중 가운데서 드러나게 전도할 때 두려워하지 말아야 한다.

(26-27절) "그런즉 그들을 **두려워하지 말라** 감추인 것이 드러나지 않을 것이 없고 숨은 것이 알려지지 않을 것이 없느니라 내가 너희에게 어두운 데서 이르는 것을 광명한 데서 말하며 너희가 귓속말로 듣는 것을 **집 위에서 전파하라**"

'집 위에서'(*epi tōn dōmatōn*)는 문자적으로는 '지붕 위에서'라는 의미이나, 내용적으로는 '세상에서' 또는 '공적으로(드러나게)'의 뜻이다.

1. 전도할 때 두려워하지 말아야 할 이유

a) 사탄은 '몸'(*sōma*)을 죽일 수 있으나 '영혼'(*psychē*)을 죽일 수는 없으며, 몸과 영혼을 지옥(*geenna*)에서 멸하실(*apollymi*) 분은 하나님이시기에

(28절) "몸은 죽여도 영혼은 능히 죽이지 못하는 자들을 **두려워하지 말고** 오직 몸과 영혼을 능히 지옥에 멸하실 수 있는 이를 **두려워하라**"

여기서 '영혼'은 자연적인 인간의 죽지 않는 부분이 아니라 하나님에게서 온 생명(창 2:7 참조)이다. 이 생명은 하나님 나라에서 완성에 이르게 된다.

b) 복음을 전하는 자는 귀하기에

(29-31절) "참새 두 마리가 한 앗사리온에 팔리지 않느냐 그러나 너희 아버지께서 허락하지 아니하시면 그 하나도 땅에 떨어지지 아니하리라 너희에게는 머리털까지 다 세신 바 되었나니 **두려워하지 말라** 너희는 많은 참새보다 귀하니라 누구든지 사람 앞에서 나를 시인하면 나도 하늘에 계신 내 아버지 앞에서 그를 시인할 것이요"

(1) 전능하신 하나님은 '아버지'이시다.
(2) 모든 것은 전능하신 하나님께 달려 있다.

앗사리온(*assarion*): 로마의 동전으로 6 앗사리온은 1 데나리온(노동자 하루 품삯)에 해당한다.

2. 전도란 사람 앞에서 예수님을 시인하는 것이다.

(32-33절) "누구든지 사람 앞에서 나를 **시인**하면 나도 하늘에 계신 내 아버지 앞에서 그를 시인할 것이요 누구든지 사람 앞에서 나를 **부인**하면 나도 하늘에 계신 내 아버지 앞에서 그를 부인하리라"

'시인하다'(*homologein*): 32절에서 이 단어는 어떤 특별한 심판이나 신앙 고백의 정황을 생각하는 것이 아니라 일반적인 의미로 '긍정하다', '동의하다', '자신을 누구에게 드러나게 하다'의 뜻이다.

그 반대말인 '부인하다'(*arneomai*)는 '자기와의 관계를 부정하다'의 뜻이다.

B. 예수님 때문에 일어나는 불화(34-39절)

마 10:34-36 // 눅 12:51-53
마 10:37-39 // 눅 14:26-27; 17:33

여기서 제자됨이 잘못 오해되어서는 안 된다. '제자된다'는 것, 곧 '예수님을 따른다'(*akolythein*)는 것이 지상의 안락한, 편안한 삶을 보장하는 것이 아니다. 오히려 예수님을 좇는 것 때문에 불편할 수 있다. 그러므로 예수님이 평화(*eirēnē*)를 주러 온 줄로 생각(오해)하지(*nomizō*) 말아야 한다. 때에 따라서는 '화평'이 아니라 '칼'(*machaira*: '박해'나 '분열'을 의미)을 주러 왔다.

> (34-36절) "내가 세상에 화평을 주러 온 줄로 생각하지 말라 **화평**이 아니요 **검**을 주러 왔노라 내가 온 것은 사람이 그 아버지와, 딸이 어머니와, 며느리가 시어머니와 불화하게 하려 함이니 사람의 원수가 자기 집안 식구리라"

이 말씀을 하시는 예수님의 의도는 가정 파괴가 아니다. 이 단락에서 예수님을 따르는 **제자도**의 맥락에서 무엇이 중요한가가 드러난다.

1. 제자도에서 예수님보다 더 중요한 것은 없다.

심지어는 가족 사랑이 예수님을 사랑하는 것보다 더 중요하지 않다.

(37절) "아버지나 어머니를 **나보다**(*hyper eme*) 더 사랑하는 자는 내게 합당하지 아니하고 아들이나 딸을 나보다 더 사랑하는 자도 내게 합당하지 아니하며"

즉 여기서는 예수님을 따르는 데 있어서 **우선권**(priority)의 문제이다.

2. 제자들은 자기 십자가를 지고 주님을 좇아야 한다.

(38-39절) "또 자기 **십자가**를 지고 나를 따르지 않는 자도 내게 합당하지 아니하니라 자기 목숨을 얻는 자는 잃을 것이요 **나를 위하여** 자기 목숨을 잃는 자는 얻으리라"

38절은 4복음서 모두에 나타나는 중요한 예수님의 말씀이다.

a) 마태복음 10장 38-39절

"또 자기 **십자가**를 지고 나를 따르지 않는 자도 내게 합당하지 아니하니라 자기 목숨을 얻는 자는 잃을 것이요 **나를 위하여** 자기 목숨을 잃는 자는 얻으리라"

b) 마가복음 8장 34-35절

"무리와 제자들을 불러 이르시되 누구든지 나를 따라오려거든 자기를 부인하고 자기 **십자가**를 지고 나를 따를 것이니라 누구든지 자기 목숨을 구원하고자 하면 잃을 것이요 누구든지 **나와 복음을 위하여** 자기 목숨을 잃으면 구원하리라"

c) 누가복음 14장 27절

참조. 눅 17:33, "무릇 자기 목숨을 보전하고자 하는 자는 잃을 것이요 잃는 자는 살리리라"

"누구든지 자기 **십자가**를 지고 나를 따르지 않는 자도 능히 내 **제자**가 되지 못하리라"

(1) 십자가 말씀과 목숨 말씀이 분리
(2) '제자' 말씀이 십자가 말씀에 언급

d) 요한복음 12장 25절

"자기의 생명(*psychē*)을 사랑하는 자는 잃어버릴 것이요 이 세상에서 자기의 **생명**을 미워하는 자는 **영생**(*zōē aiōnion*)하도록 보전하리라"

(1) 십자가 말씀이 나타나지 않음
(2) '목숨'(*psychē*)과 '영생'(*zōē aiōnion*)의 대조

나를 위해 지신 예수님의 십자가 속에 주님을 위해 져야 할 나의 십자가가 들어 있다. '자기의 십자가'란 나를 위해 지는 십자가가 아니라, 주님을 위하여 지는 십자가를 의미한다.

C. 예수님 때문에 영접함(40-42절)

(40-42절) "너희를 **영접**하는 자(*dechomenos*)는 나를 **영접**하는 것이요 나를 **영접**하는 자는 나를 보내신 이를 **영접**하는 것이니라 **선지자의 이름으로** 선지자를 **영접**하는 자는 **선지자의 상**을 받을 것이요 **의인의 이름**으로 의인을 **영접**하는 자는 **의인의 상**을 받을 것이요 또 누구든지 **제자의 이름으로** 이 작은 자 중 하나에게 냉수 한 그릇이라도 주

는 자는 내가 진실로 너희에게 이르노니 그 사람이 결단코 상을 잃지 아니하리라 하시니라"

1. 제자 영접은 곧 주님 영접을 의미한다(40절).

2. 보잘것없이 여겨지는 제자들이라 하더라도 영접 받을 수 있다.

다양한 제자 그룹이 나타난다. 이는 '선지자의 이름으로'(41상반절), '의인의 이름으로'(41하반절), '제자의 이름으로'(42절)에서 알 수 있다.

여기서 ' … 이름으로'(*eis onoma*)란 '그가 …이기 때문에'라는 뜻이다. 선지자를 선지자로 여기고 그를 영접하는 자, 의인을 의인으로 여기고 그를 영접하는 자, 제자를 제자로 여기고 그를 영접하는 자, 그가 아무리 "작은 자 중 한 사람"(*hena tōn mikrōn toutōn*)일지라도 그를 영접하는 자는 상(*misthos*)을 잃지 않을 것이다. 이것은 제자들에 대한 주님의 **위로**요 **격려**의 말씀이다.

본문이 전하는 말씀

첫째, 제자들은 **두려워하지 않아도** 된다.

둘째, 제자들에게는 **주님**보다 더 귀한 분이 없다. 그러므로 주님을 위한 십자가를 지고 주님을 따라야 한다.

셋째, 그런 **제자를 영접하는 자**는 상을 잃지 않을 것이다.

찬송: 367장(새 341장)

베다니 주변을
흐르는
요단 강

제16과 쉬게 하리라(I)

11장 1-19절

본문의 자리 매김

본문은 마태복음의 두 번째 설교 말씀(10장: 제자 파송 설교)과 세 번째 설교 말씀(13장: 천국 비유 설교) 사이에 위치해 있는 첫 번째 단락(11장)이다. 두 번째 단락(12장)은 심판 받을 이 세대에 회개를 촉구하고 구원으로 초대한다.

본문의 짜임새

1절은 10장의 제자 파송 설교를 끝맺는 종결절이다. 그러므로 1절은 11장이 아니라 10장에 속해 있다. 마태복음에서는 5개의 설교 말씀 뒤에 다음 단락으로 넘어가는 동일한 이행절

(*kai egeneto hote etelesen ho Iēsous:* 예수께서 마치셨을 때 [어떤 일이] 일어났다)이 나타난다.

(1절) "**예수께서 열두 제자에게 명하기를 마치시고** 이에 그들의 여러 동네에서 가르치시며 전도하시려고 거기를 떠나 가시니라"

11장은 크게 두 단락으로 구분된다.

첫째 단락: 세례자 요한과 예수님(2-19절)
A. 세례자 요한의 질문과 예수님의 대답(2-6절)
B. 세례자 요한에 대한 예수님의 평가(7-15절)
C. 위기의 시대로서 이 세대(16-19절)

둘째 단락: 중간 심판과 구원으로의 초청(20-30절)

본문 풀이

A. 세례자 요한의 질문과 예수님의 대답(2-6절)

1. 배경

(2절) "요한이 옥에서 **그리스도께서 하신 일**을 듣고 제자들을 보내어"

'그리스도께서 하신 일'(*ta erga tou Christou*)이란 5-7장(산상설교)에서 말씀을 가르치신 일과 8-9장(이적 활동)에서 행하신 이적을 말한다.

마태의 경우 '그리스도' 칭호는 '다윗의 아들' 칭호처럼 **'이스라엘의 메시아'**라는 의미로 사용되었다.

2. 세례자 요한의 질문

(3절) "예수께 여짜오되 **오실 그이**가 당신이오니이까 우리가 다른 이를 기다리오리이까"

'오실 그이'(*ho erchomenos*): 세례자 요한이 기다린 심판자

3. 예수님의 대답

(4-6절) "예수께서 대답하여 이르시되 너희가 가서 듣고 보는 것을 요한에게 알리되 **맹인이 보며 못 걷는 사람이 걸으며 나병환자가 깨끗함을 받으며 못 듣는 자가 들으며 죽은 자가 살아나며 가난한 자에게 복음이 전파된다** 하라 누구든지 나로 말미암아 실족하지 아니하는 자는 복이 있도다 하시니라"

예수님은 세례자 요한이 기대한 대답대신 **하나님의 자비를 베푸는 메시아의 사역**으로 대답한다.

"맹인이 보며"(9:27-31)
"나병환자가 깨끗함을 받으며"(8:1-4)
"못 듣는 자가 들으며"(9:27-31 참조)
"죽은 자가 살아나며"(9:18-26): 야이로의 딸을 살리심
"가난한 자에게 복음이 전파된다"(4:23; 9:35)

B. 세례자 요한에 대한 예수님의 평가(7-15절)

1. 예수님의 길을 예비한 사자(*angelos*)

이런 점에서 어느 선지자보다 위대한 '선지자보다 더 나은 자'(9절: *perissoteron prophētou*)이다.

> (7-10절) "그들이 떠나매 예수께서 무리에게 **요한에 대하여 말씀**하시되 너희가 무엇을 보려고 광야에 나갔더냐 바람에 흔들리는 갈대냐 그러면 너희가 무엇을 보려고 나갔더냐 부드러운 옷 입은 사람이냐 부드러운 옷을 입은 사람들은 왕궁에 있느니라 그러면 너희가 어찌하여 나갔더냐 선지자를 보기 위함이었더냐 옳다 내가 너희에게 이르노니 **선지자보다 더 나은 자**니라 기록된 바 보라 내가 내 사자를 네 앞에 보내노니 그가 네 길을 네 앞에 준비하리라 하신 것이 이 사람에 대한 말씀이니라"

2. 이 땅에서 큰 자(*meizōn*)

> (11절) "내가 진실로 너희에게 말하노니 여자가 낳은 자 중에 **세례 요한보다 큰 이**가 일어남이 없도다 그러나 천국에서는 극히 작은 자라도 그보다 크니라"

여기서는 세례자 요한의 인물이나 성격적인 됨됨이가 아니라 구원사의 흐름에서 세례자 요한의 위치와 과제를 볼 때 이 땅에서 큰 자이다.

3. 오리라 한 엘리야(*Ēlias ho mellōn erchesthai*)

> (12-14절) "세례 요한의 때부터 지금까지 천국은 침노를 당하나니 침

노하는 자는 빼앗느니라 모든 선지자와 율법이 예언한 것은 요한까지니 만일 너희가 즐겨 받을진대 **오리라 한 엘리야**가 곧 이 사람이니라"

12**절**: 세례자 요한이 전개하고 있는 메시아 예고 또는 준비 운동에 반대하고 위협하는 세력들이 이 구절 배후에 있다. 그래서 세례자 요한 이후 예수님이 말씀하시는 때까지 천국은 침노 당하고(*biazesthai*) 있다. *biazesthai*는 '폭력을 쓰다', '강제로 들어가다'의 뜻을 가지고 있다. 여기서는 '반대 세력으로부터 위협받고 있다'의 의미이다.

13**절**: '왜냐하면'(*gar*, 한글개역개정 성경에는 이 용어가 번역되어 있지 않다) 모든 율법과 선지자들이 세례자 요한에 이르기까지 예언했기 때문이다.

14**절**: 그러므로 이 세례자 요한이야말로 다시 온 엘리야이다. 말라기 4장 5-6절의 예언에 의하면, 유대인들은 마지막 심판과 하나님 나라가 오기 전에 엘리야가 다시 한 번 나타나기를 기대했는데, 예수님은 이 엘리야가 바로 세례자 요한이라고 말씀하심으로써 자신과 함께 하나님 나라가 도래했음을 간접적으로 나타내신다. 따라서 7-15절 단락의 목적은 세례자 요한의 평가가 아니라 이를 통해 예수님의 정체를 알게 함이다.

C. 위기의 시대로서 이 세대(16-19절)

(16-19절) "**이 세대**를 무엇으로 비유할까 비유하건대 아이들이 장터에 앉아 제 동무를 불러 이르되 우리가 너희를 향하여 피리를 불어도 너희가 춤추지 않고 우리가 슬피 울어도 너희가 가슴을 치지 아니하였다 함과 같도다 요한이 와서 먹지도 않고 마시지도 아니하매 그들이 말하기를 귀신이 들렸다 하더니 인자는 와서 먹고 마시매 말하기를 보라 먹기를 탐하고 포도주를 즐기는 사람이요 세리와 죄인의 친구로다 하

니 지혜는 그 **행한 일**로 인하여 옳다 함을 얻느니라"

이 세대(*hē genea hautē*)는 결혼식 놀이든 장례식 놀이든 어떤 놀이에도 끼지 않는 아이처럼 다른 친구의 말을 듣지 않는다(16-17절). 세례자 요한의 세상 도피적인 금욕적인 삶의 방식에도 반대하고(18절), 예수님처럼 세리와 죄인의 친구가 되는 데도 반대한다(19상반절). 이 세상은 고집스럽게 세례자 요한의 선포뿐 아니라 예수님의 말씀에도 귀를 기울이지 않는다. 그러나 하나님의 '지혜', 곧 사람이 되신 예수님의 경우 예수께서 하신 일로 인해 옳다 인정함을 받을 것이다.

본문이 전하는 말씀

첫째, 세례자 요한은 오리라 한 **엘리야**이다.

둘째, 예수님은 오리라 한 **메시아**이다.

셋째, 예수님의 메시아 되심은 '**그리스도께서 하신 일**'(2절), '**행하신 일**'(19절)로 입증된다.

넷째, 이 세대는 (그 고집스러움 때문에) 말씀을 듣지 않음으로써 **위기의 시대**이다.

그리스도의 제자들은 이 세대의 완악함을 버리고 '예수께서 행하신 일'로 입증된 예수님의 그리스도(메시아) 되심을 굳게 확신하며 그리스도를 좇아야 한다.

찬송: 102장(새 94장)

제17과 쉬게 하리라(Ⅱ)

11장 20-30절

본문의 자리 매김

본문은 심판 받을 이 세상을 향하여 회개를 촉구하고 구원으로 초청한다.

본문의 짜임새

A. 갈릴리의 도시들에 대한 심판 예고(20-24절)
B. 예수님의 감사 찬양(25-27절)
C. 구원으로의 초대(28-30절)

본문 풀이

A. 갈릴리의 도시들에 대한 심판 예고(20-24절)

(20-24절) "예수께서 권능을 가장 많이 행하신 고을들이 **회개하지 아니하므로** 그 때에 책망하시되 화 있을진저 **고라신**아 화 있을진저 **벳새다**야 너희에게 행한 모든 권능을 **두로와 시돈**에서 행하였더라면 그들이 벌써 베옷을 입고 재에 앉아 회개하였으리라 내가 너희에게 이르노니 **심판 날에 두로와 시돈이 너희보다 견디기 쉬우리라 가버나움**아 네가 하늘에까지 높아지겠느냐 음부에까지 낮아지리라 네게 행한 모든 권능을 **소돔**에서 행하였더라면 그 성이 오늘까지 있었으리라 내가 너희에게 이르노니 **심판 날에 소돔 땅이 너보다 견디기 쉬우리라** 하시니라"

1. 언급되는 갈릴리 도시들

고라신(*Chorazin*), 벳새다(*Bēthsaïda*), 가버나움(*Kapharnaoum*)

2. 이 도시의 특징들

a) 갈릴리 호수 북쪽에 위치해 있음
b) 예수께서 권능(*dynamis*)을 가장 많이 베푼 도시들(20상반절)
c) 회개하지 아니함(20상반절)
d) 도도함(23상반절)
e) 가버나움(*kapar nahum*, '나훔의 마을'이라는 뜻): 예수님의 주 거주지

(마 4:13) "나사렛을 떠나 스불론과 납달리 지경 해변에 있는 가버나움에 가서 사시니"

3. 이 도시들에 대한 예수님의 심판 예고(22, 24절)

회개하지 않는 이스라엘의 도시들은 심판 날에 버림을 당할 것이다. 그러나 이방의 도시(두로, 시돈, 소돔)라 하더라도 회개하면 심판을 피할 수 있다. 8장 5-13절(가버나움의 한 백부장 종의 치유 기사)에서처럼 여기서도 '**이스라엘을 버리심과 이방인을 부르심**'이라는 주제가 나타난다(구원의 보편주의).

B. 예수님의 감사 찬양(25-27절)

(25-27절) "그 때에 예수께서 대답하여 이르시되 천지의 주재(*kyrie*)이신 아버지여 이것을 지혜롭고 슬기 있는 자들에게는 숨기시고 어린 아이들에게는 나타내심을 감사하나이다 옳소이다 이렇게 된 것이 **아버지의 뜻**이니이다 내 아버지께서 모든 것을 내게 주셨으니 아버지 외에는 아들을 아는 자가 없고 아들과 또 아들의 소원대로 계시를 받는 자 외에는 아버지를 아는 자가 없느니라"

1. 예수님의 감사 찬양(*exomologein*)의 내용(23절): 심판이 회개 여부에 달렸다는 것을 지혜롭고 슬기 있는 자들에게는 숨기시고(*kryptein*) 어린 아이들에게는 나타내시는(*apokalyptein*) 것

'지혜롭고 슬기 있는 자'와 '어린 아이'가 대조적으로 비교된다. '지혜롭고 슬기 있는 자'는 예수님의 말씀을 받아들이지 않고 목이 곧은 사람들, 곧 당시의 서기관과 유대교 지도자 계층 참조. 마태복음에서의 소자들(*mikroi*): 이들은 예수님의 말씀을 받아들이고 예수님을 따르는 신앙 공동체 안에 있는 그리스도인들이다. 세상 기준으로 본다면 이들은 '어린 아이'(11:25; 18:5)요, '소자들'(18:6, 10, 14)이요, '가난한 사람들'(5:3)이다. 그러나 하나님은 지혜롭고 슬기로운 자들을 외면하시고 이들에게 찾아오셔서 은총을 베푸신다.

에 속한 사람들이다. 여기서 지혜란 사람의 행동을 결정하는 인본적인 행동 근거이다. 반면에 '어린 아이들'(*nēpioi*)이란 '소자들'(10:42; 18:6, 10, 14), 가난한 사람들(5:3)처럼 예수님의 말씀을 받아들이는 사람들을 가리킨다.

2. **예수님의 감사 찬양의 이유(26절): 이것이 하나님 아버지의 뜻(*eudokia*, 자유로운 결정)이기에**

3. **예수님을 받아들여야 하는 이유(27절): 예수님이 모든 권세를 아버지로부터 받았기에(*paredothē*)**

여기서 사용한 '알다'(*epiginōskein*)는 '**철저하게** 그리고 **정확하게** 알다'라는 뜻이다. 그리고 '아들을 알다'란 예수님의 종말론적인 과제와 의미를 안다는 뜻이며, '아버지를 알다'란 하나님의 심오한 구원 계획을 안다는 의미이다.

C. 구원으로의 초대(28-30절)

(28-30절) "**수고하고 무거운 짐 진 자들아** 다 내게로 오라 내가 너희를 쉬게 하리라 나는 마음이 온유하고 겸손하니 나의 멍에를 메고 내게 배우라 그리하면 너희 마음이 쉼을 얻으리니 이는 내 멍에는 쉽고 내 짐은 가벼움이라 하시니라"

1. '멍에'(*zygos*, 29절)

'나의 멍에'(30절): 예수님에 의해 해석된 모세의 율법

2. '나는 마음이 온유하고(*praus*) 겸손하니(*tapeinos*)'(29절)

둘 다 마태복음의 특징을 나타내는 용어이다.

'온유한' : 4복음서 중 마태복음에서만 세 번 사용된다(5 : 5 ; 11 : 29 ; 21 : 5, **겸손하여** 나귀, 곧 멍에 메는 짐승의 새끼를 탔다).

'겸손한' : 4복음서에서 마태복음 11장 29절과 누가복음 1장 52절에서만 사용된다.

이 두 단어는 이미 구약성경에서 서로 결합되어 있었다(사 26 : 6 ; 습 3 : 12). 마태의 경우 '온유한'이란 단어는 나귀를 타고 예루살렘으로 입성하는 왕이신 예수님의 태도를 나타내거나(21 : 5), 5장 5절에서처럼 '겸손한', '친절한'의 뜻을 나타낸다. 예수님은 바로 온유와 겸손의 본이 되신다.

3. '배우라'(*mathete*)

'배우다'(*manthanein*) 역시 마태복음의 특징을 나타내는 용어이다(마태복음 3회 ; 마가복음 1회 ; 요한복음 6 : 45 ; 7 : 15). 이것은 마태의 '제자 삼음' 주제와 관련되어 있다.

참조. 마 9:13; 11:29; 24:32

4. '쉬게 하리라'(*anapauein*, 28절)와 '쉼'(*anapausis*, 29절)

이는 단순하게 마음의 평안을 얻는다는 뜻이 아니라 전인(全人)적인 구원을 얻는다는 뜻이다. 진정한 쉼은 전인적이어야 한다. 오늘날 현대인에게 진정한 전인적인 쉼터가 있는가? 세상 안에는 없다. 그러나 예수님 안에는 있다.

본문이 전하는 말씀

첫째, **회개**하지 않으면 심판을 피할 수 없다. 택함 받음의 특권도 택함 받지 못한 자에게 옮기게 된다. 자세를 낮추자. 하나님께서 겸손한 자에게 은혜를 주신다.

둘째, 하나님은 **어린 아이 같은 자**를 찾으신다.

셋째, **예수님**은 온유와 겸손의 **본보기**(슥 9:9; 마 21:5)가 되신다. 예수님 안에 **진정한**, **영원한 쉼**이 있다.

참조. 슥 9:9, "네 왕이 네게 임하나니 그는 겸손하여 나귀, 곧 멍에 메는 짐승의 새끼를 탔도다"

그리스도를 따르는 제자들은 자신을 낮추어 늘 회개하고 온유와 겸손의 본을 보이신 주님을 따라감으로써 진정한 쉼을 얻을 수 있다. 쉼으로 부르시는 주님의 초대에 참여하자.

찬송: 321장(새 531장)

제18과 **예수님의 적대자들(I)**

12장 1-30절

본문의 자리 매김

본문은 마태복음의 두 번째 설교 말씀인 10장의 제자 파송 설교와 세 번째 설교 말씀인 13장의 천국 비유 설교 사이에 위치해 있는 두 번째 단락(12장)이다. 11장과 같이 12장 역시 **심판** 받을 이 세상에 **회개**를 촉구하고 **구원으로 초대**한다.

본문의 짜임새

12장에서는 예수님과 그의 적대자들, 곧 바리새인과 서기관들과의 **논쟁**, 그들에 대한 **심판 예고**, 그리고 **회개 촉구**와 **구원으로의 초대** 주제가 다루어진다.

A. 바리새인과의 논쟁(1-30절)
B. 심판 예고(31-45절)
C. 구원으로의 초대(46-50절)

12장의 절수가 50절이나 되기 때문에 1-30절과 31-50절로 나누어 살펴보자. 12장을 전체적으로 보면, 예수님이 이적을 행하심에도 불구하고 바리새인들은 회개하지 아니하며 도리어 표적을 요구하는데, 예수님은 이 악한 세대를 더 악화된 귀신 들린 자의 형편에 비유하면서, 예수님을 따르는 제자 공동체로 초대한다.

본문 풀이

18강은 1-30절까지 다루고 19강에서 31-50절까지 계속 다루기로 한다. 1-30절은 **논쟁 기사**이다. 이 논쟁은 단순한 논쟁이 아니라 예수께서 이적을 행하시고 귀신을 쫓아내는데 이를 행하는 예수님의 정체와 맞물려 있는 논쟁이다. 다시 말하면 논쟁과 치유가 함께 주제가 되는 **혼합 기사**(9-14절)이며, 논쟁과 귀신 축출이 함께 섞여 있는 **혼합 기사**(22-30절)이다. 그래서 논쟁의 중심에 (이적) 행위 자체가 아니라 (이적) **행위자의 정체성** 문제가 놓여 있다. 즉, 이적을 행하는 예수님이 누구인가? 이적을 행하는 예수님을 메시아로 받아들이지 않고 대적하는 바리새인들이 예수님의 적대자로 등장한다. 예수님의 이적 행하심이 예수님을 하나님의 아들로, 그리스도로 받아들이는 동인(動因)이 되지 않고 회개하지 않는 적대자들(바리새인)은 표적을 요구한다.

이 논쟁 기사는 네 단락으로 구성되어 있다.

첫째 단락: 1-8절, 예수님의 제자들이 안식일에 밀 이삭을 잘라 먹는 첫 번째 안식일 논쟁 기사

둘째 단락: 9-14절, 예수님이 안식일에 회당에서 손 마른 사람을 치유하시는 두 번째 안식일 논쟁 기사

셋째 단락: 15-21절, 겸손하게 이적을 행하시는 하나님의 종 예수님. 이 단락에 마태복음에서 가장 긴 구약 성취 인용문(18-21절, 사 42:1-4)이 나타난다.

넷째 단락: 22-30절, 예수님의 이적 행하심에 대한 바리새인의 시비(바알세불 논쟁)

A. 첫째 단락(1-8절): 안식일 밀 이삭 논쟁

1. 예수님의 제자들이 한 행위

(1절) "그 때에 예수께서 안식일에 밀밭 사이로 가실새 제자들이 시장하여 이삭을 잘라 먹으니"

2. 바리새인의 시비

(2절) "바리새인들이 보고 예수께 말하되 보시오 당신의 제자들이 안식일에 하지 못할 일을 하나이다"

3. 예수님의 대답

(3-8절) "예수께서 이르시되 다윗이 자기와 그 함께 한 자들이 시장할 때에 한 일을 읽지 못하였느냐 그가 하나님의 전에 들어가서 제사장 외에는 자기나 그 함께 한 자들이 먹어서는 안 되는 진설병을 먹지 아

니하였느냐 또 안식일에 제사장들이 성전 안에서 안식을 범하여도 죄가 없음을 너희가 율법에서 읽지 못하였느냐 내가 너희에게 이르노니 **성전보다 더 큰 이**가 여기 있느니라 나는 **자비**를 원하고 제사를 원하지 아니하노라 하신 뜻을 너희가 알았더라면 무죄한 자를 정죄하지 아니하였으리라 인자는 **안식일의 주인**이니라 하시니라"

안식일 준수 계명의 계율주의에 젖어있는 바리새인에게 예수님은 구약성경(삼상 21:1-6)의 예를 들고(4절), 안식일 준수의 예외 규정(민 28:9-10)을 든 다음(5절), 자신의 정체를 드러내신다. 예수님은 '성전보다 더 큰 이'(6절)이시며 '안식일의 주인'(8절)이시다. 예수님은 계율주의에 얽매어 자비(*eleos*)의 정신을 잊어버린 바리새인의 형식적인 경건을 질타하신다(7절).

B. 둘째 단락(9-14절): 안식일에 손 마른 자 치유 기사

안식일 논쟁이 더 강화되고 심화된다. 바리새인들은 예수님이 안식일에 병을 고친 후에 그것을 문제 삼는 것이 아니라 병을 고치기도 전에 안식일에 병 고치는 것의 가부를 묻는다.

1. 바리새인들의 질문

(9-10절) "거기에서 떠나 그들의 회당에 들어가시니 한쪽 손 마른 사람이 있는지라 사람들이 예수를 고발하려 하여 물어 이르되 안식일에 병 고치는 것이 옳으니이까"

2. 예수님의 대답과 행위

(11-13절) "예수께서 이르시되 너희 중에 어떤 사람이 양 한 마리가 있어 안식일에 구덩이에 빠졌으면 끌어내지 않겠느냐 사람이 양보다 얼마나 더 귀하냐 그러므로 안식일에 **선을 행하는 것**이 옳으니라 하시고 이에 그 사람에게 이르시되 손을 내밀라 하시니 그가 내밀매 다른 손과 같이 회복되어 성하더라"

여기서도 7절의 자비와 비슷하게 '선을 행하는 것'(*kalōs poiein*)이 강조된다.

3. 바리새인들의 반응

(14절) "바리새인들이 나가서 어떻게 하여 예수를 죽일까 의논하거늘"

참조. 막 3:6, "바리새인들이 나가서 곧 헤롯당과 함께 어떻게 하여 예수를 죽일까 의논하니라"

마태복음에서 처음으로 예수님의 적대자들이 예수님 살해를 음모했다는 것이 드러난다.

C. 셋째 단락(15-21절): 겸손하게 이적을 행하시는 예수님

1. 이적 요약 보도

(15절) "예수께서 아시고 거기를 떠나가시니 많은 사람이 따르는지라 예수께서 그들의 병을 다 고치시고"

2. 예수님의 함구령

(16절) "자기를 나타내지 말라 경고하셨으니"

3. 구약 이사야 예언의 성취

(17-21절) "이는 선지자 이사야를 통하여 말씀하신 바 보라 내가 택한 종 곧 내 마음에 기뻐하는 바 내가 사랑하는 자로다 내가 내 영을 그에게 줄 터이니 그가 심판을 **이방**에 알게 하리라 그는 다투지도 아니하며 들레지도 아니하리니 아무도 길에서 그 소리를 듣지 못하리라 **상한 갈대**를 꺾지 아니하며 **꺼져가는 심지**를 끄지 아니하기를 심판하여 이길 때까지 하리니 또한 **이방**들이 그의 이름을 바라리라 함을 이루려 하심이니라"

이사야 42장 1-3절(여호와의 종 노래)이 인용된다. 예수님이 이 예언을 이루신 하나님의 종이시다. 18-21절은 마태복음에 인용된 구약 성취 인용문 중 가장 긴 것이다. 여기서도 상한 갈대와 꺼져가는 심지에 대한 예수님의 **자비**가 나타나며(20절), 유대인의 민족 한계를 넘어가는 이방인에 대한 구원의 **보편주의**가 나타난다(18, 21절).

D. 넷째 단락(22-30절): 귀신 들려 눈멀고 말 못하는 사람에 대한 예수님의 축귀로 일어난 바리새인과의 바알세불 논쟁

(22-30절) "그 때에 귀신 들려 눈 멀고 말 못하는 사람을 데리고 왔거늘 예수께서 고쳐 주시매 그 말 못하는 사람이 말하며 보게 된지라 무리가 다 놀라 이르되 이는 **다윗의 자손**이 아니냐 하니 바리새인들은 듣고 이르되 이가 귀신의 왕 **바알세불**을 힘입지 않고는 귀신을 쫓아내지 못하느니라 하거늘 예수께서 그들의 생각을 아시고 이르시되 스스로 분쟁하는 나라마다 황폐하여질 것이요 스스로 분쟁하는 동네나 집마다 서지 못하리라 만일 사탄이 사탄을 쫓아내면 스스로 분쟁하는 것이니 그리하고야 어떻게 그의 나라가 서겠느냐 또 내가 바알세불을 힘

입어 귀신을 쫓아내면 너희의 아들들은 누구를 힘입어 쫓아내느냐 그러므로 그들이 너희의 재판관이 되리라 그러나 내가 하나님의 성령을 힘입어 귀신을 쫓아내는 것이면 하나님의 나라가 이미 너희에게 임하였느니라 사람이 먼저 강한 자를 결박하지 않고서야 어떻게 그 강한 자의 집에 들어가 그 세간을 강탈하겠느냐 결박한 후에야 그 집을 강탈하리라 나와 함께 아니하는 자는 나를 반대하는 자요 나와 함께 모으지 아니하는 자는 헤치는 자니라"

바리새인들(24절)은 예수님의 이적 행위가 귀신의 왕의 힘을 빌어 일어난다고 비방했다. 여기서 예수님은 자신의 정체를 분명하게 드러내신다. 예수님은 귀신의 왕이 아니라 하나님의 성령을 힘입어(27절) 이적을 행하시며, 이로써 하나님 나라가 임하게 된다. 곧 예수님은 단순한 하나님 나라의 선포자가 아니라 하나님 나라를 가지고 오시는 운반자이시다. 여기서도 예수께서 메시아라는 예수님의 정체가 나타난다.

본문이 전하는 말씀

첫째, 예수님의 이적 행하심은 **메시아**의 사역이다. 곧 이적을 통하여 예수님은 자신의 정체를 메시아로 드러내신다.

둘째, 예수님의 적대자들은 이적을 받아들일 마음이 없으므로 표적을 요구한다. 이적이 **믿음**과 연결되지 않으면 오히려 이적 행위자를 대적한다.

셋째, 예수님은 자신을 스스로 나타내지 않고 이적을 행하신다. 메시아되신 예수님은 **겸손한 하나님의 종**이시다.

넷째, 예수님의 이적 행위가 반드시 믿음을 불러일으키는 것이 아니다. 오히려 **논쟁**을 일으키고 이로 인해 예수님을 반대하게 된다.

다섯째, **계율주의**는 자비와 선행이 없는 마른 신앙으로 오히려 예수님을 반대한다.

찬송: 321장(새 531장)

제19과 **예수님의 적대자들(Ⅱ)**

12장 31-50절

본문의 자리 매김

본문은 11-12장의 마지막 부분이다. 예수님의 **회개 촉구**와 이를 거부하는 유대인들에 대한 예수님의 **심판 예고**, 그리고 이로 인하여 이방인에게까지 열려진 **구원으로의 초대**라는 주제가 이 본문 단락에서도 계속된다.

누가 구원받을 사람인가? 회개하고 죄 사함을 받은 사람이 아닌가? 회개하지 아니하고 인자를 거역하는 사람은 구원받을 수 없다. 많은 이적을 행하신 예수님께 다른 표적을 구하고 회개하지 않는 사람은 심판 받을 수밖에 없으며 그의 형편이 이전보다 더 악하게 된다. 누가 '하나님의 가족'(familia dei)인 교회의 일원이 될 수 있는 사람인가? 그 사람은 바로 회개하고 하늘에 계신 아버지의 뜻대로 행하는 자이다.

본문의 짜임새

A. 성령을 거역하는 죄(31–32절)
B. 나무와 열매(33–37절)
C. 바리새인의 표적 요구(38–42절)
D. 귀신의 되돌아옴(43–45절)
E. 진정한 예수님의 가족(46–50절)

여기서도 '(유대인의) **회개 거부**(성령을 거역) – **심판** – (열방을 향한) **구원**으로의 초대'라는 주제가 나타난다. 31–45절에서 예수님과 바리새인이 대결한다.

본문 풀이

A. 성령을 거역하는 죄(31-32절 // 막 3:28-29; 눅 12:10)

(31-32절) "그러므로 내가 너희에게 이르노니 사람에 대한 모든 죄와 모독은 사하심을 얻되 성령을 모독하는 것은 사하심을 얻지 못하겠고 또 누구든지 말로 인자를 거역하면 사하심을 얻되 누구든지 말로 성령을 거역하면 **이 세상**(*en toutō tōi aiōni*)과 오는 세상에서도 사하심을 얻지 못하리라"

이 구절은 마가복음에서는 바알세불 논쟁에서 나타나고 누가복음의 경우 박해 말씀(눅 12:2–12)에서 나타난다.

사람의 모든 죄와 훼방	인자(예수님) 거역	사하심을 얻음
성령을 훼방	성령을 거역	사하심을 얻지 못함

마태의 교회 안에 있는, 이전에 예수님을 거역하던 사람들 역시도 용서함을 받을 수 있다. 그러나 이제 하나님의 영을 받은 예수님의 제자들을 거역하던 사람들은 용서함을 받을 수 없다.

B. 나무와 그 열매(33-37절 // 눅 6:43-45)

(33-37절) "나무도 좋고 열매도 좋다 하든지 나무도 좋지 않고 열매도 좋지 않다 하든지 하라 그 열매로 나무를 아느니라 독사의 자식들아 너희는 악하니 어떻게 선한 말을 할 수 있느냐 이는 마음에 가득한 것을 입으로 말함이라 선한 사람은 그 쌓은 선에서 선한 것을 내고 악한 사람은 그 쌓은 악에서 악한 것을 내느니라 내가 너희에게 이르노니 사람이 무슨 무익한 **말**(*logos*)을 하든지 심판 날에 이에 대하여 심문을 받으리니 네 **말**로 의롭다 함을 받고 네 **말**로 정죄함을 받으리라"

나무와 열매의 비유는 이미 산상설교에서 사용된 바 있다(7:16-20). 그 경우 나무와 열매의 비유는 신앙인과 행함의 관계를 나타내는데, 여기서는 사람의 **마음과 말의 관계**를 서술한다. 예수님의 이적 행함을 본 사람이 어떻게 "이가 귀신의 왕 바알세불을 힘입지 않고는 귀신을 쫓아내지 못하느니라"(42절)라고 말할 수 있는가? 그것은 그 마음에 악한 것이 있기 때문이다. 귀신을 쫓아내는 예수님의 능력을 보고도 인자의 메시아 되심을 받아들이지 못하고 오히려 귀신의 힘을 입어 귀신을 쫓아낸다고 말하는 것은 마땅하게 심판 받을 일이다.

C. 바리새인의 표적 요구(38-42절 // 눅 11:16, 29-32)

(38-42절) "그 때에 서기관과 바리새인 중 몇 사람이 말하되 선생님이여 우리에게 표적 보여 주시기를 원하나이다 예수께서 대답하여 이르시되 **악하고 음란한 세대**가 **표적**을 구하나 선지자 요나의 표적 밖에는 보일 표적이 없느니라 요나가 밤낮 사흘 동안 큰 물고기 뱃속에 있었던 것 같이 인자도 밤낮 사흘 동안 땅 속에 있으리라 심판 때에 니느웨 사람들이 일어나 이 세대 사람을 정죄하리니 이는 그들이 요나의 전도를 듣고 회개하였음이거니와 **요나보다 더 큰 이**가 여기 있으며 심판 때에 남방 여왕이 일어나 이 세대 사람을 정죄하리니 이는 그가 솔로몬의 지혜로운 말을 들으려고 땅 끝에서 왔음이거니와 **솔로몬보다 더 큰 이**가 여기 있느니라"

38절에서 서기관과 바리새인 몇이 예수님께 표적(*sēmeion*)을 요구한다. 이들은 예수님을 믿기 위해 표적을 요구하는 것이 아니라 예수님을 책 잡고 트집 잡기 위해 표적을 요구한다(요한복음에서는 이 '표적'이란 단어가 긍정적으로 사용되는데 반해 공관복음서에서는 주로 부정적으로 사용된다). 예수님을 받아들이는 사람은 표적 없이도 믿는다. 그러나 '악하고 음란한 세대'(*genea ponēra kai moichalis*)는 표적을 구한다(39절). 그때 예수님은 "요나의 표적 외에 보일 표적이 없다"고 말씀하신다.

'**요나의 표적**'이 무엇인가? 그것은 예수님의 **십자가와 부활의 표적**을 가리킨다. 이 표적은 이스라엘에게 있어서도 구원을 위한 최후의 표적이며 가장 의미심장한 표적이다. 그러나 이 표적은 명확하게, 바로 사용되지 않았다. 요나의 표적은 예수님의 부활을 의미하는 것으로 **하나님의 선물**이면서 동시에 **하나님의 비밀**이다. 요나의 표적을 본 이방인(니느웨 사람)은 요나의 전도(*to kērygma*)를 듣고 회개했다. 그러나 유대인들은 '요나보다 더 큰 이'(*pleion Iōna*)가 전하는 말씀에 귀 기울이지 않는다. 마지막 때 솔로몬의 지혜를 들으려고 한 남방 여왕이, 솔로몬보다 더 지혜로운 예수님의 말씀을 거역한 이 세대에 속한 유대인들을 판단할 것이다.

요나	**이방인**과 관련된 **예언자**
솔로몬	**이방인**과 관련된 **지혜자**
예수님	**이방인**과 관련된 예언자와 지혜자보다 **더 크신 분**

D. 귀신의 되돌아옴(43-45절 // 눅 11:24-26)

(43-45절) "더러운 귀신이 사람에게서 나갔을 때에 물 없는 곳으로 다니며 쉬기를 구하되 쉴 곳을 얻지 못하고 이에 이르되 내가 나온 내 집으로 돌아가리라 하고 와 보니 그 집이 비고 청소되고 수리되었거늘 이에 가서 저보다 더 악한 귀신 일곱을 데리고 들어가서 거하니 그 사람의 나중 형편이 전보다 더욱 심하게 되느니라 **이 악한 세대**가 또한 이렇게 되리라"

이 단락은 '이 악한 세대'(*genea autē hē ponēra*)에 대해 빗대어 말한다. 예수님의 전체 사역은 귀신을 내쫓는 것으로 비유된다. 예수님의 역사하심이 일어난 자는 마치 귀신이 쫓겨나간 빈 집과 같다. 그런데 그 빈 집의 형편이 이전보다 더 악해질 수 있다. 극단적으로는 예수님으로 인하여 귀신이 쫓겨간 빈 집에 더 악한 일곱 귀신이 들어와 살 수도 있다. 이에 대한 유일한 대책은 예수님의 영, 곧 하나님의 영을 받는 것이다(28절; 28:19 참조).

E. 진정한 예수님의 가족(46-50절): 구원으로의 초대

(46-50절) "예수께서 무리에게 말씀하실 때에 그의 어머니와 동생들이 예수께 말하려고 밖에 섰더니 또는 형제들 한 사람이 예수께 여짜오되 보소서 당신의 어머니와 동생들이 당신께 말하려고 밖에 서 있나이다 하니 말하던 사람에게 대답하여 이르시되 누가 내 어머니이며 내 동생들이냐 하시고 손을 내밀어 제자들을 가리켜 이르시되 나의 어머니와 나의 동생들을 보라 누구든지 하늘에 계신 내 아버지의 뜻대로 하는 자가 내 형제요 자매요 어머니이니라 하시더라"

누가 '**하나님의 가족**'(familia dei)인가? 복음서 저자 마태는 이 복음을 듣는 자들로 하여금 주님을 올바르게 믿음으로써 '**예수님의 가족**'이 될 것을 촉구하고 있다. 누가 예수님의 모친이며 누가 예수님의 동생인가? 누가 예수님의 가족인가? 교회로 나와 주님의 말씀을 듣고 주님을 믿으며, 나아가 아버지 **하나님의 뜻대로 행하는 자**가 예수님의 가족의 일원이 될 수 있다.

본문이 전하는 말씀

첫째, 예수께서 하신 말이나 행위를 잘못 판단하고 악한 말을 하는 사람들에게는 심판이 따를 수밖에 없다.

둘째, 악한 마음에서 예수님께 표적을 요구하지 말라. 예수님이 보이신 표적은 요나의 표적, 곧 **십자가와 부활의 표적**이며 그것은 예수님을 믿는 자에게 주어진 선물이고 아직 일어나지 않은 부활의 비밀이다.

셋째, 예수께서 하신 일로 인해 심령이 깨끗하게 소제된 사람의 경우 성령으로 그 심령을 채우지 아니하면 그 형편이 전보다 악해진다.

넷째, 주님의 말씀을 듣고 그 말씀대로 행하는 사람이 참된 **예수님의 가족**이 될 수 있다.

주님의 말씀을 듣고 표적을 요구하기보다는 회개함으로 그 말씀을 받아들이고 성령 충만하여 그 말씀대로 살자!

그럴 때 우리는 하나님의 가족의 일원으로 기쁨을 누리고 주님과 함께 권능의 삶을 살 수 있다. **말씀에 순종**하자! **성령 충만**하여 그 말씀대로 살자!

찬송: 178장(새 197장)

예수께서
풍랑을
잔잔케 하시고
수면을 걸어가셨던
갈릴리 호수

제20과 천국 비유 설교(I)

13장 1-35절

본문의 자리 매김

13장은 마태복음의 다섯 설교 묶음 중에서 세 번째로 나타나는 설교 묶음이다. 이곳에 일곱 개의 비유 말씀이 들어 있는데 그 비유들의 주제는 '다가오는 하나님 나라와 예수님 안에서 이미 시작된 하나님 나라'이다. 그래서 흔히 13장을 '**천국 비유 설교**'라고 부른다. 일곱 개의 비유 중 '씨 뿌리는 사람' 비유와 '겨자씨와 누룩' 비유를 제외한 비유들, 곧 '곡식과 가라지' 비유, '밭에 감추인 보화와 진주' 비유, '물고기 그물' 비유, '새것과 옛것을 곳간에서 내어 오는 집주인' 비유는 복음서 중에서 오직 마태복음에서만 나타난다. 킹스베리(J. D. Kingsbury)에 의하면 13장은 마태복음 전체에서 "전환점"(turning point)이다. 곧 11-12장에서 유대인들이 예수님의 메시아되심과 하나님 나라의 운반자 되심을 배척한 후 13장에서 예수님은 그들과 대치하게 된다.

본문의 짜임새

머리말: 배경(1-3상반절)

A. **무리**들에게 하신 예수님의 비유 설교(3하반절-35절)
   1. 네 가지 밭에 뿌려진 씨앗 비유(3하반절-23절)
   2. 가라지 비유(24-30절)
   3. 겨자씨와 누룩 비유(31-33절)
   4. 무리 설교의 결론(34-35절)

B. **제자**들에게 하신 예수님의 설교(36-52절)
   1. 가라지 비유 설명(36-43절)
   2. 밭에 감추인 보화와 진주 비유(44-46절)
   3. 물고기 그물의 비유(47-50절)
   4. 새것과 옛것을 곳간에서 내어 오는 집주인 비유(51-52절)

꼬리말: 나사렛에서 배척당하신 예수님(53-58절)

본문 풀이

머리말: 배경(1-3상반절)

(1-3상반절) "그 날 예수께서 집에서 나가사 바닷가에 앉으시매 **큰 무리**가 그에게로 모여 들거늘 예수께서 배에 올라가 앉으시고 온 무리는 해변에 서 있더니 예수께서 **비유**로 여러 가지를 그들에게 말씀하여 이

르시되"

설교의 청중: '큰 무리'(2절)
설교의 양식: 비유(*parabolē*)

참조. *parabolē*: 13장에서 12번 사용. 그 중 11번은 3-36절에서 사용되었으며, 5번은 '비유로'(*en parabolais*)라는 어구로 사용되었다.

몸말: 천국 비유 – 무리들에게 하신 예수님의 비유 설교(3하반절-35절)

A. 씨 뿌리는 비유(3하반절-23절)

1. 비유의 내용(3하반절-9절 // 막 4:1-9 // 눅 8:4-8)

(3하반절-9절) "씨를 뿌리는 자가 뿌리러 나가서 뿌릴새 더러는 길 가에 떨어지매 새들이 와서 먹어버렸고 더러는 흙이 얕은 돌밭에 떨어지매 흙이 깊지 아니하므로 곧 싹이 나오나 해가 돋은 후에 타서 뿌리가 없으므로 말랐고 더러는 가시떨기 위에 떨어지매 가시가 자라서 기운을 막았고 더러는 좋은 땅에 떨어지매 어떤 것은 백 배, 어떤 것은 육십 배, 어떤 것은 삼십 배의 결실을 하였느니라 귀 있는 자는 **들으라** 하시니라"

이 비유의 핵심은 '열매를 맺는 것'이 아니라 말씀을 '**듣는 것**'(받아들여 믿는 것)에 있다(9절).

2. 비유 말씀(사용)의 목적(10-17절 // 막 4:10-12, 25 // 눅 8:9-10; 10:23-24)

(10-17절) "제자들이 예수께 나아와 이르되 어찌하여 그들에게 **비유**로 말씀하시나이까 대답하여 이르시되 천국의 비밀을 아는 것이 너희에게는 허락되었으나 그들에게는 아니되었나니 무릇 있는 자는 받아 넉넉

하게 되되 없는 자는 그 있는 것도 빼앗기리라 그러므로(*dia touto*, 막 4:12에서는 *hina*) 내가 그들에게 **비유**로 말하는 것은 그들이 보아도 보지 못하며 들어도 듣지 못하며 깨닫지 못함이니라 이사야의 예언이 그들에게 이루어졌으니 일렀으되 너희가 듣기는 들어도 깨닫지 못할 것이요 보기는 보아도 알지 못하리라 이 백성들의 마음이 완악하여져서 그 귀는 듣기에 둔하고 눈은 감았으니 이는 눈으로 보고 귀로 듣고 마음으로 깨달아 돌이켜 내게 고침을 받을까 두려워함이라 하였느니라 그러나 너희 눈은 **봄**으로, 너희 귀는 **들음**으로 복이 있도다 내가 진실로 너희에게 이르노니 많은 선지자와 의인이 **너희가 보는 것**들을 보고자 하여도 보지 못하였고 **너희가 듣는 것**들을 듣고자 하여도 듣지 못하였느니라"

여기서 **무리들**('그들')과 **제자들**('너희')이 대조되어 있다. 11-12장에서 예수님을 배척한 후에 13장이 그 단락을 뒤따라 잇고 있다. 예수님의 메시아 되심을 거부하고 예수님과 함께 하나님 나라가 시작되었다는 것을 인정하지 않는 유대인들에게는 '천국의 비밀'을 아는 것이 허락되지 않았다. 그러나 그것을 받아들여 따르는 '제자들'에게는 그 비밀을 알도록 허락되었다. 예수께서 비유로 말씀하시는 목적은 예수님을 배척하는 이들은 보아도 보지 못하고 들어도 듣지 못하며 깨닫지 못하기 때문이다(13절). 이 단락에 '듣다'(*akouein*), '보다'(*blepein*), '알다'(*idein*), '눈'(*ophthalmoi*), '귀'(*ōta*) 등의 단어들이 자주 사용되었다. 이로써 보지 못하고 듣지 아니하는 무리들과 보고 듣는 제자들이 **대조**를 이룬다. 누가 진정으로 '보는' 자이고 '듣는' 자인가? 말씀을 듣고 예수님을 영접하는 사람이 아닌가? 이들이 참으로 복이 있는 사람들이다(16절).

3. 비유의 해석(18-23절 // 막 4:13-20 // 눅 8:11-15)

(18-23절) "그런즉 씨 뿌리는 **비유**를 들으라 아무나 천국 말씀을 듣고 깨닫지 못할 때는 악한 자가 와서 그 마음에 뿌려진 것을 빼앗나니 이는 곧 길 가에 뿌려진 자요 돌밭에 뿌려졌다는 것은 말씀을 듣고 즉시 기쁨으로 받되 그 속에 뿌리가 없어 잠시 견디다가 말씀으로 말미암아 환난이나 박해가 일어날 때에는 곧 넘어지는 자요 가시떨기에 뿌려졌다는 것은 말씀을 들으나 세상의 염려와 재물의 유혹에 말씀이 막혀 결실하지 못하는 자요 좋은 땅에 뿌려졌다는 것은 말씀을 듣고 깨닫는 자니 결실하여 어떤 것은 백 배, 어떤 것은 육십 배, 어떤 것은 삼십 배가 되느니라 하시더라"

씨: (천국) 말씀
길가, 돌밭, 가시떨기, 좋은 땅: 네 종류의 사람

이 비유의 해석은 마태 당시 신앙 공동체 상황과 관련되어 있다. 그들에게 있어서는 말씀을 단지 귀로 듣지 않고 마음으로 깨닫는 것이 문제이다. 말씀을 듣고 깨달은 자가 예수님의 참된 제자이며(15:10; 16:12; 17:13 참조), 이들이 백 배, 육십 배, 혹 삼십 배의 열매를 맺을 것이다(23절).

이 알레고리(Allegorie, 암유)는 묵시적 환상에서처럼 비밀을 드러내는 역할을 하는 것이 아니라, 마태의 경우 이것은 씨 뿌리는 비유를 청중과 관련시키는 언어적인 수단이다.

B. 가라지 비유(24-30절; 마태복음에만 나타나는 비유)

(24-30절) "예수께서 그들 앞에 또 **비유**를 들어 이르시되 천국은 좋은 씨를 제 밭에 뿌린 사람과 같으니 사람들이 잘 때에 그 원수가 와

서 곡식 가운데 가라지를 덧뿌리고 갔더니 싹이 나고 결실할 때에 가라지도 보이거늘 집 주인의 종들이 와서 말하되 주여 밭에 좋은 씨를 뿌리지 아니하였나이까 그런데 가라지가 어디서 생겼나이까 주인이 이르되 원수가 이렇게 하였구나 종들이 말하되 그러면 우리가 가서 이것을 뽑기를 원하시나이까 주인이 이르되 가만 두라 가라지를 뽑다가 곡식까지 뽑을까 염려하노라 둘 다 추수 때까지 함께 자라게 두라 추수 때에 내가 추수꾼들에게 말하기를 가라지는 먼저 거두어 불사르게 단으로 묶고 곡식은 모아 내 곳간에 넣으라 하리라"

'천국은 ~와 같다'(*hōmoiōthē hē basileia tōn ouranōn*): 천국은 좋은 씨를 제 밭에 뿌린 사람과 같다(24절).

'원수'(*ho echthros*): 곡식 가운데 가라지를 덧 뿌린 자

'가라지'(*zizanion*): 흔히 밀밭에서 자라는 독보리, 검은 열매, 추수 후 땔감으로 사용

'잘 때'(25절): 사람들이 알지 못할 때

'추수 때'(29절): 심판 때

마태 당시 이 비유의 '가라지'는 더 이상 믿지 않는 이스라엘이 아니었다. 왜냐하면 그 때에는 기독교 교회와 유대인의 회당이 분리되고 있었기 때문이다. 따라서 이는 마태의 교회 공동체 상황을 반영하고 있다. 주인이신 하나님은 원수의 정체를 벌써 알고 계신다. 그러나 가라지에 대해 흥분한 종들과 달리 태연하게 추수 때를 기다린다. 그러므로 이 비유는 이러한 하나님의 탁월한 권능에 대해 제자들에게 눈을 뜰 것을 요구한다. 이 권능을 이해한 제자들은 온갖 염려로부터 나오는 성급한 행동주의를 자제하고 이를 포기할 것이다. 하나님 나라가 다가오고 있다는 것과 이미 시작한 하나님 나라에 대한 믿음을 가지고 있는 사람은 좋은 씨를 뿌린 자리에서 돋아나는 '가라지'를 보고 과격해지거나 또 그와 반대로 낙망하지 말

아야 한다.

C. 겨자씨(*kokkos sinapeō*)와 누룩(*zymē*)의 비유(31-33절 // 막 4:30-32 // 눅 13:18-21)

(31-33절) "또 **비유**를 들어 이르시되 천국은 마치 사람이 자기 밭에 갖다 심은 겨자씨 한 알 같으니 이는 모든 씨보다 작은 것이로되 자란 후에는 풀보다 커서 나무가 되매 공중의 새들이 와서 그 가지에 깃들이느니라 또 **비유**로 말씀하시되 천국은 마치 여자가 가루 서 말 속에 갖다 넣어 전부 부풀게 한 누룩과 같으니라"

(31절) '천국은 … 겨자씨 한 알 같으니'(*homoia estin hē basileia tōn ouranōn kokkōi sinapeōs*)
(33절) '천국은 … 누룩과 같으니라'(*homoia estin hē basileia tōn ouranōn zymēi*)

이 두 비유는 **대조 비유**에 속한다. 작은 겨자씨 한 알이 자란 후에는 최고 3미터까지 자라는 큰 겨자 풀대가 되어 새들이 둥지를 틀기도 한다. 또 누룩 역시 적은 양으로 밀가루 서말(약 36리터 정도)을 부풀린다. 지금 보잘것없는 사역이 나중에는 엄청난 결과를 가지고 오게 될 것이다. 예수님의 제자들이 하는 일은 지금은 작게 보인다 할지라도 그것은 하나님께서 하시는 일이고, 작은 일 같지만 그 결과는 엄청난 효과를 가지고 오게 될 것이며, 또한 놀라운 결과가 보장되어 있다. 그러므로 그리스도의 제자들은 주님의 일을 하면서 낙망하지 말아야 한다.

본문이 전하는 말씀

첫째, 말씀을 듣고 **깨닫는** 자가 되자!

둘째, 하나님의 놀라운 능력과 권세를 보고 **성급한 인간적 행동주의를 자제**하고 포기해야 한다. 그뿐만이 아니라 겉보기에 아무런 조치를 취하지 않는 듯한 하나님의 뜻을 헤아려야 한다.

셋째, 내가 하는 주님의 일은 아무리 작은 일이라 할지라도 그것은 **하나님의 일**이며 그 결과로 성장이 보장되어 있다. 그러므로 주님의 일을 하는 자는 그 일을 하면서 **낙망하지 말아야** 한다.

찬송: 513장(새 458장)

제21과 천국 비유 설교(II)

13장 36-52절

본문의 자리 매김

13장 전반부(3-35절)는 예수께서 **무리**들에게 말씀하신 천국 비유 설교이며, 후반부인 36-52절은 **제자**들에게 가르치신 천국 비유 설교이다.

본문의 짜임새

제자들에게 말씀하신 천국 비유 설교(36-52절)

A. 가라지 비유에 대한 설명(36-43절)
B. 밭에 감추어진 보물과 값진 진주 비유(44-46절)

C. 물고기 그물의 비유(47-50절)

D. 비유 설교의 결미: 새것과 옛것을 곳간에서 내어 오는 집 주인 비유(51-52절)

본문 풀이

A. 가라지 비유에 대한 해설(36-43절): 마태복음에만 나타나는 단락

1. 제자들의 비유 해설 요청

(36절) "이에 예수께서 무리를 떠나사 집에 들어가시니 제자들이 나아와 이르되 밭의 가라지의 **비유**를 우리에게 설명하여 주소서"

청중이 '무리'(*ochloi*)에서 '제자들'(*mathēthai*)로 바뀌고 장소도 '배'에서 '집'으로 바뀐다. 제자들은 들었던 비유에 대한 정확한 뜻을 알기 원했고 예수께 그 비유에 대한 설명을 요청하여 그 설명을 듣고 그 비유를 '깨닫는 사람들'이다(10-11절, 51절 참조).

2. 예수님의 비유 해설

(37-39절) "대답하여 이르시되 좋은 씨를 뿌리는 이는 인자요 밭은 세상이요 좋은 씨는 천국의 아들들이요 가라지는 악한 자의 아들들이요 가라지를 뿌린 원수는 마귀요 추수 때는 세상 끝이요 추수꾼은 천사들이니"

a) 좋은 씨를 뿌리는 사람: 세상을 심판하실 인자
b) 밭: 세상
c) 좋은 씨: 천국의 아들들
d) 가라지: 악한 자의 아들들
e) 가라지를 심은 원수: 마귀
f) 추수 때: 세상 끝
g) 추수꾼: 천사들

(40-43절) "그런즉 가라지를 거두어 불에 사르는 것 같이 세상 끝에도 그러하리라 인자가 그 천사들을 보내리니 그들이 그 나라에서 모든 넘어지게 하는 것과 또 불법을 행하는 자들을 거두어 내어 풀무 불에 던져 넣으리니 거기서 울며 이를 갈게 되리라 그 때에 의인들은 자기 아버지 나라에서 해와 같이 빛나리라 귀 있는 자는 들으라"

인자는 세상의 심판자이시다. 인자는 세상의 모든 **권세**를 가지고 있다(28:18-20 참조). 모든 권세를 가지고 계신 인자가 가라지와 같은 사람, 곧 넘어지게 하는 사람과 불법을 행하는 사람을 심판하여 풀무 불(지옥)에 던져 넣을 것이다. 그래서 가라지 비유는 신앙 공동체에 대한 하나의 **경고**이면서 동시에 **권면**이 된다. 그러므로 그리스도의 제자된 신자들이 이 경고와 권면을 듣는 것이 이 단락의 핵심이다. 제자는 '**귀 있는 자**'이어야 한다.

B. 밭에 감추인 보물과 값진 진주 비유(44-46절)

(44-46절) "천국은 마치 밭에 감추인 보화(*thēsauros*)와 같으니 사람이 이를 발견한 후 숨겨 두고 기뻐하며 돌아가서 자기의 소유를 **다 팔아** 그 밭을 사느니라 또 천국은 마치 좋은 진주(*margaritēs*)를 구하는

장사와 같으니 극히 값진 진주 하나를 발견하매 가서 자기의 소유를 **다 팔아** 그 진주를 사느니라"

이 비유의 핵심은 분명하다. 천국은 너무나 귀한 것이다. 그것은 밭에 감추인 노다지나 좋은 자연산 진주처럼 너무나 귀한 것이다. 여기서 이 두 비유의 의도는 천국과 동일한 가치가 있는 것이 무엇인가를 말하려는 것이 아니다. 오히려 그 의도는 밭에서 노다지를 발견한 사람은 자기의 소유를 모두 다(*panta*) 팔아 밭을 사고, 극히 값진 진주를 발견한 사람 역시도 자신이 가지고 있는 모든 것(*panta*)을 팔아 그 진주를 산다는 점에 있다. 즉 정말 귀한 것을 얻기 위해서 다른 모든 것을 포기한다는 것이 이 비유의 핵심이다.

물론 천국은 보물이나 진주보다 더 귀한 것이다. 이 비유들이 말하는 것은 밭에 감추인 보화나 좋은 진주를 '**발견한 자**'(*heurōn*, 44, 46절에 각 한 번씩 사용)의 행태이다. 또 '발견하다'는 말에 천국의 선물적인 의미가 들어 있다. 천국은 수고의 대가로 얻게 되는 산물(產物)이 아니라 하나님의 은혜로 주어지는 **선물**(膳物)이다. 그리고 이 선물을 발견한 사람은 다른 모든 것을 희생하거나 포기 또는 상대화할 것을 요구받는다. 이 귀한 천국의 선물을 눈앞에 두고 '재리의 유혹'(22절)에 넘어가면 안 된다.

C. 물고기 그물의 비유(47-50절)

(47-50절) "또 천국은 마치 바다에 치고 각종 **물고기를 모는 그물**과 같으니 그물에 가득하매 물 가로 끌어 내고 앉아서 좋은 것은 그릇에 담고 못된 것은 내버리느니라 세상 끝에도 이러하리라 천사들이 와서 의인 중에서 악인을 갈라 내어 풀무 불에 던져 넣으리니 거기서 울며

이를 갈리라"

'그물'(*sagēnē*)은 물밑으로 훑는 큰 그물인 저인망을 말한다. 또 이 단락에서 '좋은 것'과 '못된 것'(48절), '의인'과 '악인'이 대조되어 있다. 이들은 세상 끝에 나누어질 것이다. 비록 지금은 전도를 통해서 교회 안에 많은 사람이 들어오게 되나 24-30절과 36-43절에서처럼 오직 하나님의 심판만이 이들을 가르게 될 것이다. 교회의 크기는 '사전에 결정된 것'이 아니라 '되어져 가는 것'이다. 이 비유에서 주님께서 요구하시는 것은 '참된 교회'이다. 교회 역시 마지막 심판에서 제외되지 않는다. 교회의 크기가 곧 천국의 크기는 아니다.

D. 비유 설교의 결미

(51-52절) "이 모든 것을 깨달았느냐 하시니 대답하되 그러하오이다 예수께서 이르시되 그러므로 천국의 **제자된 서기관**마다 마치 새것과 옛것을 그 곳간에서 내오는 집주인과 같으니라"

모든 비유 설교 뒤에, 그리고 제자들이 이 비유 설교를 깨달은 후 예수님은 **기독교적인 서기관**(*grammateus*)에 대해 말씀하신다. 이들은 특별한 임무를 가지고 있다. 그들은 새것과 옛것을 창고에서 내어 오는 집 주인과 같다. 그들은 유대교의 서기관과는 달리 구약의 말씀과 예수님의 선포와 이적 행위의 하나됨을 말한다. 이들이 마태의 교회에서 중요한 역할을 하였다.

본문이 전하는 말씀

첫째, 인자가 바로 끝날에 세상을 심판하실 분이다. 따라서 인자의 말씀에 귀를 기울여야 한다.

둘째, 천국은 그 어떤 것보다 귀하다. 이 선물을 발견한 자는 그 외에 다른 모든 것을 포기할 수 있어야 한다.

셋째, 참 신자, 진실한 제자, 참된 교회가 되어야 한다.

넷째, 성경을 그리스도 중심적으로 이해해야 한다.

찬송: 370장(새 330장)

제22과 이적을 행하시는 예수님

13장 53절 – 14장 21절

본문의 자리 매김

본문은 천국 비유 설교인 13장과 교회(신앙 공동체) 규정 설교인 18장 사이에서 행하시는 예수님의 사역 첫머리에 위치해 있다.

본문의 짜임새

A. 나사렛에서 배척당하신 예수님(마 13:53–58; 막 6:1–6; 눅 4:16–30)
B. 세례자 요한의 죽음(마 14:1–12; 막 6:14–29; 눅 9:7–9; 3:19–20)
C. 오천 명을 먹이심(마 14:13–21; 막 6:31–44; 눅 9:10–17; 요 6:1–13)

본문 풀이

A. 나사렛에서 배척 당하신 예수님(마 13:53-58; 막 6:1-6; 눅 4:16-30)

(53-58절) "예수께서 이 모든 **비유**를 마치신 후에 그 곳을 떠나서 고향으로 돌아가사 그들의 회당에서 가르치시니 그들이 놀라 이르되 이 사람의 이 **지혜**와 이런 **능력**이 어디서 났느냐 이는 그 목수의 아들이 아니냐 그 어머니는 마리아, 그 형제들은 야고보, 요셉, 시몬, 유다라 하지 않느냐 그 누이들은 다 우리와 함께 있지 아니하냐 그런즉 이 사람의 이 모든 것이 어디서 났느냐 하고 예수를 **배척**한지라 예수께서 그들에게 말씀하시되 선지자가 자기 고향과 자기 집 외에서는 **존경을 받지 않음**이 없느니라 하시고 그들이 믿지 않음으로 말미암아 거기서 많은 **능력을 행하지 아니하시니라**"

53절은 마태복음에서 큰 설교가 끝날 때 나타나는 공식적인 종결문이다. 54-58절은 마가복음 6장 1-6절에도 나타난다. 여기서 '목수'(*tektōn*)는 목재와 석재를 다루는 공인을 뜻한다. '배척하다'(*skandalizein*, 57절)란 원래 '걸려 넘어지게 하다', '죄를 짓게 하다'는 뜻을 가지고 있는데 예수님 안에서 시작된 구원을 그들이 부인함으로써 구원에서 스스로 제외되는 것을 뜻한다. 특히 58절에서 사람들의 믿음과 예수님의 능력 행하심이 밀접하게 관련되어 있다.

B. 세례자 요한의 죽음(마 14:1-12; 막 6:14-29; 눅 9:7-9; 3:19-20)

(1-12절) "그 때에 **분봉 왕** 헤롯이 예수의 소문을 듣고 그 신하들에게 이르되 이는 세례 요한이라 그가 죽은 자 가운데서 살아났으니 그러므로 이런 능력이 그 속에서 역사하는도다 하더라 전에 헤롯이 그 동생 빌립의 아내 헤로디아의 일로 요한을 잡아 결박하여 옥에 가두었으니 이는 요한이 헤롯에게 말하되 당신이 그 여자를 차지한 것이 옳지 않다 하였음이라 헤롯이 요한을 죽이려 하되 무리가 그를 선지자로 여기므로 그들을 두려워하더니 마침 헤롯의 생일이 되어 헤로디아의 딸이 연석 가운데서 춤을 추어 헤롯을 기쁘게 하니 헤롯이 맹세로 그에게 무엇이든지 달라는 대로 주겠다고 약속하거늘 그가 제 어머니의 시킴을 듣고 이르되 세례 요한의 머리를 소반에 얹어 여기서 내게 주소서 하니 왕이 근심하나 자기가 맹세한 것과 그 함께 앉은 사람들 때문에 주라 명하고 사람을 보내어 옥에서 요한의 목을 베어 그 머리를 소반에 얹어서 그 소녀에게 주니 그가 자기 어머니에게로 가져가니라 요한의 제자들이 와서 시체를 가져다가 장사하고 가서 예수께 아뢰니라"

1. 대 헤롯(마 2장, 주전 37-4년)의 아들들

a) 빌립(눅 3장): 이두래와 드라고닛의 분봉왕

b) 아리스도불로

아들: 헤롯 아그립바 1세(행 12장, 주후 41-44년), 야고보 참수

손자: 헤롯 아그립바 2세(행 25장, 주후 48-69년), 바울 심문

c) 빌립(마 14장)

아내: 헤로디아(마 14장)

d) 헤롯 안디바(눅 3장, 주전 4년-주후 39년): 갈릴리와 베

뢰아 통치
빌립(마 14장)의 아내 헤로디아를 취함

e) 아켈라오(마 2:22, 주전 4년-주후 6년): 유대와 사마리아와 이두매 통치

2. 예수님 공생애 기간의 팔레스타인

a) 본디오 빌라도 치하 지역: 유대, 사마리아
b) 헤롯 안디바의 영토: 갈릴리, 베뢰아
c) 빌립의 영토: 이두래, 바타니아, 가울라니티스, 아우라니티스, 드라고닛

3. 분봉왕(*tetraarchēs = tetrarchēs*): 사분왕 또는 분봉왕

4. 신학적 의미

세례자 요한은 예수님보다 앞서 죽음으로써 죽음에 있어도 예수님의 죽음을 준비하는 예비자이다. 마태의 경우 예수님과 세례자 요한은 선포와 운명에 있어서 밀접하게 관련되어 있다(3:2; 11:18-19; 21:24, 25, 32 참조).

C. 오천 명을 먹이심(마 14:13-21; 막 6:31-44; 눅 9:10-17; 요 6:1-13)

(13-21절) "예수께서 들으시고 배를 타고 떠나사 따로 빈 들에 가시니 무리가 듣고 여러 고을로부터 걸어서 따라간지라 예수께서 나오사 큰 무리를 보시고 불쌍히 여기사 그 중에 있는 병자를 고쳐 주시니라 저녁이 되매 제자들이 나아와 이르되 이 곳은 빈 들이요 때도 이미 저물

었으니 무리를 보내어 마을에 들어가 먹을 것을 사 먹게 하소서 예수께서 이르시되 갈 것 없다 너희가 먹을 것을 주라 제자들이 이르되 여기 우리에게 있는 것은 떡 다섯 개와 물고기 두 마리뿐이니이다 이르시되 **그것을 내게 가져오라** 하시고 무리를 명하여 잔디 위에 앉히시고 떡 다섯 개와 물고기 두 마리를 가지사 하늘을 우러러 축사하시고 **떡을 떼어** 제자들에게 주시매 제자들이 무리에게 주니 다 배불리 먹고 남은 조각을 열두 바구니에 차게 거두었으며 먹은 사람은 여자와 어린이 외에 오천 명이나 되었더라"

오천 명 급식 기사는 4복음서 모두에 기록된 중요한 이적 기사이다. 특히 마태복음의 급식 이적 기사는 다음과 같은 중요한 의미를 지니고 있다.

1. 이적 행하심에 예수님의 절대적인 주권이 강조되어 있다 (18절).

참조. 마가복음, 누가복음, 요한복음에는 "그것을 내게 가져 오라" (*pherete moi hōde autous*)는 말이 없다.

2. 병인들과 주린 무리들에 대한 자비로움이 강조되어 있다 (14절, 불쌍히 여기심).

3. 급식 이적을 특별하게 여기는 제자들 역시 마태의 경우 중요하다.

제자들은 적은 수고를 하였지만 크신 주님의 자비로운 능력을 경험했다. 그들은 나중에 그 능력을 경험하며(15:32-39), 그러한 경험을 통해서도 또한 주님을 이해하게 되었다(16:5-12). 이 제자 배후에 마태의 공동체가 서 있다. 마태의 교회 역시 적은 수고에도 불구하고 주님의 놀라운 권능을 경험할 수 있었다.

4. 성만찬이 강조되어 있다(19절).

하늘을 우러러 축사하신 것은 떡 다섯 개와 물고기 두 마리이나 "떡을 떼어 제자들에게 주시매"라고 한 것은 성만찬 전통과 관련되어 있다. 마가의 경우(막 6:42) "또 물고기 두 마리도 모든 사람에게 나누어 주시매"라고 기록되어 있으나, 마태의 경우 이 부분이 생략되어 있는 것은 그것이 성만찬과 관련되어 있기 때문이다.

본문이 전하는 말씀

첫째, 주님의 능력을 경험하는 데 있어서는 **믿음**이 대단히 중요하다.

둘째, 주님의 길을 준비한 세례자 요한처럼 그리스도의 제자 역시 다시 오실 주님을 맞이할 **준비**를 하여야 한다.

셋째, 적은 수고에도 불구하고 자비롭고 놀라운 큰 권능을 행하신 **주님**을 끝까지 붙들자!

찬송: 340장(새 542장)

제23과 첫 번째 하나님의 아들 고백

14장 22-36절

본문의 자리 매김

14장 13-21절(오천 명을 먹이시는 예수님)을 이어 예수님의 이적 행하심이 계속된다.

본문의 짜임새

A. 예수님과 베드로: 바다에 빠지는 베드로와 그 베드로를 붙잡으시는 예수님(22-33절)
B. 게네사렛에서의 병자 치유(34-36절)

본문 풀이

A. 바다에 빠지는 베드로와 그를 건지시는 예수님(22-33절)

1. 배경

(22-24절) "예수께서 즉시 제자들을 재촉하사 자기가 무리를 보내는 동안에 배를 타고 앞서 건너편으로 가게 하시고 무리를 보내신 후에 기도하러 따로 산에 올라가시니라 저물매 거기 혼자 계시더니 배가 이미 육지에서 수 리나 떠나서 바람이 거스르므로 물결로 말미암아 고난을 당하더라"

a) 예수님은 벳새다 들녘에서 오병이어의 이적을 경험한 무리를 보내는 동안(22절),
b) 제자들을 배에 태워 건너편(게네사렛)으로 가게 하였다(22절).
c) 그후 예수님은 기도하러 따로(*kat' idian*) 산으로 오르셨다.
d) 그리고 배는 육지를 떠나 풍랑으로 고난을 당하고 있었다(23절).

바람(*anemos*), 물결(*kyma*, 파도), 밤(*nyx*) 등은 어려움, 불안, 죽음의 상징어이다. 즉 이것들은 곤경을 당하는 인간을 묘사한다. '고난을 주다'(*basanizein*)는 '고통을 주다', '괴롭히다'(육체적 병이나 마음의 고통)를 의미한다.

2. 바다를 걸어오신 예수님(25-27절)

(25-26절) "밤 사경에 예수께서 바다 위로 걸어서 제자들에게 오시니

제자들이 그가 바다 위로 걸어오심을 보고 놀라 유령이라 하며 무서워하여 소리 지르거늘"

a) '밤 사경에'(*tetartēi phylakēi tēs nyktos*) = 새벽녘(오전 3-6시경): 구약성경에 의하면 밤 사경은 도우시는 **하나님께서 개입**하시는 시간이며(출 14:24; 시 46:6; 사 17:14), 기독교인들에게는 예수께서 부활하신 시간이다(마 28:1).

b) 바로 이 시간에 예수께서 바다 위로 걸어서 제자들에게 오셨다. 이 본문의 맥락에 의하면, 예수님은 결코 물가를 걸으신 것이 아니라 물 위를 걸어서 제자들에게 오셨다. 여기서 예수님의 **초자연적인 능력**이 나타난다. 물 위로 걸어오신 것은 오직 하나님의 권능때문이었다.

c) 제자들은 바다 위로 걸어오는 한 형상을 보고 '유령'(*phantasma*)이라고 무서워하며 소리를 질렀다(*ekraxan* 〈 *krazein*).

d) 그 때 예수께서 말씀하신다(27절).

(1) '**안심하라**'(*tharseite* 〈 *tharsein*, 용기를 내다, 무서워하지 않다; 참조. *tharsos*, 용기): 신약은 이 동사를 단지 명령형으로 사용한다(마 9:2, 22; 14:27; 막 6:50; 10:49; 눅 23:43; 요 16:33).

(2) '**나다**'(*egō eimi*): 예수님은 '이 사람이다', '저 사람이다'라고 말하지 않고 아무런 술어 없이 단순하게 '나다'라고 말씀하신다. 즉 예수님은 유령이 아니라 제자들이 알고 있는 스승 예수님임을 밝힌다. 그렇기는 하나, 이 배경에는 구약성경에 나타나는 야훼 하나님의 자기 칭호와 관

련되어 있다(히브리어로 '아니 후'; 신 32:39; 사 41:4; 43:10; 45:18-19; 48:12; 51:12 참조).

(3) '**두려워말라**'(*mē phobeisthe*): 이 명령형 동사는 하나님의 자기 호칭과 함께 자주 사용되었다(창 15:1; 26:14; 28:13; 46:3; 사 41:13).

3. 물에 빠지는 베드로

(28-31절) "베드로가 대답하여 이르되 주여 만일 주님이시거든 나를 명하사 물 위로 **오라** 하소서 하니 오라 하시니 베드로가 배에서 내려 물 위로 걸어서 예수께로 가되 바람을 보고 무서워 빠져 가는지라 소리 질러 이르되 주여 나를 구원하소서 하니 예수께서 즉시 손을 내밀어 그를 붙잡으시며 이르시되 믿음이 작은 자여 왜 의심하였느냐 하시고"

마태복음은 마가복음과 달리 물에 빠지는 베드로의 모습을 묘사한다. 여기서 예수님의 제자됨의 의미가 드러난다.

a) 베드로가 대답한다. "주님! 만일 당신이시라면"(*kyrie, ei sy ei*) "나를 명하여 물 위로 걸어 오라 하소서"(28절): 베드로는 제자로 부름 받은 첫 사람이었다(4:18; 10:2). 그는 예수님을 '주님'이라고 부르면서 간청한다.

b) 주님이 '오라' 하신다(29절): 제자 베드로가 예수님의 '권세'에 참여한다. 물 위를 걷게 된다.

c) 베드로는 바람을 보고 물 속으로 빠져 들어갔다. 그리고 두 번째로 요청하기를 "주여! 나를 구원하소서"(*kyrie, sōson me*).

d) 예수께서 즉시(*eutheōs*) 손을 내밀어 베드로를 붙잡으시며 "믿음이 작은 자여, 왜 의심하였느냐?"(*oligopiste, eis ti edistasas;*) 마태복음에서 제자들에게 문제시되는 것은 제자들의 '믿음 없음'이 아니라 '**작은 믿음**'이다. 불신이 아니라 작은 믿음이 문제이다. '**믿음이 작은 자**들'(*oligopistoi*)은 마태복음의 특징어이다(마 6:30, 먹을 것과 입을 것을 염려하는 자; 8:26, 풍랑을 무서워하는 제자들). 6장 30절에서 '작은 믿음'은 '염려함'(*merimnan*, 근심하다, 걱정하다)에 관련되어 있으나, 여기서는 '**의심함**'(*distazein*)에 관련되어 있다(마 28:17 참조). 즉 두 갈래 길 사이에서 망설이는 것과 관련되어 있다. 다시 말하면, '의심'이란 주님에 대한 응시와 그와 함께 위험을 바라봄으로써 시선이 나누어지는 상태를 말한다.

4. 하나님의 아들 예수님

(32-33절) "배에 함께 오르매 바람이 그치는지라 배에 있는 사람들이 예수께 절하며 이르되 진실로 **하나님의 아들**이로소이다 하더라"

B. 게네사렛에서의 병자 치유(34-36절)

(34-36절) "그들이 건너가 게네사렛 땅에 이르니 그 곳 사람들이 예수이신 줄을 알고 그 근방에 두루 통지하여 모든 병든 자를 예수께 데리고 와서 다만 예수의 옷자락에라도 손을 대게 하시기를 간구하니 손을 대는 자는 다 나음을 얻으니라"

본문이 전하는 말씀

첫째, 제자들은 **예수님의 권세에 참여하는 사람**들이다.

둘째, 그러나 예수님에 대한 믿음이 적을 때는 **위기**에 빠질 수가 있다.

셋째, **'작은 믿음'**은 '의심'(나누어짐)에서 기인한다.

넷째, 의심은 예수님을 **하나님의 아들**로 믿는 신앙으로부터 극복될 수 있다.

다섯째, **이 믿음이 있는 자**는 예수님의 옷자락만 만져도 자신이 처해 있는 곤경을 벗어날 수 있다.

찬송: 342장(새 543장)

제24과 참된 정결

15장 1-20절

본문의 자리 매김

13장 53절부터 16장 20절까지의 본문은 예수께서 자신을 받아들이지 않는 이스라엘로부터 돌아서서, 그를 따르는 무리들을 모아 새로운 신앙 공동체 안으로 부르시는 단락이다. 15장은 크게 두 단락으로 이루어져 있다. 전반부인 1-20절은 예수님을 배척하는 바리새인과 정결에 대하여 논쟁하는 단락이고, 후반부인 21-39절은 예수님을 따르는 무리들에게 행하시는 이적에 대한 단락이다. 여기서 예수님을 거절하고 배척하는 바리새인들과 예수님을 사모하여 따르는 무리들이 대조적으로 묘사되어 있다.

본문의 짜임새

1-20절은 바리새인·서기관들과 예수님 사이에서 일어난 정결 논쟁을 통일성 있게 다룬다.

A. 예수님과 종교 지도자와의 정결 논쟁(1-9절)

B. 참된 정결에 대한 예수님의 가르침(10-20절)

본문 풀이

A. 당시 종교 지도자와 예수님 사이의 정결 논쟁(1-9절)

1. 바리새인의 논쟁 제기(1-2절)

(1-2절) "그 때에 **바리새인과 서기관들**이 **예루살렘**으로부터 예수께 나아와 이르되 당신의 제자들이 어찌하여 **장로들의 전통**을 범하나이까 떡 먹을 때에 손을 씻지 아니하나이다"

논쟁을 제기한 사람들은 예루살렘에서 온 바리새인과 서기관들, 곧 당시 경건한 유대인들의 정점(頂點)에 있던 종교 지도자들이었다. 이들이 예수께 나아와 예수의 제자들이 손을 씻지 않고 떡을 먹었다고 시비를 걸었다. 바리새인들과 서기관들은 12장 38-45절 이후로 예수님의 동반(同伴) 적대자로 나타난다. 이들은 예수님의 제자들이 '장로들의 전통'(*paradosis tōn presbyterōn*)을 범했다고 책망했다.

유대인들의 '선조 어록'(Mischnatraktat Pirqe Aboth) 1장 1

절에 의하면, "모세가 시내산에서 율법을 받아 그것을 여호수아에게 전해 주었고 여호수아는 장로들에게 장로들은 예언자들에게, 그리고 예언자들은 대(大) 회당의 사람들에게 전해 주었다".

2. 예수님의 반박(3-9절)

a) 사람의 전통으로 하나님의 계명을 어긴다(3-6절)

(3-6절) "대답하여 이르시되 너희는 어찌하여 너희의 전통으로 **하나님의 계명**을 범하느냐 하나님이 이르셨으되 네 부모를 공경하라 하시고 또 아버지나 어머니를 비방하는 자는 반드시 죽임을 당하리라 하셨거늘 너희는 이르되 누구든지 아버지에게나 어머니에게 말하기를 내가 드려 유익하게 할 것이 하나님께 드림이 되었다고 하기만 하면 그 부모를 공경할 것이 없다 하여 **너희의 전통으로 하나님의 말씀을 폐하는도다**"

여기서 '너희의 전통'(*paradosis hymōn*, 3, 6절), '사람의 계명'(*entalmata anthrōpōn*, 9절)과 '하나님의 계명'(*logos tou theou*, 6절)이 대조되어 있다. 마태의 경우 일차적으로 인간의 전통(傳統)의 문제가 아니었으며, 형식적으로 하나님의 계명과 인간의 전승이 다른 권위를 가지고 있다는 것이 문제가 아니었다. 오히려 내용적인 것이 문제였다. 바리새인들의 전승은 내용적으로 볼 때 하나님의 계명에 반대되었다.

그 예가 고르반(Korban, 5절) 제도이다. 자식이 부모에게 드려 유익하게 할 것이 하나님께 드림(*dōron*)이 되었다고 말하면 자식의 부모에 대한 봉양 의무가 제하여졌다(5-6절). 이로써 '부모를 공경하라'는 하나님의 계명이 무효가 되었다(*ēkyrōsate* 〈 *akyroun*, 무가치하게 되다).

b) 구약 인용 (7-9절, 사 29:13)

(7-9절) "외식하는 자들아 **이사야**가 너희에 관하여 잘 예언하였도다 일렀으되 **이 백성이 입술로는 나를 공경하되 마음은 내게서 멀도다 사람의 계명으로 교훈을 삼아 가르치니 나를 헛되이 경배하는도다** 하였느니라 하시고"

이사야 29장은 초기의 기독교에 의해 자주 사용되었던 장이다.

이사야 29장 13절	마태복음 15장 8-9절
이사야 29장 20절	로마서 9장 20절
이사야 29장 14절	고린도전서 1장 19절

예수님에 의해 행해진, 바리새인에 대한 두 번째 비판은 '외식'이었다. 예수님에 의하면, 바리새인들은 '외식하는 자'(*hypokritai*)이다.

B. 참된 정결에 대한 예수님의 가르침(10-20절)

1. 예수님의 가르침(10-11절)

(10-11절) "무리를 불러 이르시되 듣고 깨달으라 **입으로 들어가는 것이 사람을 더럽게 하는 것이 아니라 입에서 나오는 그것이 사람을 더럽게 하는 것이니라**"

이는 마태복음의 전체 주제인 '**바리새인과 서기관보다 나은 의**'와 관련되어 있다. 마태가 자신의 교회에 요구하는 '더 나은 의'는 형식적인 정결의 모양만 갖춘 의가 아니라, 그보다 나은 내면적인 정결에 관련되어 있다. 곧 사랑 계명이 정결 규정 위에 있다.

2. 예수님의 가르침으로 인하여 암시된 일(12–14절)

(12–14절) "이에 제자들이 나아와 이르되 바리새인들이 이 말씀을 듣고 **걸림**(*eskandalisthēsan*〈*skandalizein*)이 된 줄 아시나이까 예수께서 대답하여 이르시되 심은 것마다 내 하늘 아버지께서 심으시지 않은 것은 뽑힐 것이니 그냥 두라 그들은 **맹인**이 되어 맹인을 인도하는 자로다 만일 맹인이 맹인을 인도하면 둘이 다 구덩이에 빠지리라 하시니"

바리새인들에게 '걸림'(격분)이 된 이 말씀에 십자가가 얼비쳐 있다. 예수님은 이들을 가리켜 앞을 보지 못하는 '맹인'(*typhlos*)이라고 지적하신다.

3. 베드로의 해설 요청과 예수님의 대답(15–20절)

(15–20절) "**베드로**가 대답하여 이르되 이 비유를 우리에게 설명하여 주옵소서 예수께서 이르시되 너희도 아직까지 깨달음이 없느냐 입으로 들어가는 모든 것은 배로 들어가서 뒤로 내버려지는 줄 알지 못하느냐 입에서 나오는 것들은 마음에서 나오나니 이것이야말로 사람을 더럽게 하느니라 마음에서 나오는 것은 악한 생각과 살인과 간음과 음란과 도둑질과 거짓 증언과 비방이니 이런 것들이 사람을 더럽게 하는 것이요 씻지 않은 손으로 먹는 것은 사람을 더럽게 하지 못하느니라"

13장 10절과 36절처럼 제자들은 그들의 대변자인 베드로의 입으로 예수님께 비유의 설명을 요청한다(15절). 예수님은 제자들의 이해하지 못함을 가르침을 통해 이해하도록 하신다(16–20절; 13:18–23, 36–52; 16:9 참조). 입으로 들어가는 것과 입에서 나오는 것 중 어느 것이 더 더러운가? 입으로 들어가는 것은 배를 통해 뒤로 배설된다. 그것이 입에서 나오는 것보다 더 더러운가? 입에서 나오는 것은 마음에서 나오는 것인데 오히려 그것이 더 더럽지 않은가?

여기서 두 가지가 강조된다. 첫째, 말의 죄와 생각의 죄가 강조된다. 둘째, 마가의 본문과 비교해 보면 마태의 경우 십계명의 두 번째 돌판에 집중한다. '악한 생각'(*dialogismoi ponēroi*), 곧 '살인'(*phonoi*), '간음'(*moicheiai*), '음란'(*porneiai*), '도적질'(*klopai*), '거짓 증거'(*pseudomartyriai*, 마가복음 7장 21-22절과 비교해 보면, 마가의 경우에는 이 단어가 나타나지 않는다. 마태의 경우 바리새인들은 거짓 증거 하는 자들이다), '훼방'(*blasphēmiai*)이 사람을 더럽게 하는 것이다.

본문이 전하는 말씀

첫째, 바리새인들의 죄는 '**사람의 전통**으로 하나님의 계명을 범하는 것'이요(3-6절), '**외식**하는 것'이요(7-9절), '스스로 본다고 하나 보지 못하는 **소경됨**'이다(12-14절).

둘째, 바리새인의 경우 '손을 씻음'보다 더 중요한 것은 '**마음을 씻는 것**'이다.

셋째, 바리새인보다 나은 의를 추구하는 그리스도의 제자들은 마음의 정결, 특히 십계명의 두 번째 돌판에 나타난 **이웃 사랑**을 행해야 한다.

찬송: 198장(새 264장)

제25과 **예수님을 따르는 사람들**

15장 21-39절

본문의 자리 매김

15장의 **전반부**인 1-20절에서 **예수님과 논쟁하는 바리새인**과 달리, **후반부**인 21-39절에서는 **예수님을 받아들인 가나안 여인, 절뚝발이와 불구자와 소경과 벙어리 등을 데리고 온 무리**, 예수님을 따라 사흘이나 동행한 무리들이 등장한다. 바리새인들은 **예수님의 책망**을 받았던 반면, 예수님을 영접하여 따르는 무리들은 예수께서 베푸신 **이적을 경험**한다.

본문의 짜임새

A. 이방 지역인 두로와 시돈 지방에서 이방인인 **가나안 여**

인의 귀신 들린 딸을 고치심(21-28절)

B. 갈릴리 호숫가의 한 산에서 여러 장애인들을 데리고 온 무리들 가운데서 **각색 불구자를 고치심**(29-31절)

C. 예수님을 따라 나선 지 사흘된 무리 **4천 명을 광야에서 먹이심**(32-39절): **7병 2어의 이적**

바리새인과 달리 가나안 여인, 여러 불구자들과 함께 한 무리, 사흘 동안 광야에 이르기까지 예수님을 따라 나선 무리, 이들이 예수님에 의해 받아들여지며, 이들이 예수께서 베푸신 이적을 경험하게 되었다.

본문 풀이

A. 가나안 여인의 귀신 들린 딸을 고치심(21-28절)

1. 배경

(21절) "예수께서 거기서 나가사 **두로와 시돈 지방**으로 들어가시니"

예수님은 **이방 지역**인 두로와 시돈으로 가셨다. 이는 마태복음에서 강조되는 **구원의 보편주의**와 관련되어 있다.

2. 가나안 여인의 요청

(22절) "**가나안 여자** 하나가 그 지경에서 나와서 소리 질러 이르되 **주 다윗의 자손**이여 나를 불쌍히 여기소서 내 딸이 흉악하게 귀신 들렸나

이다 하되"

'**가나안 여자**'(*gynē Chananaia*)이란 단지 이방인에 대한 성경의 명칭일 뿐 아니라 마태 당시 뵈니게 사람들의 자기 명칭이었다. 마가복음 7장 26절은 이 여인을 헬라인이며 **수로보니게** 족속(*Syrophoinikissa*)이라고 말한다. 마태는 '가나안'이란 용어를 택함으로써 **이스라엘과 가나안의 대립**을 의식적으로 회상하고 드러낸다.

3. 예수님의 반응과 제자들의 요청

(23-24절) "예수는 한 말씀도 대답하지 아니하시니 제자들이 와서 청하여 말하되 그 여자가 우리 뒤에서 **소리를 지르오니** 그를 보내소서 예수께서 대답하여 이르시되 나는 이스라엘 집의 잃어버린 양 외에는 다른 데로 보내심을 받지 아니하였노라 하시니"

예수님의 첫 반응은 냉담한 **침묵**이었다. 이에 대하여 제자들의 반응은 여인이 소리를 지르므로 빨리 고쳐서 '**보내소서**'(*apolyson*)라고 말한다. 여기서 '보내소서'란 '(여인의 청을) **들어주소서**'로도 번역할 수 있다. 그러나 예수님은 이스라엘의 잃어버린 양을 위해 보냄을 받았다고 말씀하신다. 그러나 예수님은 28절에서 이 말씀을 스스로 깨뜨리심으로써 **이방 선교**로 나아가는 길을 여신다(2:1-12; 3:9; 8:5-13; 21:37-44; 22:1-9; 28:18-20에서 **이방 선교 주제, 곧 구원의 보편주의**가 나타난다).

4. 가나안 여인의 재간청

(25-27절) "여자가 와서 예수께 **절하며** 이르되 **주여** 저를 도우소서 대

답하여 이르시되 자녀의 떡을 취하여 **개들**에게 던짐이 마땅하지 아니하니라 여자가 이르되 주여 옳소이다마는 개들도 제 주인의 상에서 떨어지는 부스러기를 먹나이다 하니"

여인은 스스로를 '**개**'로 비하(卑下)하면서 주님께 사정한다.

5. 주님의 간청 들어 주심

(28절) "이에 예수께서 대답하여 이르시되 여자여 네 **믿음이 크도다** 네 소원대로 되리라 하시니 그 때로부터 그의 딸이 나으니라"

이 구절을 평행절인 마가복음 7장 29절("이 말을 하였으니 돌아가라. 귀신이 네 딸에게서 나갔느니라")과 비교해 보면 '**믿음**'의 동기가 강조되어 있다. 여기서 바리새인의 외식적이고 위선적인 경건과 달리 복음서 저자 마태가 중시하는 가나안 여인의 믿음은 다음과 같다.

첫째, 예수님을 메시아 칭호인 '**주**'(*kyrie*, 22절과 25절)와 '**다윗의 자손**'(*hyios Dauid*, 22절)으로 부른다.

둘째, '**소리**를 질렀다'(*ekrazen*, 22절). 이는 간청의 표현이다.

셋째, 예수님께 '**절**하며'(*prosekynei*, 몸을 낮추는 것) 자신을 '개'로 비하시키면서 부스러기라도 기대했다(25-26절).

넷째, **참았다**(27절).

다섯째, 예수님으로부터 '**네 믿음이 크다**'(*megalē sou hē pistis*)고 칭찬을 받았다(28절). 이를 6장 30절과 14장 31절 그리고 16장 8절의 '**믿음이 작은 자들**'(*oligopistoi*)과 비교해 보라. 마태의 경우는 **큰 믿음**과 **작은 믿음**이 문제이다.

B. 여러 불구자들을 고치심(29-31절)

1. 배경

(29절) "예수께서 거기서 떠나사 갈릴리 호숫가에 이르러 **산**에 올라가 거기 앉으시니"

예수님은 갈릴리 호숫가 주변의 한 산에 오르셨다. 이 산은 갈릴리 호수 위를 걷기 전 예수께서 기도하신 산과 같은 산이며(14:23), 아마도 산상설교를 하시던 바로 그 산일 것이다(5:1). 이 '산'은 하나님과 가까운 곳이다(14:23; 17:1). 바로 이 산에서 예수님은 메시아로서 **종말론적인 구원**을 베푸신다.

2. 고치심

(30절) "큰 무리가 **다리 저는 사람**(*chōlous*)과 **장애인**(*kyllous*)과 **맹인**(*typhlous*)과 **말 못하는 사람**(*kōphous*)과 기타 여럿을 데리고 와서 예수의 발 앞에 앉히매 고쳐 주시니"

마태의 경우 예수님은 단순한 **종말론적인 교사**일 뿐 아니라 모든 병과 약함을 고치시는 **종말론적인 구원자**이시다. 이것은 예수님의 공생애 초기 활동에 대한 마태의 종합 요약 보고(Summarium)에서도 자주 묘사된다(4:23-24; 9:35 참조).

3. 종말론적인 찬양

(31절) "말 못하는 사람이 말하고 장애인이 온전하게 되고 다리 저는 사람이 걸으며 맹인이 보는 것을 무리가 보고 놀랍게 여겨 **이스라엘의 하나님께 영광을 돌리니라**"

예수님 안에서 하나님의 약속이 **종말론적**으로 이루어졌다. 그래서 무리들이 이스라엘의 하나님께 영광을 돌리는 종말론적인 찬양이 터져 나온다.

C. 광야에서 4천 명의 무리를 먹이심(32-39절)

1. 급식 이적 행하심의 동기

(32절) "예수께서 제자들을 불러 이르시되 내가 무리를 **불쌍히 여기노라**(*splangchnizesthai*) 그들이 나와 함께 있은 지 이미 사흘이매 먹을 것이 없도다 길에서 기진할까 하여 굶겨 보내지 못하겠노라"

두 번째 급식 기사(첫 번째 급식 기사는 14장 13-21절의 오병이어로 5천 명을 먹이신 기사) 역시 무리에 대한 '**불쌍히 여기심**'이 예수께서 이적을 행하시게 된 동기이다(14:14 참조).

2. 제자들의 반응

(33절) "제자들이 이르되 광야에 있어 우리가 어디서 이런 무리가 배부를 만큼 떡을 얻으리이까"

첫 번째 급식 기사를 경험한 제자들이 16장에서 예수님을 그리스도요 하나님의 아들로 고백하기 전까지는 아직도 깨닫지 못한다.

3. 예수님의 이적 행하심

(34-38절) "예수께서 이르시되 너희에게 떡이 몇 개나 있느냐 이르되

일곱 개와 작은 생선 두어 마리가 있나이다 하거늘 예수께서 무리에게 명하사 땅에 앉게 하시고 떡 일곱 개와 그 생선을 가지사 축사하시고 떼어 제자들에게 주시니 제자들이 무리에게 주매 다 배불리 먹고 남은 조각을 일곱 광주리에 **차게**(*plēreis*) 거두었으며 먹은 자는 **여자와 어린이 외에** 사천 명이었더라"

이 단락을 평행 단락인 마가복음 8장 4-10절과 비교해 보면 마태의 경우 **급식 이적이 더욱 강조**되어 있다. 마태의 경우 '**차게**'(*plēreis*, 넘치도록) 거두었으며(37절), 먹은 자도 마가의 경우는 '약 4천 명'이라고 말하나 마태의 경우 '**여자와 어린이 외에** 4천 명'이라고 말한다.

4. 그 이후의 행로

(39절) "예수께서 무리를 흩어 보내시고 배에 오르사 **마가단** 지경으로 가시니라"

첫 번째 급식 기사에서처럼 예수님은 무리를 떠나 배에 오르시는데, 이번에는 마가단(*Magadan*) 지방으로 가셨다. 마가복음의 경우 달마누다(*Dalmanoutha*) 지방으로 갔다고 한다. 많은 사본에 의하면, 이곳은 갈릴리 호수 서쪽 해변 지역으로 생각되는데, 여호수아 15장 37절의 비슷한 지명과 비교하여 마가단은 막달라라는 지방 이름의 대중적인 명칭으로 생각된다.

본문이 전하는 말씀

첫째, 예수님은 자신을 **종말론적 메시아**로 여겼던 **가나안 여인의 딸**을 고치셨다. 제자는 **큰 믿음의 사람**이어야 한다.

둘째, 예수님은 **종말론적인 구원자**로 **모든 병과 모든 약함**을 고치셨다. 제자들은 이를 굳게 믿고 **하나님께 영광**을 돌려야 한다.

셋째, 예수님은 **자신을 따르는 무리**들을 불쌍히 여기시어 **그들을 먹이셨다**. 제자들은 **먹는 것으로 염려하지 말아야** 한다.

찬송: 513장(새 458장)

제26과 두 번째 표적 요구

16장 1-12절

본문의 자리 매김

본문은 예수께서 이스라엘 종교 지도자들로부터 배척을 당하시고, 약한 자들의 무리(병자, 이방인, 여인)들 가운데서 활동하셨던 12장에서 16장에 이르는 큰 단락의 끝 자락에 놓여있다. 이 큰 단락은 두 번째 하나님의 아들 고백에서 절정에 이른다.

본문의 짜임새

A. 두 번째 표적 요구(1-4절)
B. 바리새인과 사두개인의 교훈에 대한 경고(5-12절)

본문 풀이

A. 두 번째 표적 요구(1-4절)

바리새인들과 사두개인들이 와서 예수님을 시험하여 하늘로부터 오는 표적(*sēmeion*)을 요구하였다. 이 표적 요구는 마태복음에서 두 번째 표적 요구였다. 첫 번째 표적 요구는 바리새인들이 예수님께 표적을 요구한 12장 38-40절에서 나타난다. 이 첫 번째 표적 요구 기사와 두 번째 표적 요구 기사를 비교해 보면 그 차이는 다음과 같다.

구 분	첫 번째 표적 요구	두 번째 표적 요구
본문	12:38-42	16:1-4
요 구 자	서기관과 바리새인	바리새인과 사두개인
예수님의 대답	요나의 표적	요나의 표적
대답 후 메시지	회개 촉구	경계와 주의 촉구

(1-4절) "**바리새인**과 **사두개인**들이 와서 예수를 시험하여 하늘로부터 오는 **표적 보이기**를 청하니 예수께서 대답하여 이르시되 너희가 저녁에 하늘이 붉으면 날이 좋겠다 하고 아침에 하늘이 붉고 흐리면 오늘은 날이 궂겠다 하나니 너희가 날씨는 분별할 줄 알면서 시대의 표적은 분별할 수 없느냐 악하고 음란한 세대가 **표적을 구하나** 요나의 표적 밖에는 보여 줄 표적이 없느니라 하시고 그들을 떠나 가시니라"

바리새인들의 첫 번째 표적 요구 후에 예수께서 오천 명을 먹이셨으며(마 14:13-21), 사천 명을 먹이셨다(마 15:34-38). 이것은 단순한 이적이 아니라, 오천 명과 사천 명이라는 큰 무리들 앞에서 예수께서 하나님의 아들 되심을 보여 주는 **공(公)적인 표적**이었다. 이것들은 예수님을 메시아로 입증하며, 예수님이 와 계신 때를 **종말론적인 구원의** 때로 보여 주기에 충분하다.

그럼에도 불구하고 바리새인과 서기관들은 하늘의 표적을 요구하는데, 이것은 예수님을 영접하기 위함이 아니라 배척하기 위함이었다. 왜냐하면 예수님을 '시험하여' 표적 보이기를 요구하기 때문이다. 여기서 예수님의 적대자로서 '사두개인들'이 처음으로 언급된다. 바리새인과 사두개인은 서로 다른 교리를 가지고 있었으나, 예수님을 대적하는 데 있어서는 서로 결탁하여 손을 잡았다. 세례자 요한이 바리새인과 사두개인에 의해 배척 당했던 것처럼(3:7) 예수님도 그러하다. 바리새인들과 사두개인들은 서로 하나가 되지 못하였으나, 예수님과 세례자 요한을 반대하는 일에 있어서는 하나가 되었다. 예수님에 의하면, 그들은 악하고 **음란한 세대**(*genea ponēra kai moichalis*)에 속하는 사람들이다. 구약성경에서 우상을 숭배하는 것이 영적 간음으로 묘사되었던 것처럼 예수님을 반대하는 세대도 음란한 세대이다. 적대자들이 표적을 요구하였으나 예수님은 요나의 표적 외에는 보일 다른 표적이 없다고 말씀하셨다. 곧 예수님은 하나님의 아들이시다.

B. 바리새인과 서기관의 교훈에 대한 경고(5-12절)

1. 사건

(5-7절) "제자들이 건너편으로 갈새 떡 가져가기를 잊었더니 예수께서 이르시되 삼가 **바리새인과 사두개인들의 누룩을 주의하라** 하시니 제자들이 서로 논의하여 이르되 우리가 떡을 가져오지 아니하였도다

하거늘"

이제 예수님의 대화의 상대자는 '**제자들**'로 바뀐다(5절). 제자들이 갈릴리 호수 건너편(*peran*)으로 갔다. 그곳에서 다시 만난 제자들에게 예수님은 바리새인과 사두개인의 '**누룩을 주의하라**'(*prosechete apo tēs zymēs*)라고 말씀하신다. 이제는 **논쟁** 대신에 사제(師弟) 간에 이루어지는 **가르침**의 문제이다.

2. 주님의 가르치심

(8-11절) "예수께서 아시고 이르시되 **믿음이 작은 자**들아 어찌 떡이 없으므로 서로 논의하느냐 너희가 아직도 깨닫지 못하느냐 **떡 다섯 개로 오천 명**을 먹이고 주운 것이 몇 바구니며 **떡 일곱 개로 사천 명**을 먹이고 주운 것이 몇 광주리였는지를 기억하지 못하느냐 어찌 내 말한 것이 떡에 관함이 아닌 줄을 깨닫지 못하느냐 **오직 바리새인과 사두개인들의 누룩을 주의하라** 하시니"

"바리새인과 사두개인들의 누룩을 주의하라"는 주님의 말씀을 깨닫지 못하는 제자들에게 예수님은 '믿음이 작은 자들'(*oligopistoi*)이라고 책망하신다(8절). '믿음이 작은 자'라는 용어는 신약성경에서 총 다섯 번 마태복음과 누가복음에서만 발견된다. 누가복음에서는 12장 28절에서 단 한 번 사용되는데 무엇을 먹을까 무엇을 입을까 염려하는 사람을 지칭하는 말이다. 이곳을 제외하면 이 단어는 마태복음에서만 네 번 사용되는 마태복음의 특징어이다.

(6:30) 무엇을 먹을까 무엇을 입을까를 염려하는 사람

(8:26) 풍랑을 염려하는 제자들

(14:31) 물 위를 걷다가 바람을 보고 의심하여 물에 빠지는 베드로

(16:8) 누룩 말씀을 깨닫지 못하는 제자들

이 모든 구절들은 예수께서 **제자**들에게 주신 말씀이다. 제자들 이후의 교회에서, **예수님과 제자들**의 관계는 주님께서 남기신 **말씀과 교회**의 관계로 옮겨졌다. 즉 이 말씀을 읽고 듣는 마태의 교회에서는 신앙과 불신앙의 문제가 아니라 예수님을 따라가는 제자의 삶에서 **큰 믿음과 작은 믿음**의 문제였다.

'떡'(*artos*, 이 단락에서 일곱 번 사용)이 없음으로 염려하는 제자들에게 주님은 하신 말씀을 풀이하신다(9-11절). 예수님은 떡이 없어서 염려하시는 것이 아니다. 이미 14장에서 떡 다섯 개로 오천 명을 먹이신 이적을 베푸셨고, 15장에서 떡 일곱 개로 사천 명을 먹이신 이적을 베풀지 않으셨던가? 예수께서 떡 말씀을 하신 것은 허기를 채우기 위해서가 아니라 제자들에게 **누룩에 대한 가르침**을 하기 위해서였다. '누룩'(*zymē*)이 무엇인가? 12절에 의하면 예수께서 말씀하신 누룩은 떡의 누룩이 아니라 **바리새인과 사두개인들의 교훈**(*didachē*)을 의미했다. 마태복음에서 예수님은 그를 따르는 무리를 가르치시는 **유일한 교사**(23:8)이시다. "너희 선생은 하나요 너희는 다 형제니라." 주님을 믿는 자는 주님으로부터 올바른 가르침을 받아야 한다. 교회 안에서 바리새인과 사두개인들의 교훈은 누룩과 같은 것이었다. 그것은 누룩처럼 발효성이 강하며 자라나서 교회에 치명적이다. 그러므로 제자들은 거짓 교훈을 멀리해야 한다.

마태의 경우 '누룩'은 두 가지 용례로 사용된다.

a) 긍정적 용례: "천국은 마치 여자가 가루 서 말 속에 갖다 넣어 전부 부풀게 한 누룩과 같으니라"(13:33): 마태는 하나님의 나라가 예수님과 함께 세상에 들어왔다는 것을 강조한다.

b) 부정적 용례: "바리새인과 사두개인들의 누룩".

예수님은 이 누룩을 '주의하라'고 말씀하신다. '주의하다'(*prosechein*)라는 말은 본문에서 세 번 사용된다(6절과 11절에서는 '주의하다'로, 12절에서는 '삼가다'로). 이 단어는 '앞서, 미리'(*pros*)와 '가지다'(*echein*)의 합성어이다. 이로부터 '주의하다', '조심하다', '경계하다'의 뜻이 나왔다. '경계', '조심'은 '미리 아는 것'이요 '미리 보는 것'이요 '미리 취하는 것'이다.

3. 제자들의 깨달음

(12절) "그제서야 제자들이 떡의 누룩이 아니요 **바리새인과 사두개인들의 교훈**을 삼가라고 말씀하신 줄을 **깨달으니라**"

마가와는 다르게 마태의 경우 예수님의 가르침을 통해서 **제자들**이 깨닫게 됨이 강조된다(13:11-23, 36-50, 천국 비유; 15:15-20, 정(淨)-부정(不淨)에 대한 말씀).

본문이 전하는 말씀

첫째, 표적을 요구하는 바리새인과 사두개인들은 악하고 **음란한 세대**에 속해 있다.

둘째, **예수님 자신**이 바로 **표적**, 요나의 표적이다. 곧 예수님은 십자가를 지시고 사흘 만에 부활하신 하나님의 아들이시다.

셋째, 그러므로 예수께서 하나님의 아들 되심을 믿는 그리스도의 제자들은 **바리새인과 사두개인들의 '누룩'**(교훈)을 **경**

계하고 살아야 한다.

넷째, **작은 믿음**은 주님의 말씀을 깨닫지 못하게 한다. 말씀의 깨달음은 가르치시는 주님을 믿음에서 말미암는다. 큰 믿음으로 주님을 따라 가자!

찬송: 342장(새 543장)

예수께서
제자들에게
"너희는 나를
누구라 하느냐?"고
물으셨던
가이사랴 빌립보

제27과 두 번째 하나님의 아들 고백

16장 13-20절

본문의 자리 매김

본문은 12장부터 16장 20절에 이르는 큰 단락의 **마지막 단락**이다. 이 단락에서는 예수님을 **배척**하는 무리들(당시의 강자)과 예수님을 **환영**하는 무리들(당시의 약자)이 등장한다. 예수께서는 자신을 배척하는 무리들에 대해서는 **질책**하시고, 영접하는 무리들에게는 **이적**과 **가르침**을 베푸신다. 바로 이 단락의 끝에 한 '**사제**(師弟)간의 대화'가 놓여 있는데, 여기서 베드로가 예수님을 하나님의 아들로 고백한다. 이는 마태복음에서 예수님을 하나님의 아들로 고백하는 두 번째 단락이다(첫 번째 하나님 아들 고백은 14장 22-33절에 묘사된 바다에 빠지는 베드로 기사에서 나타난다).

본문 단락은 마태복음 전체에서 **중요한 기능**을 한다.

A. **제자들에게만 허락된 보고 들음**: 너희 눈은 봄으로 너희

귀는 들음으로 복이 있다. 그러나 많은 선지자와 의인들은 보고자 하여도 보지 못하였고 듣고자 하여도 듣지 못하였다(13:16-17; 14:33).

B. **예수님의 수난**은 바로 이 신앙 고백과 관련되어 있다(26:61-64). 이것은 본문 단락(두 번째 하나님 아들 고백)과 다음 단락(16:21-28, 첫 번째 수난 예고)의 밀접한 맥락에 깊이 관련되어 있다.

본문의 짜임새

A. 베드로의 **신앙 고백**(13-16절)
B. 예수님의 **약속 말씀**(17-19절)
C. 예수님의 제자들에 대한 **경계 말씀**(20절)

본문 풀이

A. 베드로의 신앙 고백(13-16절)

1. 배경

(13상반절) "예수께서 빌립보 가이사랴 지방에 이르러 제자들에게 물어 이르시되 사람들이 인자를 누구라 하느냐"

예수께서 **빌립보 가이사랴** 지방에 계실 때 일어난 일이 기술된다. 누가복음 9장 18절은, '예수께서 따로 기도하실 때에 제자들에게 물어보셨다'라고 말한다. '빌립보 가이사랴' 지방은 헤르몬 산 남쪽 기슭에 위치한 휴양도시로 갈릴리의 수원지 중 하나가 부근에 있고 경치가 아름답다. 헬라 시대에 판(Pan)이라는 신을 위한 사당이 세워졌고, 헤롯은 아구스도(Augustus) 황제가 이 도시를 자신의 영토로 준 것을 기념하여 '가이사랴' 라고 불렀고, 이를 헤롯의 아들인 빌립이 새롭게 단장하여 '빌립보 가이사랴'로 불렀다. 그러므로 이곳에서 물으신 예수님의 질문은 가벼운 사소한 질문이 아니라 제자들에게 있어서 본질적으로 중요한 질문이었다.

2. 예수님의 질문

(13하반절) "사람들이 **인자**를 누구라 하느냐"

'인자'(*ho huios tou anthrōpou*)는 **예수님의 자기 호칭**이다.

3. 무리들의 대답

(14절) "이르되 더러는 세례 요한, 더러는 엘리야, 어떤 이는 예레미야나 선지자 중의 하나라 하나이다"

사람들은 예수님을 (헤롯 안티파스에 의해 목 베임을 당했다가) 부활한 **세례자 요한**이나, 혹은 세상에 다시 온 **엘리야**, 또는 예수님에 대한 예언을 했던 **예레미야**로 여겼다.

4. 제자들에 대한 예수님의 질문과 제자들의 대답

(15-16절) "이르시되 **너희는** 나를 누구라 하느냐 시몬 베드로가 대답하여 이르되 주는 그리스도시요 살아 계신 하나님의 아들이시니이다"

예수께서 제자들에게 "너희는(*hymeis*, 복수) 나를 누구라 하느냐?"라고 제자들에게 물었는데, 대답은 베드로가 한다. 즉 마태의 교회에서 **베드로의 수위**(首位)성이 인정되고 있다. 베드로의 대답은 "바로 당신(한글개역개정판 성경에서는 '주')은 그리스도시요 살아 계신 하나님의 아들(*sy ei ho Christos ho huios tou theou tou zōntos*)이시니이다". 여기서 '인자'의 용어에 대해 '하나님의 아들' 용어가 사용된다. 이로써 '**인자**'의 용어와 '**하나님의 아들**' 용어는 둘 다 메시아 칭호임을 알 수 있다.

공관복음의 해당 관련(평행) 구절과 비교해 보면,

(막 8:29) "주는 **그리스도**시니이다"

(눅 9:20) "**하나님의** 그리스도시니이다"

마태복음 16장 16절의 신앙 고백이 가장 잘 표현되어 있다.

'**그리스도**'(*ho Christos*)는 1:17; 2:4; 11:2; 22:42; 26:63 등에서 볼 수 있듯이 **이스라엘의 메시아**이다. 이 메시아는 **하나님의 아들**이다. 그 안에 **살아 계신 하나님이 '우리와 함께'** 하신다. '**살아 계신 하나님**'이란 **성경의 하나님 칭호** 중 하나인데, 이 칭호는 그리스어를 말하는 **헬라적 유대교**에서 그리고 **신약성경**에서, 특히 **전도 선교**에서 사용된 짧은 공식문으로서 믿는 자에게 중요한 의미를 가지게 되었던 하나님 칭호이다. 이것은 죽은 우상들과 달리 실제로 역사 안에서 행동하시는 하나님을 의미한다.

'**시몬 베드로**'(*Simōn Petros*)란 이름이 처음 등장한다. 4장 18절과 10장 2절에서는 '베드로(별명)라 하는 시몬(호적상의 이름)'(*Simōn ho legomenos Petros*)이 사용되는데 여기서는

'베드로'라는 별명이 단지 간접적으로만 사용된다. 이로써 마태의 의도가 드러난다. 마태는 자신의 공동체로 하여금 **베드로와 그의 신앙 고백**을 주목하게 한다.

B. 예수님의 약속(17-19절)

17, 18, 19절은 세 개의 **예수님 말씀**(logia)인데 이들은 서로 유사성을 가지고 있다. 여기서 사용된 동사들은 모두 2**인칭 단수**로 표현되어 있다.

1. 첫째 말씀

> (17절) "예수께서 대답하여 이르시되 바요나 시몬아 네가 복이 있도다 이를 네게 알게 한 이는 혈육이 아니요 하늘에 계신 내 아버지시니라"

'바요나'(*Bariōna*)란 직역하면 '요나의 아들'이라는 뜻이다. 이때 요나는 요한의 축약형일 것이다. 따라서 이 이름은 "요한의 아들"이라는 뜻이다.

'혈육'(*sarx kai haima*)은 인간의 한계성을 의미한다.

'복이 있도다'(*makarios ei*): **신앙 인식의 주체**는 인간이 아니다. **신앙적 지식**의 주체는 하나님이시다. 하나님께서 인간에게 알게 하실 때 인간은 하나님을 알 수 있다.

✐ 참조. 요 1:42, "네가 요한의 아들 시몬이니 장차 게바라 하리라 하시니라[게바는 번역하면 베드로라]"

✐ 참조. 고후 4:6, "어두운데서 빛이 비취리라 하시던 그 하나님께서 예수 그리스도의 얼굴에 있는 하나님의 영광을 아는 빛을 우리 마음에 비취셨느니라"

2. 둘째 말씀

> (18절) "또 내가 네게 이르노니 너는 베드로라 내가 이 반석 위에 내 교회를 세우리니 음부의 권세가 이기지 못하리라"

'**베드로**'(*Petros*) 란 이름은 그리스식 이름이며 기독교 이전에는 발견되지 않는다. 기독교 이전에는 단지 아람어 이름인 게바(*Kepha*)만 발견될 뿐이다. '게바'는 '돌'(*Keph*)이라는 말에서 유래되었는데, 그리스어로 '반석'에 해당하는 *petra*와 비슷해서, 여기서 그리스식 이름인 '베드로'가 나왔다(*petros*와 *petra*는 언어 유희[wordplay]).

'**내 교회**'(*ekklēsia mou*): '교회'라는 말은 4복음서에서 단지 이곳과 마태복음 18장 17절에서만 사용된다. '교회'는 구약의 '모임'(*Kahal*)에 해당한다. 교회는 **주 예수 그리스도의 교회**이며 (**교회론**과 **그리스도론**의 결합), 주님에 대한 신앙 고백 위에 세워진다.

'**세우리니**'(*oikodomēsō*): 미래형 동사이다. 즉 베드로의 신앙 고백에 대한 약속은 미래에, 즉 예수님의 부활 후에 이루어질 것이다. 여기서 두 가지가 나타난다.

a) '나의 교회'란 단지 개(個)교회, 예를 들면, 시리아에 있는 교회뿐만 아니라 **전체 교회**를 말한다.

b) 여기서 **'건물'로서의 교회 표상**이 나타난다. 그 배후에 '하나님의 백성' 사상과 '이스라엘의 집'에 관한 언어 용례가 서있다. 특히 쿰란 문서에서는 의의 교사가 세운 신앙 공동체가 성전으로, '거룩한 집'으로 자주 언급된다.

'**음부의 권세**'(*pylai haidou*, 음부의 문들)는 죽은 자들의 나라 세력인데, 이 세력은 부활하신 주님의 교회를 파괴할 수 없다.

3. 셋째 말씀

(19절) "내가 천국 열쇠를 네게 주리니 네가 땅에서 무엇이든지 **매면**

하늘에서도 매일 것이요 네가 땅에서 무엇이든지 **풀면** 하늘에서도 풀리리라 하시고"

열쇠를 넘겨주는 것은 **전권 위임**을 뜻한다. 베드로는 예수님 안에서 시작된 하나님 나라에 입장하는 문을 열고 닫을 수 있는 권세를 부여받았다. 그 반면에 서기관들과 바리새인들은 천국문을 사람들 앞에서 닫고, 자신들도 들어가지 않으며, 들어가려 하는 자들도 들어가지 못하게 한다(23:13). 이들을 베드로가 대신한다. 왜냐하면 그에게 **매고 푸는 권세**가 주어졌기 때문이다.

'매다'(*dein*)와 '풀다'(*lyein*)는 무엇을 의미하는가?

a) 귀신에 의해 '결박됨'(막 3:27)과 귀신 들린 자의 놓임 받음을 뜻한다.

b) 일반적인 해석: 랍비적인 짝말, 히브리어 '아사르'와 '히티르'(아람어로는 '아사르'와 '쉐라아')는 율법 해석에서 랍비의 (할라카적인) 결정을 통해 주어지는 '금지'와 '허락'을 의미한다.

c) 심판적 행위로 '매다'는 '사슬을 채우다', '풀다'는 '풀어주다, 사면하다'를 뜻한다.

이 '매다'-'풀다'라는 짝말뿐 아니라 이 구절 전체가 **유대적인 사고**에서 유래되었다. 여기서는 18장 18절과 관련해 볼 때 c)의 **심판적인 의미**와 관련되어 있다.

참조. 마 18:18, "무엇이든지 너희가 땅에서 **매면** 하늘에서도 매일 것이요 무엇이든지 땅에서 **풀면** 하늘에서도 풀리리라"

C. **제자들에 대한 예수님의 경계**(20절)

(20절) "이에 제자들에게 경고하사 자기가 그리스도인 것을 아무에게도 이르지 말라 하시니라"

마가처럼 마태에게서도 **침묵 명령**이 나타난다. 그러나 마태의 경우 침묵 명령은 13-16절에서 시작되었던 제자들과 무리들의 경계선을 긋고 있다. 예수님이 그리스도인 것을 아는 지식은 단지 제자들만이 가지고 있다. 이제 그들이 바로 교회를 세우고 무리들과 구분된다.

본문이 전하는 말씀

첫째, 그리스도의 **제자**들은 예수님에 대한 **신앙 고백**, 즉 예수님을 누구라고 고백하느냐에 따라 무리들과 구분된다. 그리스도의 제자들에게 올바른 신앙 고백이 요구된다.

둘째, 신앙 고백의 핵심은 예수님이 **그리스도**이시며 **살아 계신 하나님의 아들**이라는 것이다.

셋째, 그것을 알게 하는 분은 **하나님**이시다.

넷째, 신앙 고백 위에 **주님의 교회**가 세워진다. 교회는 신앙 고백 위에 서 있다.

다섯째, 신앙 고백이 바르게 된 교회에 **천국 열쇠**가 놓여 있다.

여섯째, 믿음의 고백이 **심판**을 이기게 한다.

찬송 397장(새 357장)

제28과 **마땅히 가야 할 길**

16장 21-28절

본문의 자리 매김

본문은 **새로운 큰 단락의 첫 부분**이다. 12장 1절부터 16장 20절의 단락은 이스라엘로부터 물러나시는 예수님을 보여 준다. 그리고 16장 21절부터 20장 마지막 절인 34절까지는 신앙 공동체 안에서 예수님의 활동을 묘사한다. 이 큰 단락은 다시 셋으로 나누어진다.

A. 16장 21절-17장: 고난으로 가는 도상에서 제자들의 경험
B. 18장: 신앙 공동체에 대한 말씀(마태복음에서 네 번째 큰 말씀 단락)
C. 19-20장: 예루살렘으로 가는 길

16장 21-28절의 본문은 신앙 공동체(교회) 안에서 활동하신 예수님의 사역에 있어서 첫 단락에 해당한다. 이 단락은 전

단락인 16장 13-20절 말씀에 교차 대구(對句)적으로 묘사되어 있다.

13절, 인자 말씀	인자 말씀, 27-28절
16절, 베드로의 고백	베드로에 대한 책망, 22-23절
17-19절, 약속	추종 권고, 24-26절

본문의 짜임새

A. 예수님의 첫 번째 **수난 및 부활 예고**(21-23절)
B. 제자들에게 요구하는 예수님의 **추종 말씀**(24-28절)

본문 풀이

A. 예수님의 첫 번째 수난 및 부활 예고(21-23절)

1. 새로운 단락의 서두

(21절) "이 때로부터 예수 그리스도께서 자기가 예루살렘에 올라가 장로들과 대제사장들과 서기관들에게 많은 고난을 받고 죽임을 당하고 제삼일에 살아나야 할 것을 제자들에게 비로소 나타내시니"

'이 때로부터'(*apo tote*): 새로운 단락의 시작을 알리는 표현

'예루살렘'(*Ierosolyma*), '고통을 주다'(*paschō*), '죽이다'(*apokteinō*), '장로들'(*presbyteroi*), '대제사장들'(*archiereis*), '서기관들'(*grammateis*) 등의 용어들: **예수님의 수난**과 관련되어 있다(수난의 장소, 예수님의 적대자).

'할 것을'(*dei*): 마땅히 해야 할 일. 예수님의 고난 받으심은 인간의 구원을 위하여 하나님께서 결정하신 **'필연'**이다(막 8:31-33 참조).

참조. 마 4:17, "**이 때부터** 예수께서 비로소 전파하여 이르시되 회개하라 천국이 가까이 왔느니라 하시더라"

2. 베드로의 만류

(22절) "베드로가 예수를 붙들고 항변하여 이르되 **주여 그리 마옵소서 이 일이 결코 주께 미치지 아니하리이다**"

'항변하여'(*epitiman*): '항변하다'라는 동사는 '책망하다, 비난하다, 벌하다'의 뜻을 가지고 있다.

'주여 … 아니하리이다': 직접 화법. 마태복음에서만 나타난다.

22절에 나타난 베드로의 만류는 16절에 묘사된 베드로의 (신앙) 고백과 대조적이다.

3. 예수님의 책망

(23절) "예수께서 돌이키시며 베드로에게 이르시되 사탄아 내 뒤로 물러 가라(*hypage opisō mou*) **너는 나를 넘어지게 하는 자로다** 네가 하나님의 일을 생각하지 아니하고 도리어 사람의 일을 생각하는도다 하시고"

'사탄아'(*satana*): 사탄을 배척하는 말씀으로 이 말씀은 유

대광야 시험 사건(4:10)에 이어 두 번째이다. 사탄은 이번에는 사랑하는 제자 베드로를 통해 유혹한다. 사탄이 들어간 베드로는 '반석'(18절)과 대조적으로 '**걸림돌**'(*skandalon*, 넘어지게 하는 자)로 책망 받는다. 사탄은 '**하나님의 일**'(*ta tou theou*)을 생각지 않고 도리어 '**사람의 일**'(*ta tōn anthrōpōn*)을 생각하게 한다.

B. 제자들에게 요구하시는 예수님의 추종 말씀(24-28절)

이는 예수님의 세 가지 **어록 말씀**(Logien, 24-26절)과 **종결인자 말씀**(27-28절)으로 구성되어 있다.

1. 말씀하는 대상

(24상반절) "이에 예수께서 **제자들**(*mathētai*)에게 이르시되"

(막 8:34) "**무리**와 **제자**들을 불러 이르시되"
(눅 9:23) "**무리**에게 이르시되"
마태복음에서는 예수께서 '**제자들**'에게 말씀하신다.

2. 첫 번째 말씀: 추종 말씀

(24하반절) "누구든지 나를 따라오려거든 자기를 부인하고 자기 십자가를 지고 나를 따를 것이니라"

예수님을 '따라 가려면'(*akoloutheō*),

a) '자기를 부인하라'(*aparnēsasthō heauton*): 3인칭 단수 과

거 명령

b) '자기 십자가를 져라'(*aratō ton stauron autou*): 3인칭 단수 과거 명령

c) '나를 따르라'(*akoloutheitō moi*): 3인칭 단수 현재 명령

그리스어에서 현재 명령은 지속적인 행위를, 과거 명령은 일회적인 동작을 나타낸다. 즉 제자가 되려면 자기부인과 자기의 십자가지기는 단번에 내리는 결단과 관련되어 있다(그러나 누가의 경우에는 '날마다'[*kath' hēmeran*] 제 십자가를 져야 한다). 하지만 예수님을 **따라가는 것**은 **지속적인 행위**이다. 이와 비슷한 말씀이 이미 제자 파송 설교(10장) 가운데서 나타났다. "또 자기 십자가를 지고 나를 좇지 않는 자도 내게 합당치 아니하니라"(10:38).

3. 두 번째 말씀: 목숨 보존 말씀

(25절) "누구든지 제 목숨(*psychē*)을 구원하고자 하면 잃을 것이요 누구든지 **나를 위하여** 제 목숨을 잃으면 **찾으리라**"

'나를 위하여'(*heneken emou*): 누가복음 9장 24절에서도 마찬가지로 나타난다. 그러나 마가복음 8장 35절에서는 '나와 **복음**을 위하여'로 나타난다.

'**복음**'(*euanggelion*): 4복음서 가운데서 누가와 요한의 경우에는 나타나지 않으며, 마태의 경우 네 번(4:23; 9:35; 24:14; 26:13) 나타나고, 마가의 경우 가장 많이 여덟 번 나타난다(1:1, 14, 15; 8:35; 10:29; 13:10; 14:9; 16:15). 마가복음은 최초의 복음서로서 '복음'이 강조되어 있다. 25절 말씀 역시 10장 39절("자기 목숨을 얻는 자는 잃을 것이요 나를 위하여 자기 목숨을 잃는 자는 얻으리라")과 같다.

4. 세 번째 말씀: 가장 귀한 목숨 말씀

(26절) "사람이 만일 온 천하를 얻고도 제 목숨을 잃으면 무엇이 유익하리요 사람이 무엇을 주고 제 목숨과 바꾸겠느냐"

'목숨'(*psychē*): '온 천하'(*ho kosmos holos*)보다 귀하다. 목숨에 비견한 것, 목숨과 대체할 만한 것(*antallagma*)은 세상에 없다.

5. 인자 말씀: 심판 말씀

(27-28절) "**인자**가 아버지의 영광으로 그 천사들과 함께 오리니 그 때에 **각 사람이 행한 대로 갚으리라** 진실로 너희에게 이르노니 여기 서 있는 사람 중에 죽기 전에 **인자**가 그 **왕권**을 가지고 오는 것을 볼 자들도 있느니라"

'인자'(*ho huios tou anthrōpou*): 종말론적 구원의 메시아를 지칭하는 칭호이다.

'그 때에'(*tote*): 마지막 심판 때

'각 사람이 행한 대로'(마태복음에만 있는 표현): 행함(*praxis*)에 따른 심판. 이 행함은 제자들의 고난 받음을 의미한다.

'갚으리라'(*apodōsei*): 미래 심판

'그 왕권'(*hē basileia autou*): 예수 그리스도의 나라(통치권)를 의미한다. 마가와 누가의 경우는 '하나님 나라'이다(막 9:1; 눅 9:27). 인자이신 예수님은 하나님의 나라를 가지고 오신다. 하나님의 나라는 그로부터 시작된다. 예수님은 자신과 함께 그 나라를 가지고 오신다. 종말의 완성과 관련된 약속은 예수님을 통해서 성취된다. 27절의 심판 말씀은 28절의 위로 말씀으로 끝이 난다.

본문이 전하는 말씀

첫째, 주님께 대한 놀라운 신앙 고백으로 천국 열쇠를 약속 받은 베드로는 주님으로부터 '사탄아 물러가라'는 책망을 받았다. 교회도 동일한 문제에 부딪칠 수 있다. 교회는 사람의 일보다 **하나님의 일**을 도모해야 한다.

둘째, 주님을 따르는 제자들은, 예수께서 마땅히 걸어가야 할 길을 가셨던 것처럼 **자기**를 **부인**하고 **제 십자가**를 지고 따라가야 한다.

셋째, 주님을 따르는 제자들에게는 **신앙 고백**뿐 아니라 **실천적 행함**(=주님을 위해 받는 고난)도 요구된다.

찬송: 513장(새 458장)

가이사랴 빌립보
주변에 있는
바니아스 폭포

제29과 그의 말을 들으라

17장 1-13절

본문의 자리 매김

예수님의 **변모(모습 변화) 사건**과 엘리야에 관한 **제자들과의 대화**를 담고 있는 본문은 마태복음 전체와 관련되어 있다. 즉 본문은 이전 단락과 관련되어 있으며, 그뿐 아니라 본문 이후의 단락과도 밀접하게 관련되어 있다.

A. 본문 이전 단락과 본문의 관련성

우선, 본문은 '베드로의 신앙 고백과 예수님의 첫 번째 수난 및 부활 예고'를 다루는 본문의 바로 전 단락(16:13-23)과 밀접하게 관련되어 있다.

주제	본문 이전 단락	본문 단락
엘리야	16:14	17:10-13
대변인 베드로	16:16, 22	17:4
아버지로부터 하나님의 아들 계시	16:16-17	17:5
제자들에 대한 함구령	16:20	17:9
인자의 수난 말씀	16:21	17:9하, 12하

이렇게 볼 때 본문 단락은 16장 13-23절에 대한 **해설적인 '반복'**이다. 게다가 본문 단락은 본문 직전 단락뿐 아니라 그 이전 단락들과도 관련되어 있다. 5절의 '**하늘에서 나는 음성**'은 예수님의 수세기사 중 3장 17절과 동일하다. 또 '**높은 산**'(*oros hypsēlos*)은 예수님의 시험 기사 중 '높은 산'을 생각나게 한다(4:8). 그리고 **세례자 요한의 고난 받음**(12절)은 11장 12-14절과 14장 3-12절에서 이미 언급되었다.

B. 본문 이후 단락과 본문의 관련성

본문 단락은 예수님의 **수난 및 부활**의 주제에 있어서 본문 이후 단락과 관련되어 있다.

주제	본문 단락	수난과 부활 기사
하나님의 아들	17:5-6	27:54(백부장의 고백)
부활	17:9하	28:3-7
두려워 말라	17:7	28:10
산	17:1	28:16
아들	17:5	28:16

따라서 본문 단락은 본문의 **전후 맥락과 관련**되어 있으며, 마태복음 전체에서 중요한 단락 중 하나이다.

본문의 짜임새

A. 예수님의 변모 기사(1-9절)
   1. 배경(1절)
   2. 예수님의 변모(2-3절)
   3. 베드로의 요청(4절)
   4. 하늘로부터 난 음성(5절)
   5. 제자들의 반응: 두려워함(6절)
   6. 예수님의 말씀(7절)
   7. 변모 종료(8절)
   8. 예수님의 당부(9절)

B. 엘리야에 대한 제자들과의 대화(10-13절)
   1. 제자들의 질문(10절)
   2. 예수님의 대답(11-12절)
   3. 제자들의 깨달음(13절)

본문 풀이

A. 예수님의 변모 기사(1-9절 // 막 9:2-13; 눅 9:28-36)

1. 배경

(1절) "엿새 후에 예수께서 베드로와 야고보와 그 형제 요한을 데리시고 따로 높은 산에 올라가셨더니"

예수님은 일부 제자들만을 데리고 높은 산으로 가셨다. 이 구절을 누가복음 9장 28절과 비교해 보면 두 가지 차이가 있다. 첫째, 누가의 경우 '기도하시러'란 말이 들어 있고, 둘째, 누가의 경우는 '높은 산'이 아니라 그냥 '산'으로 묘사되어 있다. 즉 누가의 경우 산은 '기도의 장소'이다. 그러나 마태의 경우 산은 '계시의 장소'이다. 그래서 산이 강조되어 마가에서처럼 '높은 산'이다. 특히 4장 8-10절에 언급된 예수님의 세 번째 시험 기사에서 예수님은 사탄이 제시한 세상 지배 야욕의 길을 버리고, 하나님의 아들로서 하나님께서 보여 주시는 순종의 길을 걸어가신다. 이제 이 산에서 종말론적인 계시가 나타난다.

2. 예수님의 변모

(2-3절) "그들 앞에서 변형되사 그 얼굴이 해 같이 빛나며 옷이 빛과 같이 희어졌더라 그 때에 모세와 엘리야가 예수와 더불어 말하는 것이 그들에게 보이거늘"

특별한 하나님의 한 계시가 나타났다. 세 사람의 수제자들은 계시로 인하여 변모하는 예수님을 보게 되었다(9절에서 '계시된 것을 보는 것'인 *horoma*를 참조하라). "얼굴이 해같이 빛나며 옷이 빛과 같이 희어졌다"란 묵시적인 표현이다. 계시의 내용은 영광의 모습으로 나타나는 부활하신 그리스도이다.

여기서 '모세'와 '엘리야'가 함께 등장하는데, 죽은 뒤 시체가 발견되지 않은 모세는 율법의 대표자로, 죽음을 겪지 않고 승천한 엘리야는 선지자의 대표자로 해석되기도 하고, 문맥으로 볼 때 이 단락의 중심이 하나님에 의한 아들의 계시에 있기 때문에 하나님의 택함 받은 자로 순종하고 고난 받으며 승천한 자로 해석되기도 한다.

3. 베드로의 요청

> (4절) "베드로가 예수께 여쭈어 이르되 주여 우리가 여기 있는 것이 좋사오니 **만일 주께서 원하시면** 내가 여기서 초막 셋을 짓되 하나는 주님을 위하여, 하나는 모세를 위하여, 하나는 엘리야를 위하여 하리이다"

이 구절을 마가복음 9장 5절, 누가복음 9장 33절과 비교해 보면, '만일 주께서 원하시면'이라는 구절이 첨가되어 있다. 이로써 마태복음의 경우 '**제자**' 주제가 부각되어 있다. 베드로는 제자들의 대변인으로 질문할 때도 제자들을 대표하여 정중하게 한다.

여기서 '초막'(*skēnē*)은 초막절의 장막이 아니며, 의인들이 들어간다는 천상의 집도 아니다(에디오피아 에녹서 41:2; 요 14:2). 오히려 천상의 손님들이 묵을 수 있는 **숙소** 또는 산 위에 있는 천상의 존재들의 **거주지**를 나타낸다.

4. 하늘로부터 난 음성

(5절) "말할 때에 홀연히 빛난 구름이 그들을 덮으며 구름 속에서 소리가 나서 이르시되 **이는 내 사랑하는 아들이요 내 기뻐하는 자니 너희는 그의 말을 들으라**(*houtos estin ho huios mou ho agapētos en hōi eudokēsa akouete autou*) 하시느니라"

이 구절은 이 단락에서 가장 중요한 구절이다.

'이는 내 사랑하는 아들이요': 예수님은 하나님에 의해 밝혀진 하나님의 아들이시다. 예수님의 시험 기사(4:1-11)에서 보는 것처럼 예수님은 사탄의 권세를 거부하셨고 유일하게 아버지께 온전히 순종하셨다. 예수님은 하나님으로부터 모든 통치권과 지식을 건네 받았다(11:27, "내 아버지께서 모든 것을 내게 주셨으니 아버지 외에는 아들을 아는 자가 없고"). 그 분은 죽음에 이르는 고난을 받기까지 아버지께 순종하신 분이시다(17:12). 마태복음 전체 구조는 누가 **하나님의 아들**인가를 보여 준다. 선택받은 분, 순종하신 분, 십자가를 지시고 부활하신 분이 곧 하나님의 아들이시다. 그러므로 이 말씀을 읽는 독자들은 하나님의 아들의 말을 들어야 한다. 곧 **순종**해야 한다.

이 때 '**들으라**'(*akouete*)는 현재 명령이다. 그러므로 이는 한 번 듣는 것이 아니라 **지속적으로** 들으라는 뜻이다.

5. 제자들의 반응: 두려워함

(6절) "제자들이 듣고 엎드려 심히 두려워하니"

6. 예수님의 말씀

(7절) "예수께서 나아와 그들에게 **손을 대시며** 이르시되 일어나라 **두려**

워하지 말라 하시니"

'손을 대시며'(*hapsamenos* 〈 *haptesthai*): 마가와 누가의 경우 해당 본문에 이 표현이 없다. 마태의 경우 제자들에 대한 **위로**의 뜻이 들어 있다(마태의 경우 예수님은 '**온유**하신 분'이다).

참조 마 11:29, "나는 마음이 온유하고"

'**두려워하지 말라**'(*mē phobeisthe*): 이 표현은 마태복음에서 모두 여섯 번 나타난다.

a) (10:28) "몸은 죽여도 영혼은 능히 죽이지 못하는 자들을 **두려워하지 말고** (오직 몸과 영혼을 능히 지옥에 멸하실 수 있는 이를 두려워하라)"

b) (10:31) "**두려워하지 말라** 너희는 많은 참새보다 귀하니라"

c) (14:27) "안심하라 나니 **두려워하지 말라**"(수면도보 기사)

d) (17:7) "예수께서 나아와 그들에게 손을 대시며 이르시되 일어나라 **두려워하지 말라** 하시니"

e) (28:5) "너희는 **무서워하지 말라** 십자가에 못 박히신 예수를 너희가 찾는 줄을 내가 아노라"

f) (28:10) "**무서워하지 말라** 가서 내 형제들에게 갈릴리로 가라 하라 거기서 나를 보리라 하시니라"

마태복음 전체에서 제자들이 두려워하지 말아야 할 이유는 주님이 계시기 때문이다(임마누엘, 1:23; 28:20).

7. 변모 종료

(8절) "제자들이 눈을 들고 보매 오직 예수 외에는 아무도 보이지 아니하더라"

예수님은 천상의 변화된 모습에서 제자들이 놀라지 않고 볼 수 있는 지상의 모습으로 되돌아왔다.

8. 예수님의 당부

(9절) "그들이 산에서 내려올 때에 예수께서 명하여 이르시되 **인자가 죽은 자 가운데서 살아나기 전에는** 본 것을 아무에게도 이르지 말라 하시니"

'본 것'(*to horama* 〈 *horan*): 계시로 나타난 것, 환상

침묵 명령이 나타난다. 이 침묵 명령은 시한부이다. 인자가 죽은 자 가운데서 다시 살아날 때까지 침묵이 요구된다. 이 침묵 명령은 예수님에 대한 **진정한 인식** 또는 **온전한 인식**과 관련되어 있다. 즉 예수님에 대한 온전한 인식은 예수님의 **십자가와 부활 후**에야 가능하다.

B. 엘리야에 대한 제자들과의 대화(10–13절 // 막 9:9–13; 누가복음에는 해당 단락이 없음)

(마태복음 17장 10–13절)	(마가복음 9장 11–13절)
10 제자들이 물어 이르되 그러면 어찌하여 서기관들이 엘리야가 먼저 와야 하리라 하나이까 11 예수께서 대답하여 이르시되 엘리야가 과연 먼저 와서 모든 일을 회복하리라 12 내가 너희에게 말하노니 엘리야가 이미 왔으되 **사람들이 알지 못하고 임의로 대우하였도다 인자도 이와 같이 그들에게 고난을 받으리라** 하시니 13 그제서야 제자들이 예수께서 말씀하신 것이 세례 요한인 줄을 **깨달으니라**	11 이에 예수께 묻자와 이르되 어찌하여 서기관들이 엘리야가 먼저 와야 하리라 하나이까 12 이르시되 엘리야가 과연 먼저 와서 모든 것을 회복하거니와 **어찌 인자에 대하여 기록하기를 많은 고난을 받고 멸시를 당하리라 하였느냐** 13 그러나 내가 너희에게 이르노니 엘리야가 왔으되 기록된 바와 같이 사람들이 함부로 대우하였느니라 하시니라

(10절) 10절은 1-9절과 밀접하게 관련되어 있다. 유대인들의 메시아 사상에는 메시아가 오기 전, 종말 전에 **엘리야**가 먼저 온다고 한다.

(11절) 예수께서 구약성경을 따라 그것에 대해 긍정적으로 대답하신다.

유대인 적대자들은 예수님의 메시아 되심에 반대한다. 그 반대하는 이유 중 하나는 엘리야가 아직 오지 않았기 때문에 예수님은 메시아가 될 수 없으며, 하나님의 아들이 될 수 없다고 주장하는 것이다.

참조. 말 4:5-6, "보라 여호와의 크고 두려운 날이 이르기 전에 내가 선지자 엘리야를 너희에게 보내리니 그가 아버지의 마음을 자녀에게로 돌이키게 하고 자녀들의 마음을 그들의 아버지에게로 돌이키게 하리라 …"

(12절) 예수께서 대답하신다. 예수님에 의하면, 엘리야는 이미 왔다. 그러나 사람들이 그를 알아보지 못하고 마음대로 대우하였다. 예수께서 말씀하시는 엘리야는 세례자 요한을 가리킨다. 이미 마태복음 11장 10절과 14절("오리라 한 엘리야가 곧 이 사람이니라")에 의하면, 다시 오는 엘리야는 다른 이가 아닌 세례자 요한이다. 사람들이 세례자 요한을 오리라 한 엘리야로 알아보지 못한 것처럼, 예수님 역시도 메시아로 알아채지 못한다. 오히려 그들로부터 고난을 받으실 것이다.

(13절) 그때 비로소 제자들이 오리라 한 엘리야가 세례자 요한임을 깨닫게 되었다(*synēkan*). 이 구절은 마가복음에는 나타나지 않는다. 마가복음에서는 제자들의 무지(無知)함이 강조되었으나 마태복음에서는 **제자들의 깨달음**이 강조된다. 왜냐하면 마태복음에서 예수님은 **가르치는 교사**이시고, 제자들은 예수님의 가르침을 받아 **깨닫는 자**이기 때문이다.

본문이 전하는 말씀

첫째, 사탄이 제시한 세상 통치의 유혹을 거절하고(4:8-10), 십자가 죽음을 만류하는 베드로의 간언을 거절하신(16:21-23) 예수님이 **하나님에 의해 선포되신 하나님의 아들**이시다.

둘째, 예수께서 하나님의 아들이시기에 하나님의 말씀에 순종하신 것처럼, 예수님을 따르는 제자들도 예수님의 말씀에 **순종**해야 한다. 하나님의 아들이신 예수님이 사탄의 일을 생각하지 아니하고 사람의 일도 생각하지 않고 **하나님의 일**만을 생각하신 것처럼, 하나님의 자녀들인 예수님의 제자들도 예수께서 걸어가신 길을 가야 한다.

셋째, 제자들은 예수님을 따르는 길에서 **두려워할 필요가 없다**. 왜냐하면 부활하신 주님께서 늘 함께 하시기 때문이다(28:20 참조).

넷째, 메시아이신 예수님은 **고난**을 받을 것이다.

다섯째, 제자들은 예수님의 가르침을 받고 **깨닫는 자**들이다. 그러므로 그리스도인은 예수님의 말씀을 배울 때 깨닫는 자이다.

찬송: 506장(새 453장)

제30과 하나님의 아들, 예수님

17장 14-27절

본문의 자리 매김

마태복음 17장 14-27절 단락은 베드로의 신앙고백 이후 일련의 단락들과 18장에 기술된 교회 규정 설교 말씀 사이에 놓여 있다. 베드로가 예수님을 그리스도로, 하나님의 아들로 고백한 뒤에(16:13-20), 하나님의 아들이신 예수께서 자신이 고난 받을 것을 처음으로 예고하신다(16:21-23). 그 후 제자들에게 '따름'에 관한 말씀을 하시고(16:24-28), 산에 오르시어 모습이 변화되신 후(17:1-9), 제자들에게 오리라 한 엘리야가 세례자 요한이라고 가르치심으로써 자신의 메시아 되심을 간접적으로 드러내신다(17:10-13). 이것이 본문 이전 단락에 전개된 주제들이다. 그러고 나서 베드로의 신앙고백 이후 다음 사건들이 전개된다.

A. **고난 받으심**에 대한 예고
B. **변화산** 사건
C. **제자도**에 대한 가르침

D. 자신의 **메시아** 되심에 대한 간접적인 암시

이들은 예수님의 하나님의 아들 되심이 제자들에게 밝혀진 후 일어난 일련의 사건과 가르침들이다. 이것이 본문에서 계속된다.

본문의 짜임새

A. 간질병을 앓는 아이의 치유(14-21절)
B. 두 번째 수난 예고(22-23절)
C. 성전세 말씀(24-27절)

본문 풀이

A. 간질병을 앓는 아이의 치유(14-21절)

1. 상황과 문제 제기

(14-16절) "그들이 무리에게 이르매 한 사람이 예수께 와서 **꿇어 엎드려** 이르되 **주여 내 아들**을 불쌍히 여기소서 그가 간질로 심히 고생하여 자주 불에도 넘어지며 물에도 넘어지는지라 내가 주의 제자들에게 데리고 왔으나 능히 고치지 못하더이다"

간질병을 앓는 아들을 둔 아버지가 그 아들을 고치기 위해 예수님의 제자들 앞에 데리고 왔으나 제자들이 그 아들을 고치지 못하였다. 그래서 그 아버지가 그 아들을 이번에는 예수님께 데리고 왔다. 그러므로 이 단락은 단순하게 예수님의 이적을 드러내는 **이적 기사**일 뿐 아니라 제자들을 가르치는 **제자도 교훈 기사**이다. 이 아버지의 아들은 간질을 앓았다. '간질하다'(*selēniazesthai*)란 말의 어원은 '달'(*selēnē*)이다. 간질은 달의 모양 변화에 따른 발병의 주기와 관련되어 있다(Galen IX, 903 참조). 그 아들의 아버지가 예수께 와서 제자들이 고치지 못했음을 고했다.

주님에 대한 그 아버지의 자세는 세 가지로 요약될 수 있다.

a) '**꿇어 엎드려**'(*gonypetōn*, *gony*는 '무릎'을 말함): 마태복음에서 이 단어는 '**경배**'의 의미를 가지고 있다(2:11; 8:2; 9:18; 14:33; 15:25; 28:9, 17 참조).

b) 예수님을 '**주여**'(*kyrie*)라고 부름

c) '내 아들을 **불쌍히 여기소서**'(*eleēson*): 복음서 중에서 마태복음에서 가장 많이 사용(마태복음 8회; 마가복음 3회; 누가복음 4회; 요한복음에서는 사용되지 않음)

2. 예수님의 치유

(17-18절) "예수께서 대답하여 이르시되 **믿음이 없고 패역한 세대여** 내가 얼마나 너희와 함께 있으며 얼마나 너희에게 참으리요 그를 이리로 데려오라 하시니라 이에 예수께서 꾸짖으시니 귀신이 나가고 아이가 그 때부터 나으니라"

17절에 나타난 예수님의 말씀은 세 가지이다.

a) '믿음이 없고 패역한 세대여'(*genea apistos kai diestrammenē*): 현 세대를 믿음 없는 세대로, 타락한 세대로 규정

여기서 '**작은 믿음**'은 '**믿음 없음**'과 동일시된다.

b) '내가 얼마나 너희와 함께 있으며 얼마나 너희를 참으리요': 이 구절에 예수님의 수난이 암시되어 있다.

c) '그를 이리로 데려오라': 이 말에 예수님의 메시아 되심이 반영되어 있다.

18절에서 예수님은 '꾸짖으신다'(*epetimesen*). '꾸짖다'(*epitiman*)라는 단어는 주로 예수님이 전하는 말씀과 이 말씀에 대한 반응과 관련되어 있다.

3. 제자들에 대한 가르침

(19-20절) "이 때에 제자들이 조용히 예수께 나아와 이르되 우리는 어찌하여 쫓아내지 못하였나이까 이르시되 **너희 믿음이 작은 까닭**이니라 진실로 너희에게 이르노니 만일 너희에게 믿음이 겨자씨 한 알 만큼만 있어도 이 산을 명하여 여기서 저기로 옮겨지라 하면 옮겨질 것이요 또 너희가 못할 것이 없으리라"

참조. 막 9:21-24, "예수께서 그 아버지에게 물으시되 언제부터 이렇게 되었느냐 하시니 이르되 어릴 때부터니이다 귀신이 그를 죽이려고 불과 물에 자주 던졌나이다 그러나 무엇을 하실 수 있거든 우리를 불쌍히 여기사 도와 주옵소서 예수께서 이르시되 할 수 있거든이 무슨 말이냐 **믿는 자**에게는 능히 하지 못할 일이 없느니라 하시니 곧 그 아이의 아버지가 소리를 질러 이르되 내가 **믿나이다** 나의 **믿음 없는 것**을 도와 주소서 하더라"

이 본문 단락을 마가복음 9장 14-29절과 비교해 보면, 마가복음보다 짧다. 즉 마가복음에서 이 본문 단락은 모두 16절인데, 마태복음의 경우 겨우 6절에 불과하다. 특히 마가복음 9장 21-24절에 서술된 예수님과 아이의 아버지 사이에 나눈 '믿음'에 관한 대화가 마태복음에는 없다. **마가복음**에서는 그 아이가 즉시 치유되지 않은 이유가 그 아이의 **아버지의 믿음이 부족**했기 때문이다.

그러나 **마태복음**에서는 아이가 곧바로 고침 받지 못한 책임은 아이의 아버지가 아니라 제자들의 **작은 믿음**(*oligopistia*)에 있다. 그러니까 마태복음에서는 **제자도**의 문제가 된다. 제자된 그리스도인들에게 믿음에 대해 가르치는 것이 문제이다. **믿음에 대한 가르침**이 **제자**들에게 베풀어진다. 마태복음에서 이미 제자들의 '작은 믿음'에 대하여 여러 번 경고된 바 있다(6:30; 8:26; 14:31; 16:8).

20절 말씀에서 '믿음'에 대하여 두 가지 가르침이 주어진다.

첫째, 믿음이란 무엇인가? '**믿음**'은 **예수님을 신뢰**하는 것이다. 믿음이란 그분이 '하실 수 있다'(9:28)는 것을 믿는 것이다. 또는 예수님과 함께 하는 사람들에게 불가능이란 없다는 것을 믿는 것이다.

둘째, 겨자씨 같은 믿음과 그 믿음으로 이루어진 산 옮김의 **대조**이다. '겨자씨'와 '산'이 대조를 이룬다. 겨자씨 만한 **작은 믿음**으로 모험을 하는 사람은 큰 산을 옮기는 **놀라운 응답**을 받을 수 있다. 그래서 여기서 한편으로는 **모험**, **기도**, **순종**이 요구되고, 다른 한편으로는 믿는 자와 항상 함께 하시는 **예수님의 무제한적인 능력**이 강조된다.

21절은 오래된 사본에는 없다. 그래서 개역개정 성경에는 '없음'으로 기록되어 있다. 그러나 후대의 사본에는 마가복음 9장 29절 말씀("**기도** 외에 다른 것으로는 이런 종류가 나갈 수 없느니라 하시니라")이 들어 있다.

B. 두 번째 수난 예고(22-23절)

> (22-23절) "갈릴리에 모일 때에 예수께서 제자들에게 이르시되 인자가 장차 사람들의 손에 넘겨져 죽임을 당하고 제삼일에 살아나리라 하시니 제자들이 **매우 근심하더라**"

관련 본문인 마가복음 9장 30-32절과 비교해 보면, **마가복음**에서는 예수께서 제자들에게 수난을 미리 말씀하셨으나 제자들이 "이 말씀을 **깨닫지 못하고** 묻기도 무서워"하였다(막 9:32). 그러나 **마태복음**의 경우는 제자들이 예수님의 수난 예고를 듣고 **심히 근심**하였다. 이것은 수난의 길을 앞서 걸어가신 예수님을 따르는 제자된 그리스도인들의 **두려움**, **믿음 없음**, **수축됨**(움츠러듦)과 관련되어 있다. 마태는 예수님의 두 번째 수난 예고를 통해서 믿는 사람들에게 고난 받음을 무서워하지 않는 믿음을 촉구하고 있다. **마가**의 경우 두 번째 수난 예고는 이 단락을 뒤따르는 제자들의 **자리**(**서열**) **다툼**(막 9:33- 37)을 통해서 '실존적'인 의미를 갖는다. 그 반면에 **마태**의 경우 이 두 번째 수난 예고 단락은, 한편으로는 **교회 규정 설교**(18장)와 관련되어 있고(교회론적인 의미 강조), 다른 한편으로는 수난 예고와 별 관련이 없는 다음 단락인 **성전세 단락**과 관련됨으로써 마태복음 전체 구조 속에서 예수님의 수난이 지니고 있는 수수께끼 같은 특성을 보여 준다. 이 수난 예고에 부활이 함께 예고되는데, 부활의 이적은 장차 '이해'될 수 있는 것이 아니라 다만 '경험'될 뿐이다.

C. 성전세 말씀(24-27절)

(24-27절) "가버나움에 이르니 반 세겔 받는 자들이 베드로에게 나아와 이르되 너의 선생은 반 세겔을 내지 아니하느냐 이르되 내신다 하고 집에 들어가니 예수께서 먼저 이르시되 시몬아 네 생각은 어떠하냐 세상 임금들이 누구에게 관세와 국세를 받느냐 자기 아들에게냐 타인에게냐 베드로가 이르되 타인에게니이다 예수께서 이르시되 그렇다면 **아들들은** 세를 면하리라 그러나 우리가 그들이 실족하지 않게 하기 위하여 네가 바다에 가서 낚시를 던져 먼저 오르는 고기를 가져 입을 열면 돈 한 세겔을 얻을 것이니 가져다가 나와 너를 위하여 주라 하시니라"

이 단락은 복음서 중 단지 마태복음에서만 기술되어 있다.

예수님 당시 20세 이상의 유대인 남자는 누구나 내어야 하는 1년치 성전세는 두 드라크마(은전, 개역성경에서는 반 세겔로 옮겼다. 4데나리온에 해당)였다. 이 성전세는 거주지에서 징수되었다(예수님과 베드로의 경우 가버나움에서). 성전세 받는 사람들이 베드로에게 예수님의 성전세 납부에 대해 물었다.

마태가 복음서를 기록할 당시 그리스도인들은 팔레스타인 밖에 살고 있었으며 성전이 이미 파괴되었기 때문에 더 이상 성전세를 낼 필요가 없었다. 그럼에도 불구하고 마태가 이 본문을 전해 받아 기록하고 자신의 교회 구성원들에게 기억나게 하는 이유는 두 가지이다.

첫째, 예수님은 마음뿐 아니라 자연도 다스리시는 **초자연적인 하나님의 아들이 지닌 권세**를 가지신 분이시다.

둘째, 예수님을 믿어 하나님의 자녀가 된 사람들에게 주어질 **종말론적인 선물**을 기대하게 하는 것이다. 복음서에서는 '아버지와 아들' 관계가 강조되나, 단지 마태복음에서만 '**아버지와 아들들**'의 관계가 언급된다(5:9, 45).

본문 26절에서도 '**아들들**은 세를 면한다'는 언급이 나타난다. 앞 단락에서 '예수께 내 아들을 불쌍히 여기소서'(15절)라고 말한 간질하는 아이의 아버지와 비교해 볼 때, 하늘에 계신 아버지와 그의 아들들의 관계는 더욱 돋보인다. 간질하는 아들을 돌보는 아버지보다 **아들들을 돌보시는 하나님 아버지의 은혜**가 더 크다.

참조. 마 5:9, "화평하게 하는 자는 복이 있나니 그들이 하나님의 아들(들, 복수)이라 일컬음을 받을 것임이요"
마 5:45, "이같이 한즉 하늘에 계신 너희 아버지의 아들(들, 복수)이 되리니 …"

본문이 전하는 말씀

첫째, **작은 믿음**은 믿음이 없는 것과 같다. 겨자씨 만한 믿음이 있다 하더라도 그 믿음의 간구를 하는 이의 소원을 하나님께서 들어주신다.

둘째, 그리스도를 따르는 제자들은 **고난 받음**을 두려워하지 말아야 한다.

셋째, 주님은 자연도 다스리시는 분이시다. 그러므로 **하나님의 자녀들**은 염려할 필요가 없다. 심지어는 필수적으로 납부해야 하는 세금의 문제에 있어서도 염려하지 않아야 한다.

찬송: 487장(새 369장)

제31과 교회 규정 설교(I)

18장 1-14절

본문의 자리 매김

본문은 마태복음에서 네 번째로 등장하는 설교 말씀이다. 이 설교는 신앙 공동체, 즉 교회의 공동체성에 관한 규정이다. 그래서 이를 "**신앙 공동체(교회) 설교**"(Rudolf Schnackenburg)라고 부른다. 이 설교는 신약학자들에서 의해서 그 제목이 다양하게 붙여졌다. 즉 18장 "신앙 공동체 규정"(Walter Grundmann), "하나님의 집 규정"(Wolfgang Trilling), "교회에서의 형제애"(R. H. Gundry), "공동체성에 대한 말씀"(Ulrich Luz) 등의 제목이 붙여져 주석되었다. 이 장의 제목이 다양하게 표현될 수 있겠으나, 본문의 주제를 고려해 볼 때 '교회의 공동체성을 위한 규정 설교'가 제목에 적절할 것이다. 그것을 줄이면 '교회 규정 설교'이다.

본문의 짜임새

본문은 교회 구성원들이 지켜야 할 모든 규정이 아니라 교회의 하나됨, **공동체성**을 위한 규정을 다루고 있다. 18장 전체의 구성을 보면, 다섯 단락으로 나눌 수 있다.

A. 기본 원칙: 낮추라(1-5절)
B. 실족하게 하지 말라(6-9절)
C. 잃은 자를 찾으라(10-14절)
D. 기도하라(15-20절)
E. 용서하라(21-35절)

이러한 단락 구분에 도움을 주는 용어들이 몇 개 있다.
① '어린 아이'(*paidia*): 2-5절
② '작은 자들'(*mikroi*): 6-14절
③ '형제들'(*adelphoi*): 15-35절
이 용어들은 모두 교회의 구성원과 관련되어 있는데, 특히 교회의 공동체성과 관련이 있으며 이들 용어들로써 단락 구분이 분명해진다.

본문 풀이

A. 기본 원칙: 낮추라(1-5절)

1. 제자들의 문제 제기

(1절) "그 때에 제자들이 예수께 나아와 이르되 천국에서는 누가 크니이까"

교회의 공동체성에서 가장 중요하고 첫째가 되는 교회의 기본 규정은 '**명예욕**'에 관한 것이다. 여기서 천국은 장차 다가올 미래의 나라가 아니라, 오히려 현재 하나님 나라의 그림자로서 지상에 있는 **교회 공동체**와 관련되어 있다.

2. 예수님의 가르침

(2-4절) "예수께서 한 **어린 아이**를 불러 그들 가운데 세우시고 이르시되 진실로 너희에게 이르노니 너희가 돌이켜 **어린 아이**들과 같이 되지 아니하면 결단코 천국에 들어가지 못하리라 그러므로 누구든지 이 **어린 아이**와 같이 자기를 **낮추는 사람이** 천국에서 큰 자니라"

'어린 아이'라는 단어가 단수 형태(*paidion*)로 세 번(2, 4, 5절에서 각 한 번씩), 그리고 복수 형태로 한 번(3절) 나타난다. 3절에서 복수 형태로 사용됨으로써 이 단락은 특정한 어린 아이가 아니라 일반적인 어린 아이에 대해 말한다. 어린 아이의 무엇이 공동체성에서 내세우는 개인의 명예욕을 가라앉힐 수 있는가? 4절에서 밝혀진다. 어린 아이 같이 자기를 '낮추는 것'(*tapeinein*)이 자신을 과시하는 명예욕에 맞선다.

'*Tapeinein*'이라는 동사는 여러 번역에서 '겸손하다'로 생각되었다. 그것은 내면적인 겸손의 태도가 아니다. 신약성경 당시 사용된 그리스어에서 이 용어가 '겸손하다'는 뜻으로는 아주 드물게 사용되었다. 오히려 '낮아지다'라는 뜻으로 사용되었다. 이것은 지속적인 인간 내면의 태도를 말하는데, '**자발적으로 낮아지는**' 데에는 3절 말씀처럼 지금까지의 심성과 생활태도로부터 돌아서는 돌이킴이 필요하다. **명예욕**은 교회 공동체를 파괴한다. 교회의 공동체성을 유지하려면 **낮아짐**이 필요하다. '낮아짐'이란 마태복음에 의하면 '**작아짐**'이다. '어린 아이'는 다음 단락의 '작은 자'와 밀접하게 관련되어 있다.

(5절) "또 누구든지 내 이름으로 이런 **어린 아이** 하나를 **영접하면** 곧 나를 영접함이니"

이러한 낮아짐은, 예컨대, 어린 아이를 '영접하는' 것에서 표현된다. 어린 아이는 곧 낮아지신 주님이시며, 주님을 믿는 제자들도 어린 아이와 같이 낮아져야 한다.

B. '실족하게 하지 말라'는 경고(6-9절)

(6-9절) "누구든지 나를 **믿는** 이 **작은 자** 중 하나를 **실족하게 하면** 차라리 연자 맷돌이 그 목에 달려서 깊은 바다에 빠뜨려지는 것이 나으니라 **실족하게 하는 일**들이 있음으로 말미암아 세상에 화가 있도다 **실족하게 하는 일**이 없을 수는 없으나 **실족하게 하는 그 사람에게는** 화가 있도다 만일 네 손이나 네 발이 너를 **범죄하게 하거든** 찍어 내버리라 장애인이나 다리 저는 자로 영생에 들어가는 것이 두 손과 두 발을 가지고 영원한 불에 던져지는 것보다 나으니라 만일 네 눈이 너를 **범죄하게 하거든** 빼어 내버리라 한 눈으로 영생에 들어가는 것이 두 눈

을 가지고 지옥 불에 던져지는 것보다 나으니라"

이 단락은 교회의 공동체성을 유지하기 위해서 제자들에게 주는 경고이다. 그것은 교회 안에 있는 '작은 자'에 대한 말씀이다. '작은 자'(*mikroi*)는 복음서 저자인 마태가 교회의 공동체에 있어서 특별히 강조하는 주제이다. 이 용어는 6, 10, 14절에서 모두 세 번 사용되는데 '작은 자' 용어 안에 마태 교회가 반영되어 있다. 마태의 교회 구성원들과 예수님을 따르는 모든 제자들은, 세상의 기준으로 보면, '어린 아이들'(11:25; 18:2, 4, 5)이며, '작은 자'(18:6, 10, 14)이고, '가난한 사람들이며 억눌린 사람들'(5:3-4)이다.

특히 6절에 '나를 믿는 작은 자'(*hoi mikroi tōn pisteuontōn eis eme*)가 언급되는데, '작은 자'는 '주님을 믿는 자'이다. 더구나 '예수님을 믿는다'는 표현은 공관복음에서 오직 이곳에서만 나타난다. 공동체의 공동체성이 유지되려면, 교회 안에서 작은 자들을 실족하게 하는 일이 없어야 한다. 그러므로 여기서는 어떤 교인이 실족하는 것이 문제가 아니라, 어떤 믿는 작은 자를 실족하게 하는 것이 문제가 된다.

이 단락에서는 '실족하게 하다'(*skandalizein*)라는 동사가 네 번(6, 7, 8, 9절), 명사형인 '실족케 하는 일'(*skandalon*)이 두 번 사용된다(7절).

이 동사는 마태복음에서 두 가지 경우에 사용된다.

① 예수님을 부인함과 관련하여 사용됨(11:6; 13:57; 15:12; 26:31, 33)

② 믿음으로부터 떨어져 나갈 때 사용됨(13:21; 24:10)

이 동사는 '걸려 넘어지게 하다', '실족하게 하다'의 뜻이 있으나, '죄를 짓도록 유혹하다'는 뜻도 있다. 그래서 8절과 9절에서는 그것이 '범죄하게 하다'로 옮겨졌다. 이 단락에서 이 동사는 믿음에서 떨어져 나감을 의미하는데, 그것은 어떤 거짓 교훈으로 향함뿐만이 아니라, 하나님의 뜻에 부합되지 않는 구체적인 행동을 나타낸다(7:21-23 참조). 교회의 공동체성을 유지하기 위해서는 교회 구성원들이 작은 자를 범죄하게 해서는 안 된다.

C. 잃은 자를 찾으라(10-14절)

> (10-14절) "삼가 이 **작은 자** 중의 하나도 업신여기지 말라 너희에게 말하노니 그들의 천사들이 하늘에서 하늘에 계신 내 아버지의 얼굴을 항상 뵈옵느니라 (없음) 너희 생각에는 어떠하냐 만일 어떤 사람이 양 백 마리가 있는데 그 중의 하나가 **길을 잃었으면** 그 아흔아홉 마리를 산에 두고 가서 **길 잃은** 양을 찾지 않겠느냐 진실로 너희에게 이르노니 만일 찾으면 **길을 잃지** 아니한 아흔아홉 마리보다 이것을 더 기뻐하리라 이와 같이 이 **작은 자** 중의 하나라도 **잃는** 것은 하늘에 계신 너희 아버지의 뜻이 아니니라"

이 단락의 핵심어는 '길을 잃다'(*planasthai*)인데 12절에서 두 번, 13절에서 한번, 모두 세 번 사용되었다.

(11절) 어떤 사본에는 "인자가 온 것은 잃은 자를 구원하려 함이니라"는 말씀이 들어 있다. 그러나 중요한 사본인 시내 사본과 바티칸 사본에는 이 구절이 없다. 이 단락에 "작은 자 중의 하나"(*henos tōn mikrōn*)가 10절과 14절에 위치해 있다. 여전히 '작은 자' 주제가 계속된다. 이번에는 이미 실족한 신자, 곧 길 잃은 양에 대해 언급된다.

(10절) 이 구절에서 '천사들'(*anggeloi*)이 언급된다. 이 천사 사상은 당시 주변 세계의 그것과 비교해 볼 때 독특하다. 인간에게 한 수호 천사가 있다는 생각은 고대 페르시아나 로마 및 그리스 사상과 비슷하다. 유대적인 천사 사상에서 모든 사람

들에게 수호 천사가 있다는 사상은 랍비적인 유대교에서 비로소 나타난다. 그러나 유대적인 천사 사상에서 수호 천사는 일반적으로 땅 위에 있으며 천사의 상부 계층에 속해 있지 않다. 이 10절에서는 하늘에 있는 하나님을 대면하는 높은 계급의 천사들을 말한다.

(12-13절) 한 비유(Parabel, 우화)가 나타나는데, 이 비유는 어떤 이야기라기보다는 논증이다. 누가복음의 관련 본문인 누가복음 15장 3-7절과 비교해 보면, 다음과 같다.

구분	마태복음 18:12-14	누가복음 15:3-7
잃은 양	믿다가 실족한 자(10절)	죄인(7절)
비유의 핵심	잃은 자를 찾아 나섬(13절)	목자의 기쁨(7절)
맥락	교회의 공동체성(유지)을 위한 규정(18장)	잃은 것을 찾음, 곧 잃은 드라크마(8-10절)와 잃은 아들(11-32절)을 찾음
초점	작은 자에 대한 배려	회개

구분	마태복음 18:12-14	누가복음 15:3-7
비유	너희 생각에는 어떠하냐 만일 어떤 사람이 양 백 마리가 있는데 그 중의 하나가 길을 잃었으면 그 아흔아홉 마리를 산에 두고 가서 길 잃은 양을 찾지 않겠느냐	예수께서 그들에게 이 비유로 이르시되 너희 중에 어떤 사람이 양 백 마리가 있는데 그 중의 하나를 잃으면 아흔아홉 마리를 들에 두고 그 잃은 것을 찾아내기까지 찾아다니지 아니하겠느냐 기쁨이 강조: 또 찾아낸즉 **즐거워** 어깨에 메고 집에 와서 그 벗과 이웃을 불러 모으고 말하되 나와 함께 **즐기자 나의 잃은 양을 찾아내었노라** 하리라
비유	진실로 너희에게 이르노니 만일 찾으면 길을 잃지 아니한 아흔아홉 마리보다 이것을 더 기뻐하리라	내가 너희에게 이르노니 이와 같이 죄인 한 사람이 **회개**하면 하늘에서는 회개할 것 없는 의인 아흔아홉으로 말미암아 기뻐하는 것보다 더하리라
해설	이와 같이 **이 작은 자 중의 하나**라도 잃는 것은 하늘에 계신 너희 아버지의 뜻이 아니니라	

(14절) 비유의 해설 부분이다. 이 해설 부분에서 하나님의 뜻이 밝히 드러난다. 마태복음에서 예수님은 하나님의 뜻을 가르쳐 주시는 진정한 교사이시다.

참조. 마 10:42, "또 누구든지 제자의 이름으로 이 작은 자 중 하나에게 냉수 한 그릇이라도 주는 자는 내가 진실로 너희에게 이르노니 그 사람이 결단코 상을 잃지 아니하리라 하시니라"

이제 첫째, 둘째, 셋째 문단을 요약하자. 신앙 공동체인 교회의 공동체성이 유지되려면, 곧 하나가 되려면, 공동체 안에서 어린 아이 같이 작은 자, 별로 중요하지 않은 자, 힘없는 자들이 소외되지 않아야 한다. 그렇게 되려면 낮아져야 한다. 주님은 낮아지셨다. 바로 주님은 교회 안에서 작은 자의 모습으로 계신다. 그래서 작은 자를 섬기는 것은 주님을 섬기는 것과 같다.

본문이 전하는 말씀

교회가 하나가 되려면,

첫째, 어린 아이와 같이 **낮아져야 한다**(1-5절).

둘째, 교회 내 연약한 지체, 작은 자를 **실족하게 하지 말아야 한다**(6-9절).

셋째, 혹 길을 잃은 작은 자가 있다면, 그 길 **잃은 양을 찾아야 한다**(10-14절).

찬송: 442장(새 569장)

가버나움
유적지 주변의
베드로 수위권
기념교회
예수님과 베드로 동상

제32과 **교회 규정 설교(Ⅱ)**

18장 15-35절

본문의 자리 매김

본문은 마태복음의 다섯 설교 말씀 중에서 네 번째로 나타나는 설교 말씀인 '교회 규정 설교'의 후반부이다.

본문의 짜임새

본문은 21절의 '그때에'(*tote*)라는 시간 지시어로써 크게 두 단락으로 나누어진다. 첫 번째 단락인 15-20절은 교회 규정으로서 **형제**에 대해 죄를 범한 자에 대한 치리 규정이고, 두 번째 단락인 21-35절은 자비롭지 못한 종의 비유를 통해 제시된 '**용서**'에 대한 지침이다. 조금 더 자세하게 나누어 보자.

A. 죄인에 대한 교회의 치리 규정(15-20절)

누가복음에서는 이 말씀이 단지 "너희는 스스로 조심하라 만일 네 형제가 죄를 범하거든 경고하고 회개하거든 용서하라"(17:3)로 짧게 서술되어 있다. 그러나 마태는 이 주제에 대해 훨씬 자세하게 묘사한다. 이 단락은 '진실로 너희에게 이르노니'(*amēn legō hymin*, 18절)와 '진실로 다시 너희에게 이르노니'(*palin amēn legō hymin*, 19절)라는 예수의 말씀 시작 공식문으로서 다시 작은 세 단락으로 나누어진다.

1. 형제에 대해 죄를 범한 자에 대한 지침(15-17절)
2. '매다-풀다' 말씀(18절)
3. 기도 말씀(19-20절)

B. 용서에 대한 가르침: 무자비한 종의 비유(21-35절)

1. 형제가 형제에게 범하는 죄에 대하여 베드로와 주님 사이에 있었던 일문일답(21-22절)
2. 무자비한 종의 비유(23-34절)
3. 비유의 중심 교훈(35절)

본문 풀이

A. 죄인에 대한 교회의 치리 규정(15-20절)

1. 형제에 대해 죄를 범한 자에 대한 지침(15-17절)

(15절 서두) "네 형제(*ho adelphos sou*)가 죄를 범하거든"

여기서 '**형제**'란 교회의 구성원인 교회의 지체를 가리킨다. '죄를 범하다'(*hamartanein*)란 '모든 사람에 대해 죄를 범하다'는 뜻이 아니라 '형제에 대한 죄를 범하다'를 의미한다. 오래된 신약성경 사본인 시내 사본이나 바티칸 사본에는 '너에게'(죄를 범하거든) 라는 말이 덧붙어있다. 그러니까 '죄를 범하다'란 6, 7, 9절에서 사용된 '실족하게 하다'(*skandalizein*)의 뜻이다. 따라서 여기서는 교회 안에서 형제가 다른 형제를 넘어지게 하는 죄의 문제이다. 이에 대해서는 단계적인 조치가 필요하다.

a) 1단계: 일 대 일로 권면

(15절) "네 **형제**가 죄를 범하거든 가서 너와 그 사람과만 상대하여 권고하라 만일 들으면 네가 네 형제를 얻은 것이요"

'권고하다'(*elengchein*): '죄를 깨닫게 하다', '징계하다'. 여기서는 '바로 잡다'의 뜻이다.

b) 2단계: 두 세 사람이 권면

(16절) "만일 듣지 않거든 한두 사람을 데리고 가서 두세 증인의 입으로 말마다 확증하게 하라"

'확증하다'(*histanai*): 1) 두다, 세우다(put), 2) 굳게 세우다(establish), 확정하다(fix). 여기서는 '확증하다'의 뜻이다.

c) 3단계: 교회가 권면

(17상반절) "만일 그들의 말도 듣지 않거든 **교회**에 말하고"

참조.
ekklēsia=convocatio (부름 받은 사람들)
synagōgē=congregatio(함께 모인 사람들)

'교회'(*ekklēsia*)가 두 번 사용된다. 이 용어는 복음서 중에서 마태복음에만 사용되며 이 구절과 16장 18절에서만 사용되는데 16장 18절에서는 **교회의 설립**과 관련하여, 이곳에서는 **교회의 치리**와 관련하여 사용된다.

d) 4단계: 출교(出敎)

(17하반절) "**교회**의 말도 듣지 않거든 이방인과 세리와 같이 여기라"

'**이방인**과 **세리** 같이 여김'이란 출교를 의미한다.

이러한 **단계적 치리 규정**은 뒤따르는 단락인 '**용서**' 주제와 연결되어 있다.

2. '매다-풀다' 말씀

(18절) "진실로 너희에게 이르노니 무엇이든지 너희가 땅에서 매면 하늘에서도 매일 것이요 무엇이든지 땅에서 풀면 하늘에서도 풀리리라"

'매다-풀다' 말씀은 16장 19절에서도 나왔던 말씀으로 거기서와 마찬가지로 여기서도 주님으로부터 위임을 받은 교회의 권세의 문제이다. 하늘과 땅의 모든 권세를 가지신 주님(28:18)께서 교회와 함께 하신다(임마누엘 신앙, 28:20 참조).

3. 기도 말씀

(19-20절) "진실로 다시 너희에게 이르노니 너희 중의 두 사람이 땅에서 합심하여 무엇이든지 구하면 하늘에 계신 내 아버지께서 그들을 위하여 이루게 하시리라 두세 사람이 내 이름으로 모인 곳에는 나도 그들 중에 있느니라"

교회가 주님으로부터 위임받은 권세는 **교회**의 기도와 연결된다. 인간적인 모든 행위는 하나님의 권세, 하나님의 약속, 하나님의 은혜 아래에 놓여 있다. 이 기도 말씀은 실족하게 된 형제에 대한 지침 안에 놓여 있음으로 인해 출교는 교회의 기도 이후에 결정되어야 함을 의미한다. 출교는 교회 치리에서 교회가 택해야 할 최후의 선택이다. 범죄한 형제에 대한 단계적인 치리에서 출교는 교회의 기도 후 결정되어야 한다.

B. 용서에 대한 가르침: 무자비한 종의 비유(21-35절)

이 단락은 복음서 중 마태복음에만 기록되어 있다.

1. 베드로와 예수님 사이의 일문일답(21-22절)

a) 베드로의 질문

(21절) "그 때에 베드로가 나아와 이르되 주여 **형제가 내게 죄를 범하면** 몇 번이나 용서하여 주리이까 일곱 번까지 하오리이까"

본문의 주제는 15-20절에서 다루어진 주제와 같다. 즉 교회 내 형제가 다른 형제에 대해 범한 죄(실족하게 하는 죄)가 다루어진다. 여기서 베드로는 용서의 횟수를 계수한다.

b) 예수님의 대답

(22절) "예수께서 이르시되 네게 이르노니 일곱 번뿐 아니라 일곱 번을 일흔 번까지라도(*heōs hebdomēkontakis hepta*) 할지니라"

'일곱 번을 일흔 번까지라도'란 최고의 용서 횟수를 말하는 것이 아니라 용서의 횟수 제한을 철폐하는 무제한적인 용서를 말한다. 곧 용서는 조건이 구비되었을 때 하는 것이 아니라 조건에 상관없이 무조건적으로 하는 것이다. 또 용서의 유일한 조건은 '돌아오는 것', 즉 회개이다. 공동체로 돌아오는 사람은 조건 없이 받아들여야 한다. 이것이 바리새인과 서기관보다 더 나은 의를 실천하는 것이다. 마태복음에서 요구되는 바리새인과 서기관보다 더 나은 의는 원수에까지 이르는 이웃을 사랑하는 것이며(5:43-47), 이 원수 사랑은 용서에서 실현되고(18:21-35), 이웃 대접에서 그 절정에 달한다(7:12, 황금률).

2. 무자비한 종의 비유(23-34절)

a) 이는 마태복음에만 나타나는 비유이다.

(23절) "그러므로 천국은 그 종들과 결산하려 하던 어떤 임금과 같으니"

'천국'(*hē basileia tōn ouranōn*): 마태의 특징어이다.

'어떤 임금과 같으니'(*hōmoiōthē anthrōpōi basilei*): 비유이다.

b) 비유 부분

(24-34절) "결산할 때에 **만 달란트**(*myriōn talantōn*) 빚진 자 하나를 데려오매 갚을 것이 없는지라 주인이 명하여 그 몸과 아내와 자식들과 모든 소유를 다 팔아 갚게 하라 하니 그 종(*doulos*)이 엎드려 절하며 이르되 내게 참으소서 다 갚으리이다 하거늘 그 종의 주인이 불쌍히 여겨 놓아 보내며 그 빚을 탕감하여 주었더니 그 종이 나가서 자기에

게 **백 데나리온**(*hekaton dēnaria*) 빚진 **동료**(*syndoulos*[같이 종된 자]) 한 사람을 만나 붙들어 목을 잡고 이르되 **빚**을 갚으라 하매 그 동료가 엎드려 간구하여 이르되 나에게 참아 주소서 갚으리이다 하되 허락하지 아니하고 이에 가서 그가 빚을 갚도록 옥에 가두거늘 그 동료들이 그것을 보고 몹시 딱하게 여겨 주인에게 가서 그 일을 다 알리니 이에 주인이 그를 불러다가 말하되 악한 종아 네가 빌기에 내가 네 빚을 전부 탕감하여 주었거늘 내가 너를 **불쌍히 여김**과 같이 너도 네 동료를 **불쌍히 여김**이 마땅하지 아니하냐 하고 주인이 노하여 그 빚을 다 갚도록 그를 옥졸들에게 넘기니라"

달란트는 금화인 헬라 화폐이고, 데나리온은 은화인 로마 화폐인데, 그 비율은 5000 대 1이다. 즉 약 5천 데나리온(1 데나리온은 노동자의 하루 품삯)이 1 달란트이다. 본문에 나타난 탕감 받은 빚(일만 달란트)과 탕감해야 할 빚(100 데나리온)은 비율적으로는 5십만 대 1이다. 종이 주인으로부터 탕감 받은 빚인 일만 달란트는 노동자(1인의 137,000년치 품삯)인 반면, 동료 종이 진 빚은 100 데나리온(100일치 품삯)에 불과하다.

여기서 '빚'(*opheilē*)은 신앙적인 의미의 '빚'(*opheilēma*)인 '죄'에 대한 비유이다(주기도문 6장 12절 참조, "우리 죄를 사하여 주옵시고").

'탕감하다'(32절)에 해당하는 동사 *aphiēnai*는 '용서하다', '포기하다'는 뜻을 가진다.

여기서는 엄청난 빚을 탕감 받은 자의 조그마한 빚을 탕감해 주는 것이 문제가 된다. 즉 엄청난 죄를 용서 받은 자가 형제의 조그만 죄를 용서하는 것의 문제이다. 이 용서의 근거는 하나님에 대한 인간의 조건 구비가 아니라, 인간에 대한 하나님의 '불쌍히 여기심'이다(35절). '불쌍히 여기다'(*elein*)는 마태의 특징어이다(5:7; 9:27; 15:22; 17:15; 20:30, 31).

c) 비유의 중심 교훈

(35절) "너희가 각각 **마음으로부터**(*apo tōn kardiōn hymōn*) 형제를 용서하지 아니하면 나의 하늘 아버지께서도 너희에게 이와 같이 하시리라"

본문이 전하는 말씀

첫째, 형제의 범죄에 대해서 교회는 **단계적인 조치**가 필요하다. 독선적인 판단을 버려라. 여러 사람들의 생각을 모아 판단하고 그를 위해 기도하라.

둘째, 용서는 용서받은 자의 조건 구비나 조건 충족의 문제가 아니라 용서할 자의 받아들이는 **마음(중심)의 문제**이다.

셋째, 용서해야 함의 근거는 **용서할 자의 용서 받았음**이다. 나의 죄 용서 받음을 잊지 말자.

찬송: 192장

제33과 **예루살렘 상경 길에서(I): 가정 교훈**

19장 1-15절

본문의 자리 매김

19-20장, 이 두 장은 **지리**적인 관점에서 볼 때, 따로 구분해서 볼 수 있는 단락이다. 마태복음에서 예수님의 공생애 활동을 지리적인 관점에 따라 구분하면 셋으로 나눌 수 있다(Eduard Lohse의 『마태복음』 주석 참조).

A. **갈릴리**와 **갈릴리 주변**에서의 활동(4:12-18:45)
B. **갈릴리**와 **예루살렘**으로 가는 길에서의 활동(19-20장)
C. **예루살렘**에서의 활동(21-28장)

그러니까 19-20장은 예수께서 갈릴리로부터 예루살렘으로 가시는 길에 행하신 활동에 대한 보고이다. 이 두 장은 전 단락 본문과 무관하지 않다. 곧 18장은 교회 규정에 관한 설교인데, 18장의 교회 공동체에 대한 주제는 공동체 설교가 끝난 후인 19장에서도 계속 전개된다.

본문의 짜임새

A. 갈릴리를 떠나 예루살렘으로 가시는 예수님(1–2절)
B. 혼인, 이혼, 독신에 대한 예수님의 가르침(3–12절)
  1. 바리새인들의 이혼에 대한 질문(3–9절)
  2. 제자들의 독신에 대한 질문(10–12절)
C. 어린이에 대한 가르침(13–15절)

본문 풀이

A. 갈릴리를 떠나 갈릴리 주변 지역으로(1-2절)

19–20장은 갈릴리에서 예루살렘으로 가시는 예수님의 상경기이다(마 21:1, "그들이 **예루살렘**에 가까이 가서 감람 산 벳바게에 이르렀을 때에 …").

참조. 막 10:1, "예수께서 거기서 떠나 유대 지경과 요단 강 건너편으로 가시니 무리가 다시 모여들거늘 예수께서 다시 전례대로 가르치시더니"

(1–2절) "예수께서 이 말씀을 마치시고 **갈릴리**를 떠나 요단 강 **건너** 유대 지경에 이르시니 큰 무리가 따르거늘 예수께서 거기서 그들의 **병**을 고치시더라"

(1절) 마태는 "갈릴리에서 요단 강 건너 유대 지경에"(마가

는 "거기서 떠나 유대 지경과 요단 강 건너편)이라고 말함으로써 **갈릴리**를 강조하고, 예수께서 걸어가신 길이 갈릴리를 떠나 예루살렘으로 향하는 길임을 강조한다. 마태는 예수님의 상경기의 경로(route)를 말한다. 즉 예수님은 갈릴리에서 요단강 건너편(베뢰아)과 유대 지경을 경유하여 예루살렘으로 가셨다.

(2절) 마태에 의하면, **갈릴리**는 복음이 **최초로 선포된 곳**이며, **예루살렘**은 예수께서 적대자들과 날카롭게 대치한 곳이다. 마가와 달리 마태의 경우 상경 길에 예수께서 무리들에게 행하신 병 치유를 강조한다(4:24 참조). 마태의 경우 주목할 만한 것은 예루살렘에서 행하신 치유 기사가 없다는 점이다. 이로써 예루살렘에서는 예수님의 이적 행하심보다 가르치심이 강조된다.

B. 혼인, 이혼, 독신에 대한 가르침(3-12절)

1. 바리새인들의 이혼에 대한 질문(3-9절)

이 단락의 양식은 '**논쟁 대화**'이다.

a) 예수님을 시험하기 위해 던진 바리새인의 논쟁적 질문

(3절) "바리새인들이 예수께 나아와 그를 시험하여 이르되 사람이 **어떤 이유가 있으면** 그 아내를 버리는 것이 옳으니이까"(**결의론적**인 문제에 대한 질문)

참조. 막 10:2, "바리새인들이 예수께 나아와 그를 시험하여 묻되 사람이 아내를 버리는 것이 옳으니이까"(**일반적**인 질문)

마태의 경우 결의론적인(어떤 경우에 해당되는) 이혼 사유 논쟁이 제기된다. 예수님 당시 유대교의 대표적인 두 율법 해석 학파는 힐렐(R. Hillel) 학파와 샴마이(R. Schammai) 학파였

참조. 신 24:1, "사람이 아내를 맞이하여 데려온 후에 그에게 수치되는 일이 있음을 발견하고 그를 기뻐하지 아니하면 이혼증서를 써서 그의 손에 주고 그를 자기 집에서 내보낼 것이요"

다. 힐렐 학파는 율법 해석에 있어서 샴마이 학파보다 덜 엄격하였다. 즉 힐렐 학파의 경우, 아내의 불쾌한 행동이 이혼 사유에 해당되었던 반면, 샴마이 학파는 단지 아내가 부도덕한 간음죄를 짓는 것만이 이혼 사유가 되었다. 그러니까 마가의 경우는 사람이 이혼을 할 수 있는가라는 일반적인 **이혼**이 문제가 되나, 마태의 경우는 **이혼 사유의 경우**에 대한 결의법의 문제이다. 그래서 창조주 하나님의 뜻과 모세의 이혼 증서에 대한 구절의 순서가 마태와 마가의 경우 서로 다르게 나타난다.

주제	마태복음 19장	마가복음 10장
창조주 하나님의 뜻	3-6절	2-5절
모세 이혼 증서	7-9절	6-9절

이에 부합되게 결론도 다르게 나타난다. 마태의 경우 "누구든지 **음행한 이유 외에** 아내를 버리고 다른 데 장가 드는 자는 간음함이니라"(19:9). 그러나 마가의 경우 "그러므로 하나님이 짝지어 주신 것을 사람이 나누지 못할지니라"(10:9)는 **혼인엄격주의** 원칙으로 끝이 난다.

이에 따라 마태, 마가의 경우 뒤를 잇는 단락도 다르다.

주제	바리새인	제자
마태	이혼 논쟁(3-9절)	**독신**에 대한 교훈(10-12절)
마가	이혼 논쟁(2-9절)	**이혼**에 대한 교훈(10-12절)

b) 혼인에 대한 창조주 하나님의 본래적인 뜻(4-6절)

(4-6절) "예수께서 대답하여 이르시되 사람을 지으신 이가 **본래** 그들을 남자와 여자로 지으시고(창 1:27) 말씀하시기를 그러므로 사람이 그 부모를 떠나서 아내에게 합하여 그 둘이 한 몸이 될지니라(창 2:24) 하

신 것을 읽지 못하였느냐 그런즉 이제 둘이 아니요 한 몸이니 **그러므로 하나님이 짝지어 주신 것을 사람이 나누지 못할지니라** 하시니"

(창 1:27) "하나님이 자기 형상 곧 하나님의 형상대로 사람을 창조하시되 남자와 여자를 창조하시고"
(창 2:24) "이러므로 남자가 부모를 떠나 그의 아내와 합하여 둘이 한 몸을 이룰지로다"

예수님은 본래적인 하나님의 뜻인 창세기의 두 구절(1:27; 2:24)을 인증하여 "하나님이 짝지어 주신 것을 사람이 나누지 못할지니라"라고 철저한 이혼 금지를 말씀하신다(예수님의 **이혼금지 엄격주의**).

참조. 막 10:6-9, "창조 때로부터 사람을 남자와 여자로 지으셨으니 이러므로 사람이 그 부모를 떠나서 그 둘이 한 몸이 될지니라 이러한즉 이제 둘이 아니요 한 몸이니 **그러므로 하나님이 짝지어 주신 것을 사람이 나누지 못할지니라** 하시더라"

c) 허용된 이혼 규정에 대하여(7-9절)

(7-8절) "여짜오되 그러면 어찌하여 모세는 **이혼 증서**를 주어서 버리라 명하였나이까 예수께서 이르시되 모세가 너희 마음의 완악함 때문에 아내 버림을 **허락**하였거니와 **본래는** 그렇지 아니하니라"

참조. 막 10:3-5, "대답하여 이르시되 모세가 어떻게 너희에게 명하였느냐 이르되 모세는 **이혼 증서**를 써주어 버리기를 **허락**하였나이다 예수께서 그들에게 이르시되 **너희 마음이 완악함으로 말미암아** 이 명령을 기록하였거니와"

엄격한 혼인 유지에 대한 예수님의 말씀에 바리새인들은 모세의 율법(신 24:1)을 끌어들여 논쟁한다.

(신 24:1-4) "사람이 아내를 맞이하여 데려온 후에 그에게 **수치되는 일이 있음을 발견하고** 그를 **기뻐하지 아니하면 이혼 증서를 써서 그의 손에 주고 그를 자기 집에서 내보낼 것이요** 그 여자는 그의 집에서 나가서 다른 사람의 아내가 되려니와 그의 둘째 남편도 그를 미워하여 이혼 증서를 써서 그의 손에 주고 그를 자기 집에서 내보냈거나 또는 그를 아내로 맞이한 둘째 남편이 죽었다 하자 그 여자는 이미 몸을 더럽혔은즉 그를 내보낸 전남편이 그를 다시 아내로 맞이하지 말지니 이

일은 여호와 앞에 가증한 것이라 너는 네 하나님 여호와께서 네게 기업으로 주시는 땅을 범죄하게 하지 말지니라"

남편이 아내에게서 수치 되는 일을 발견하고 그 아내를 기뻐하지 아니할 때 모세가 이혼 증서를 써주어 이혼을 허락한 것은 원칙이 아니라 **허용**이며, 그 허용 이유는 그들의 마음의 **완악함**(*sklērokardia*) 때문이었다(*sklēros*, 굳은 〈 *skellein*, 마르게 하다).

'본래는'(*ap' archēs*, 4절과 8절) 그렇지 않다. 그것은 모세의 뜻하고 맞지 않다. 신명기 24장 1–2절에 의하면 아내에게 이혼 증서를 써 준 것은 아내의 권익을 보장하기 위해서였다.

참조. 막 10:11–12, "이르시되 누구든지 그 아내를 버리고 다른 데에 장가 드는 자는 본처에게 간음을 행함이요 또 아내가 남편을 버리고 다른 데로 시집 가면 간음을 행함이니라"

(9절) "내가 너희에게 말하노니 누구든지 **음행한 이유 외에** 아내를 버리고 다른 데 장가 드는 자는 간음함이니라"

마가의 경우 이혼이 철저하게 금지되는 것과 달리, 마태의 경우 이혼 허용 단서 조항인 '음행한 연고 외에'(*mē epi porneiai*)가 붙어있다(마 5:31–32 참조, "또 일렀으되 누구든지 아내를 버리려거든 이혼 증서를 줄 것이라 하였으나 나는 너희에게 이르노니 누구든지 음행한 이유 없이 아내를 버리면 이는 그로 간음하게 함이요 또 누구든지 버림받은 여자에게 장가드는 자도 간음함이니라"). 이는 마태 공동체의 상황과 긴밀하게 관련되어 있다. 두 가지가 유추될 수 있다.

① 마태 공동체에 이미 이혼한 성도들이 있었다.

② 마태 공동체는 이혼에 대한 견해에서 힐렐 학파보다 샴마이 학파와 더 가깝다.

여하튼 본래적인 하나님의 뜻은 이혼하지 않는 것이며, 이혼은 음행한 경우에만 허용되었다.

2. 제자들의 독신에 대한 질문(10-12절)

(10-12절) "제자들이 이르되 만일 사람이 아내에게 이같이 할진대 장가 들지 않는 것이 좋겠나이다 예수께서 이르시되 사람마다 이 말을 받지 못하고 오직 타고난 자라야 할지니라 어머니의 태로부터 된 고자도 있고 사람이 만든 고자도 있고 천국을 위하여 스스로 된 고자도 있도다 이 말을 받을 만한 자는 받을지어다"

이 대화는 바리새인의 질문에 대한 논쟁 대화가 아니라 제자들의 질문에 대한 **교수 대화** 내지는 **사제**(師弟) **대화**이다. 마가의 경우 제자들 앞에서 가르친 내용은 '고자'에 관한 내용이 아니라 '재혼'에 대한 내용이다. 마가복음의 경우 재혼은 간음이다.

마태복음 19장 10-12절에서 제자들은 예수님의 대답을 듣고 그렇다면 아예 독신으로 지내면 어떻겠느냐고 예수님께 묻는다. 독신을 과대평가하고 혼인을 과소평가하는 것은 예수님의 뜻이 아니다. 그러나 타고난 자만이 독신으로 지낼 수 있다. 예수님은 독신으로 지낼 수 있는 세 가지 경우를 말씀하신다.

① 날 때부터 고자 된 자

② 사람이 만든 고자(왕궁의 시종)

③ 천국을 위하여 스스로 된 고자

그러나 이것은 원칙이나 절대적인 법이 아니다. 하나님의 본래 의도가 아니다. 이 말은 받을 만한 사람이 받을 수 있다.

C. 어린 아이에 대한 가르침(13-15절)

(13-15절) "그 때에 사람들이 예수께서 안수하고 기도해 주심을 바라고 어린 아이들을 데리고 오매 제자들이 꾸짖거늘 예수께서 이르시되

어린 아이들을 용납하고 내게 오는 것을 금하지 말라 **천국**이 이런 사람의 것이니라 하시고 그들에게 안수하시고 거기를 떠나시니라"

참조. 막 10:13-16, "사람들이 예수께서 만져 주심을 바라고 어린 아이들을 데리고 오매 제자들이 꾸짖거늘 예수께서 보시고 **노하시어 이르시되** 어린 아이들이 내게 오는 것을 용납하고 금하지 말라 **하나님의 나라**가 이런 자의 것이니라 내가 진실로 너희에게 이르노니 누구든지 하나님의 나라를 어린 아이와 같이 받들지 않는 자는 결단코 그 곳에 들어가지 못하리라 하시고 그 어린 아이들을 안고 그들 위에 안수하시고 **축복**하시니라"

마가복음(10:15)에서는 어린 아이가 천국 비유로 사용되는데, 그것은 마태복음의 경우 이미 18장 3절에 나타나 있다. 여기서는 하늘 나라가 아니라 어린 아이 자체에 초점이 맞추어져 있다. 어린 아이들은 교회 공동체의 일원이므로 이들에 대해서도 진지하게 고려되어야 한다. 예수께서는 어린 아이들을 용납하시고 그들을 안수하시고 축복하셨다(막 10:16 참조).

마태의 경우 마가복음 10장 14절의 '노하시어 이르시되'가 없다. 왜냐하면 마가의 경우 깨닫지 못하는 제자들의 무지함이 강조되나, 마태의 경우 예수님의 가르침으로 **제자들의 깨달음**이 강조되기 때문이다(마태의 경우 교사이신 예수님이 강조).

본문이 전하는 말씀

첫째, 예수님은 **하나님의 뜻**을 이루기 위해 달갑지 않은 예루살렘으로 가셨다.

둘째, 하나님의 창조질서인 **혼인**을 중하게 여기라.

셋째, **독신**은 받을 자가 받는다.

넷째, 교회 안에서는 어린 아이와 같이 작은 자들이라 할지라도 그들에 대한 **배려**가 필요하다. 그것이 교회 공동체이다.

찬송: 235장(새 200장)

제34과 예루살렘 상경 길에서(II): 부와 제자들

19장 16-30절

본문의 자리 매김

본문의 전 단락인 19장 1-15절은 18장의 '교회 규정 설교'를 이어 **공동체성**의 주제가 계속 다루어진다. 공동체성의 유지를 위해서는 거룩한 혼인이 파기되지 말아야 하며, 또 교회 안에서 어린 아이와 같이 작은 자들이 경시되거나 홀대받지 말아야 한다. 이 단락을 이어 본문 단락은 예루살렘 상경 길에 가르쳐진 제자도와 관련하여 '**추종**'의 주제를 다루는데, 특히 부(富)와 관련해서 그러하다.

본문의 짜임새

A. 부유한 청년(16-22절)
B. 제자들에 대한 예수님의 교수 대화(23-30절)
  1. 부에 대한 예수님과 제자들의 대화(23-26절)
  2. 예수님을 따르는 데에 있어 청빈에 대한 보상 말씀(27-30절)

본문 풀이

A. 부유한 청년 기사

이 기사는 예수님 당시 실제 일어났던 일에 대한 기사로 예수님의 말씀이 기사의 중심에 놓여 있는 짧은 이야기(*apophthegma*)이다.

아포프테그마: 예수님의 말씀이 중심에 놓여 있는 짧은 진술(이야기)

apophthegma 〈 *apophtheggesthai*: speak out, declare

참조. 막 10:17, "예수께서 길에 나가실새 한 사람이 달려와서 꿇어 앉아 묻자오되 **선한 선생님**(*didaskale agathe*)이여 내가 무엇(*ti*)을 하여야 영생을 얻으리이까"

1. 청년의 질문

(16절) "어떤 사람이 주께 와서 이르되 선생님이여(*didaskale*) 내가 **무슨 선한 일**(*ti agathon*)을 하여야 영생을 얻으리이까"

마태의 경우 '선한 일'에 초점이 맞추어져 있다(7:17, 18, 좋은 나무에서 좋은 열매가 난다).

2. 예수님의 대답

(17절) "예수께서 이르시되 어찌하여 **선한 일**을 내게 묻느냐 선한 이는 오직 한 분이시니라 **네가 생명에 들어 가려면 계명들을 지키라**"

마태의 경우에만 17절 하반절의 내용이 나온다. 마태의 경우 구원을 얻기 위해서는 '계명(들)을 지키는 것'(*tērēson tas entolas*)이 중요하다. 예수님은 말씀을 가르치실 뿐 아니라 그 말씀대로 행하신다. 그것처럼 예수님의 제자들도 배우고 믿은 말씀대로 가르치고 지켜야 한다.

참조. 막 10:18, "예수께서 이르시되 네가 어찌하여 **나를 선하다** 일컫느냐 하나님 한 분 외에는 선한 이가 없느니라"

3. 부자 청년의 두 번째 질문과 예수님의 대답

(18-19절) "이르되 어느 계명이오니이까 예수께서 이르시되 살인하지 말라 간음하지 말라 도둑질하지 말라 거짓 증언 하지 말라 네 부모를 공경하라 **네 이웃을 네 자신과 같이 사랑하라** 하신 것이니라"

마가복음 10장 19절에 의하면, 지켜야 할 계명은 제 5-10계명이나, 마태의 경우에는 십계명의 두 번째 돌판인 대인 관계 계명인 제 5-10계명이 한 요약으로써 해설되어 있다. 즉 "네 이웃을 네 자신과 같이 사랑하라"(*agapēseis ton plēsion sou hōs seauton*)는 말씀으로 설명되어 있다.

계명 요약 말씀인 마태복음 22장 24-40절과 마가복음 12장 28-34절을 비교해 보면, 마태는 마가처럼 둘째 계명을 "네 이웃을 네 자신과 같이 사랑하라"고 보도하나, 마태의 경우는 마가와 달리 "둘째는 그와 같으니"라는 말씀이 들어 있다. 즉 마태복음에서는 '**하나님 사랑**'과 '**이웃 사랑**'은 불가분으로 결합

참조. 막 10:19, "네가 계명을 아나니 살인하지 말라, 간음하지 말라, 도둑질하지 말라, 거짓 증언 하지 말라, 속여 빼앗지 말라, 네 부모를 공경하라 하였느니라"

되어 있다.

4. 부자 청년의 세 번째 질문과 예수님의 대답

> (20-21절) "그 청년이 이르되 이 모든 것을 내가 지키었사온대 **아직도 무엇이 부족하니이까** 예수께서 이르시되 네가 **온전하고자** 할진대 가서 네 소유를 팔아 가난한 자들에게 주라 그리하면 하늘에서 보화가 네게 있으리라 그리고 와서 나를 따르라 하시니"

참조. 막 10:20-21, "그가 여짜오되 선생님이여 이것은 내가 **어려서부터 다 지켰나이다** 예수께서 그를 보시고 사랑하사 이르시되 네게 아직도 한 가지 부족한 것이 있으니 가서 네게 있는 것을 다 팔아 가난한 자들에게 주라 그리하면 하늘에서 보화가 네게 있으리라 그리고 와서 나를 따르라 하시니"

이 두 절은 마가복음 10장 20-21절과 비교해 볼 때 "네가 **온전하고자** 할진대"(*ei theleis teleios einai*)가 더 들어 있다. '온전한'(*teleios*)이라는 용어는 복음서에서 세 번 사용되는데 모두 마태복음에만 사용된(5장 48절에서 두 번, 19장 21절에서 한 번) 마태복음의 특징적인 용어이다. 여기서 마태는 자신의 교회가 산상설교 대립 명제(5:21-47)의 절정이며 목표점인 '온전함'(5:48)에 이르기를 원한다. **온전함**은 어떤 특정인이 아니라 모든 그리스도인에게 요구된다.

이 온전함은 완전주의(perfectionism)적인 결벽성을 의미하는 것이 아니다. 오히려 '온전함'이란 하나님께서 그의 아들을 믿는 자들에게 온전한 생명의 선물을 주신 것처럼, 그들 역시 하나님을 향해 **나누어짐이 없이** 하나님을 **전적으로** 의지하는 것이요, 그뿐만 아니라 하나님의 뜻을 담고 있는 계명에 대해서도 신실히 지킴을 의미한다. 그것은 그리스도를 따르는 모든 제자들에게 요구된다.

하나님을 온전히 의지하는 데 '소유'(*ta hyparchonta*)가 장애물이 된다면, 팔아서 가난한 자에게 주어야 한다. 이미 산상설교에서(6:19-24) '보물을 땅에 쌓아 두어서는 안 된다'는 것과 '보물을 주인으로 신격화하지 말라'는 가르침이 있었다. 제자의 삶에서 재물이 하나님을 대신할 수 없다.

5. 부자 청년의 반응

(22절) "그 청년이 재물이 많으므로 이 말씀을 듣고 근심하며 가니라"

이 부자 청년은 재물이 적어서가 아니라 많아서 근심하였다. 역으로 말하면, 재물을 놓지 않으려고 재물을 붙잡는 것은 그 재물에 마음을 빼앗긴 것이다. '근심'이란 마음이 하나님 이외에 무언가에 의해 빼앗길 때 일어나는 것이다.

참조. 막 10:22, "그 사람은 재물이 많은 고로 이 말씀으로 인하여 슬픈 기색을 띠고 근심하며 가니라"

B. 예수님의 제자에 대한 교수 대화(23-30절)

이제 예수님의 대화 상대는 부자 청년이 아니라 **제자**들로 바뀐다.

참조. 막 10:23-27, "예수께서 둘러 보시고 **제자**들에게 이르시되 재물이 있는 자는 하나님의 나라에 들어가기가 심히 어렵도다 하시니 제자들이 그 말씀에 놀라는지라 예수께서 다시 대답하여 이르시되 얘들아 하나님의 나라에 들어가기가 얼마나 어려운지 낙타가 바늘귀로 나가는 것이 부자가 하나님의 나라에 들어가는 것보다 쉬우니라 하시니 제자들이 매우 놀라 서로 말하되 그런즉 누가 구원을 얻을 수 있는가 하니 예수께서 그들을 보시며 이르시되 사람으로는 할 수 없으되 하나님으로는 그렇지 아니하니 하나님으로서는 다 하실 수 있느니라"

1. 첫 번째 예수님의 가르침

(23-26절) "예수께서 **제자**들에게 이르시되 내가 진실로 너희에게 이르노니 **부자는 천국에 들어가기가 어려우니라** 다시 너희에게 말하노니 **낙타가 바늘귀로 들어가는 것이 부자가 하나님의 나라에 들어가는 것보다 쉬우니라** 하시니 제자들이 듣고 몹시 놀라 이르되 그렇다면 누가 구원을 얻을 수 있으리이까 예수께서 그들을 보시며 이르시되 **사람으로는 할 수 없으나 하나님으로서는 다 하실 수 있느니라**"

예수님은 세 가지 격언적인 말씀으로 제자들을 가르치신다.

① 예수님의 첫 번째 말씀(23절): "부자는 천국에 들어가기가 어려우니라"

② 예수님의 두 번째 말씀(24절): "낙타가 바늘귀로 들어가는 것이 부자가 하나님의 나라에 들어가는 것보다 쉬우

니라"

③ 예수님의 세 번째 말씀(26절): "사람으로는 할 수 없으나 하나님으로서는 다 하실 수 있느니라"(*para anthrōpois touto adynaton estin, para de theōi panta dynata*)

이 세 가지 격언적인 말씀으로써 구원은 인간의 그 무엇으로써 이루어지는 것이 아니라 **예수 그리스도의 십자가 죽음**을 통해서 이루어진다는 것이 명백하게 드러난다(20:28; 26:28 참조).

참조. 마 20:28, "인자가 온 것은 섬김을 받으려 함이 아니라 도리어 섬기려 하고 자기 목숨을 **많은 사람**의 대속물로 주려 함이니라" 마 26:28, "이것은 죄 사함을 얻게 하려고 **많은 사람**을 위하여 흘리는 바 나의 피 곧 언약의 피니라"

어떤 일로써 영생을 얻을 수 있는가는 질문은 인간의 어떤 일로도 영생을 얻을 수 없다는 대답으로 끝이 난다. 영생은 오직 하나님만이 주실 수 있다. 영생은 인간의 노력의 대가로 **얻어지는** 것이 아니라, 다만 하나님에 의해 **주어질** 수 있을 뿐이다.

2. 두 번째 예수님의 가르침

(27-28절) "이에 베드로가 대답하여 이르되 보소서 우리가 모든 것을 버리고 주를 따랐사온대 그런즉 우리가 무엇을 얻으리이까 예수께서 이르시되 내가 진실로 너희에게 이르노니 세상이 새롭게 되어 인자가 자기 영광의 보좌에 앉을 때에 나를 따르는 너희도 **열두 보좌**에 앉아 **이스라엘 열두 지파**를 심판하리라"

베드로는 제자로서 모든 것을 버리고 주님을 따를 때 제자에게 약속으로 주어지는 것이 무엇인가를 물었다. 28절에 마가복음에 없는 '열두 보좌' 말씀이 나타난다. 제자들이 마지막 최후 심판에 참여할 것이다(고전 6:2-3; 계 2:26-28; 20:4).

참조. 막 10:28, "베드로가 여짜와 이르되 보소서 우리가 모든 것을 버리고 주를 따랐나이다"

(29-30절) "또 내 이름을 위하여 집이나 형제나 자매나 부모나 자식이나 전토를 버린 자마다 **여러(백) 배**를 받고 또 영생을 상속하리라

그러나 **먼저 된 자로서 나중 되고 나중 된 자로서 먼저 될 자가 많으니라**"

마가복음	마태복음
나와 복음을 위하여	내 이름을 위하여 …
현세에 있어	–

마태의 경우 '**추종에 대한 보상**'은 마가보다 '금세'에 덜 치중되어 있다. 마태의 경우 보상은 더욱 **종말론적**이다.

'추종'이란 주님을 온전히 바라보는 것을 방해하는 모든 것을 버리는 것이다. 추종에 있어서는 신앙 생활의 길이나 연륜이 문제가 아니라 버림이 문제이다. 카이로스(질적인 결단의 시간)적인, 버리는 **결단**의 문제이다(양적인 시간이 아니라 질적인 시간의 문제이다).

참조. 막 10:29-31, "예수께서 이르시되 내가 진실로 너희에게 이르노니 **나**와 **복음**을 위하여 집이나 형제나 자매나 어머니나 아버지나 자식이나 전토를 버린 자는 **현세에 있어** 집과 형제와 자매와 어머니와 자식과 전토를 **백** 배나 받되 박해를 겸하여 받고 내세에 영생을 받지 못할 자가 없느니라 그러나 먼저 된 자로서 나중 되고 나중 된 자로서 먼저 될 자가 많으니라"

본문이 전하는 말씀

첫째, 하나님을 **온전하게** 의지하라.

둘째, 영생은 오직 **하나님의 은총**으로만 얻을 수 있다(오직 은혜).

셋째, 주님을 따르는 제자들에게는 **버림**이 필요하다.

넷째, 버린 제자에게는 영생뿐 아니라 **보상**이 주어진다.

찬송: 513장(새' 458장)

전망 산에서
바라본
예루살렘 전경

제35과 예루살렘 상경 길에서(Ⅲ)

20장 1-19절

본문의 자리 매김

19-20장은 예수께서 제자들과 함께 갈릴리에서 예루살렘으로 올라가시는 길에 일어난 일들을 기록하고 있다. 마태에 의하면, 예수께서 걸어가신 길은 '**의(義)의 길**'이었다(Georg Strecker). 즉 예수께서 가신 길은 바리새인·서기관보다 나은 의를 몸소 실천하신 길이었다. 이런 맥락에서 본문에 나타난 포도원 비유와 예수님의 세 번째 수난 예고는 예수께서 순종하신 **하나님의 의**가 무엇인지 또 그 의의 정체가 무엇인지를 밝혀 준다.

본문의 짜임새

분명하게 둘로 나누어진다.

A. 포도원 일꾼 비유(1-16절)

B. 수난과 부활에 대한 세 번째 수난 예고(17-19절)

본문 풀이

A. 포도원 일꾼 비유(1-16절)

이 비유는 공관복음에서 마태복음에만 나타나는 비유로서 여기서 예수님은 자신이 걸으신 의의 길에서 그 의(義)가 어떤 의인가를 밝혀 보여준다. 마태복음 전체의 주제가 되는, 예수께서 먼저 본을 보이시고 나아가 제자들에게 요구하신 의는 바리새인과 서기관들이 가지고 있던 의(義)를 뛰어넘는 것이었다. 본문에서 **예수께서 순종하시고 제자들에게 요구하신 하나님의 의**는 인과(因果)적인 공로(공적) 사상에 기초를 두고 있는 인간의 의(義)를 초월한 **은혜의 의**이다. 그래서 신약성경의 비유 연구의 전문가인 율리허(Adolf Jülicher)는 이 단락을 "**요약된 복음**"(Evangelium in nuce)으로 부른다.

이 단락을 세부적으로 구분해 보면, 그것은 셋으로 나누어진다.

1. 포도원 주인의 일꾼 부름(1-7절)
2. 일꾼에게 품삯을 나누어 주는 주인(8-15절)

3. 비유의 교훈(16절)

1. 포도원 주인의 일꾼 부름

(1-7절) "천국은 마치 품꾼을 얻어 포도원에 들여보내려고 이른 아침에 나간 집 주인과 같으니 그가 하루 한 데나리온씩 품꾼들과 약속하여 포도원에 들여보내고 또 제**삼시**에 나가 보니 장터에 놀고 서 있는 사람들이 또 있는지라 그들에게 이르되 너희도 포도원에 들어가라 내가 너희에게 상당하게 주리라 하니 그들이 가고 제**육시**와 제**구시**에 또 나가 그와 같이 하고 제**십일시**에도 나가 보니 서 있는 사람들이 또 있는지라 이르되 너희는 어찌하여 종일토록 놀고 여기 서 있느냐 이르되 우리를 품꾼으로 쓰는 이가 없음이니이다 이르되 너희도 포도원에 들어가라 하니라"

(1절) '천국은 마치 … 집 주인과 같다(*homoia*)' : '**비유**'임을 알리는 공식적인 구절이다. 이 비유의 초점은 일꾼이 아니라 **집 주인**이다. 곧 인간이 아니라 **하나님**이다. 여기서 **인간이 추구하는 의**와 **하나님께서 베푸시는 의**가 대조되는 암시를 찾아볼 수 있다.

(2절) 집 주인이 일당 한 데나리온씩 주기로 하고 일꾼을 썼다. '데나리온'은 로마의 은전으로 헬라의 은화인 드라크마의 절반에 해당한다.

(3-6절) 제삼시(오전 9시), 제육시(정오), 제구시(오후 3시), 제십일시(오후 5시)에도 일꾼을 불렀다.

(7절) 이 구절의 초점은 놀고 있는 일꾼을 쓰시는 집 주인(하나님)의 '**선하심**'(은혜 베푸심)이다. 즉 인간을 돕는, 은혜로우신 하나님의 의가 강조된다.

2. 일꾼에게 품삯을 나누어 주는 주인

이 비유의 두 번째 부분은 '저물매'(*opsias genomenēs*)라는 분사 구문으로써 첫 번째 부분과 구분된다.

> (8절) "저물매 포도원 주인이 청지기에게 이르되 품꾼들을 불러 나중 온 자로부터 시작하여 먼저 온 자까지 삯을 주라 하니"

품삯은 나중 온 자로부터 먼저 지불되며, 먼저 온 자는 맨 나중에 품삯을 받게 된다. 즉, 먼저 온 자들은 나중 온 자들이 얼마의 품삯을 받는지 낱낱이 지켜보게 된다. 여기에 이 비유를 듣는(혹은 읽는) 사람들이 가지고 있는 인간적인 의 개념 내지는 보상 개념을 깨뜨리고자 한 예수님의 의도가 숨어 있다. 사람들은 자신이 가진 인과적인 보상 개념 내지는 공적 개념으로 자신의 의로움을 주장한다.

> (9-12절) "제십일시에 온 자들이 와서 한 데나리온씩을 받거늘 먼저 온 자들이 와서 더 받을 줄 알았더니 그들도 한 데나리온씩 받은지라 받은 후 집 주인을 **원망**하여 이르되 나중 온 이 사람들은 한 시간밖에 일하지 아니하였거늘 그들을 종일 수고하며 더위를 견딘 **우리와 같게 하였나이다**"

인간적인 공로(공적), 보상 개념이 주축을 이루는 '인간의 의'라는 기준으로 이 주인의 품삯 지급 행위를 보면 '불공정'(unfair)하다. 그래서 자신의 품삯을 받으면서도 '원망하며'(*egonggyzon* < *gonggyzein*, 불평하다, 투덜거리다), 주인이 한 시간만 일한 사람을 종일 수고와 더위를 견딘 자신들과 동일하게 취급하여 똑같은 임금을 지불하는 것은 공정하지 못하다고 항변한다.

그러나 이에 대한 주인의 대답에서 이러한 일꾼들의 항의야말로 부당한 것이며, 동일한 임금을 지불한 주인의 선한 뜻이 드러난다.

(13-15절) "주인이 그 중의 한 사람에게 대답하여 이르되 친구여 내가 네게 잘못한 것이 없노라 네가 나와 한 데나리온의 약속을 하지 아니하였느냐 네 것이나 가지고 가라 나중 온 이 사람에게 너와 같이 주는 것이 내 뜻이니라 내 것을 가지고 **내 뜻대로** 할 것이 아니냐 **내가 선하므로 네가 악하게 보느냐**"

주인의 뜻은 다름 아니라 품꾼들에게 은혜를 베풀고자 함이다. 즉 이 비유의 핵심은 주님이 **은혜를 베푸시는 분**이라는 점, 또 이러한 은혜 베푸심의 기초는 '**하나님의 선하심(인자하심)**'이라는 것, 그리고 예수님을 통해 베푸시는 하나님의 의는 온전치 못한 사람을 도와주는 '**돕는 의**'(Peter Stuhlmacher)라는 것이다.

3. 비유의 교훈

(16절) "이와 같이 **나중 된 자**로서 먼저 되고 **먼저 된 자**로서 나중 되리라"

16절은 19장 마지막 절인 30절과의 비교에서 이해될 수 있다. 이 두 구절에 '먼저 된 자'(*prōtoi*)와 '나중 된 자'(*eschatoi*)의 대조가 나타난다. 그런데 19장 30절과 20장 16절을 비교해 보면 이 **대조의 순서**가 다르다. 19장 30절에서 '먼저 된 자'는 이스라엘이고, '나중 된 자'는 열두 제자이다. 이스라엘에게 회개가 촉구되고, 제자들에게는 위로와 약속이 주어진다. 그러므로 유대인은 생각을 고쳐야 한다. 그러나 20장 16절은 제자들에

비교. 마 19:30, "그러나 **먼저 된 자**로서 나중 되고 **나중 된 자**로서 먼저 될 자가 많으니라"

대한 주님의 가르침이다.

이 때에는 이스라엘이 아니라 제자들이 고쳐야 한다. 19장 28-29절에서 주님으로부터 주님과 함께 이스라엘을 심판할 열두 보좌에 앉으리라는 약속을 받은 제자들도 20장 16절에서 이제 이스라엘처럼 장담하거나 자만하거나 주제넘게 굴어서는 안 된다. 주님을 따르는 제자들은 인과적인 보상 개념을 버려야 한다. 곧 제자들은 공로나 업적(쌓는 의) 개념에 바탕을 두고 있는 인간적인 의 개념을 버려야 한다. 이것이 그리스도를 따르는 **제자들이 추구해야 하는 의**이며 **하나님의 선하심에 부합된 의**이다.

B. 수난과 부활에 대한 세 번째 수난 예고(17-19절)

(17-19절) "예수께서 예루살렘으로 올라가려 하실 때에 **열두 제자**를 따로 데리시고 길에서 이르시되 보라 우리가 예루살렘으로 올라가노니 인자가 대제사장들과 서기관들에게 **넘겨지매** 그들이 죽이기로 **결의하고** 이방인들에게 **넘겨 주어** 그를 조롱하며 **채찍질하며 십자가에 못 박게 할 것이나 제삼일에 살아나리라**"

참조. 막 10:32-34, "예루살렘으로 올라가는 길에 예수께서 그들 앞에 서서 가시는데 그들이 놀라고 따르는 자들은 **두려워하더라** 이에 다시 열두 제자를 데리시고 자기가 당할 일을 말씀하여 이르시되 보라 우리가 예루살렘에 올라가노니 인자가 대제사장들과 서기관들에게 넘겨지매 그들이 죽이기로 결의하고 이방인들에게 넘겨주겠고 그들은 능욕하며 침 뱉으며 채찍질하고 죽일 것이나 그는 삼 일 만에 살아나리라 하시니라"

마태복음 20장 17-19절을 이에 해당하는 마가복음 10장 32-34절과 비교해 보면, 마태복음의 본문은 제자들이 아니라 **주님**에게 관심이 있다. 즉 마가복음의 경우 예수님의 수난 예고에 대해 잘 이해하지 못하는 제자들이 주목을 받는다면, 마태복음에서는 예수님 자신에게 초점이 맞추어져 있다.

이 수난의 길은 **하나님께서 계획하신 길**이다.

대제사장들과 서기관들이

① 예수님을 죽이기로 결의하고(*katakrinousin*)

② 그를 이방인들에게 넘겨주어(*paradōsousin*)

③ 이방인들이 그를 조롱하고(*empaiksai*)

④ 채찍질하고(*mastigōsai*)

⑤ 십자가에 못 박히게(*staurōsai*) 한다.

마태복음에 '십자가에 못박다'(*stauroun*)가 총 10회 사용되는데 그 중에 첫 번째로 사용된 곳이 20장 19절이다(23:34; 26:2; 27:22, 23, 26, 31, 35, 38; 28:5 참조).

이러한 대제사장과 서기관들의 행위는 모두 능동태 동사로 묘사되었다. 그러나 이런 행위는 하나님의 계획에 따른 것이다. 이 다섯 개의 능동태 동사의 전후에 하나님의 행위가 전제되어 있는 수동태(신적 수동태, passivum divinum, 행위의 주체가 하나님인 수동태) 동사가 나타난다. 하나는 18절의 '넘겨지매' (*paradothēsetai*, 넘기워질 것이다)와, 다른 하나는 19절의 '살아나리라'(*egerthēsetai*, 일으켜질 것이다)이다. 이 두 동사는 '하나님의 계획'과 '하나님의 행위'를 반영하고 있다.

이 단락은 주님을 따르는 제자도의 주제를 다루는, 뒤따르는 단락인 '세배대의 두 아들' 기사(20:20-28)와 밀접하게 관련되어 있다.

본문이 전하는 말씀

첫째, 인간의 구원은 행위에 근거를 두고 있는 인간의 의 때문이 아니라, 부족한 인간을 돕는 **하나님의 의**와 **선하심** 때문이다. **하나님의 선하심**을 믿고 의지하라!

둘째, 이 도우시는 **하나님의 의**로 의롭다 여김 받은 그리스도의 제자들은 인간의 의라는 잣대로 하나님의 의나 다른 사람의 의를 판단하지 말아야 한다. 먼저 된 자들이 나중 될 수 있기 때문이다.

셋째, 도우시는 하나님의 의는 하나님의 뜻에 순종하시는 **예수님의 십자가 지심**에서 실천되었다. 기독교의 의는 불의에 대한 대립 개념이 아니라 불의를 용서하는 **포괄** 개념이다. 그리스도인의 의는 다른 사람의 불의를 드러내고 그와 멀어지고 분리되며 정죄하는 배타적인 의가 아니라, 다른 사람의 허물을 감싸 주고 덮어 주는 **포용적인 의**이다. 신앙생활을 하면서 앞에 당한 어려움이 십자가라 할지라도 **하나님의 뜻에 순종**하자.

찬송: 403장(새 303장)

제36과 **예루살렘 상경 길에서(Ⅳ)**

20장 20-34절

본문의 자리 매김

본문은 예수님의 예루살렘 상경기를 묘사하는 19-20장 단락의 마지막에 위치하고 있다. 이 단락에서 예수님의 **십자가 죽음**과 그 의미가 암시되어 있으며, 그 길을 걸어가신 주님을 따르는 제자들에게 요구되는 '**추종**' 주제가 두 맹인 치유 기사에서 다루어진다.

이로써 마태는 하나님의 뜻을 이루기 위해 죽음이 기다리고 있는 예루살렘으로 향해 올라가시는 주님의 길이 **의의 길**이며, 이 길이 제자들이 따라가야 할 길임을 분명히 보여 준다.

본문의 짜임새

A. 세베대의 두 아들 기사(20-28절)
 1. 두 제자와 함께 온 어머니의 요구와 예수님의 대답 (20-23절)
 2. 열 제자의 분노와 예수님의 가르침(24-28절)

B. 두 눈 먼 사람 치유 기사(29-34절)

본문 풀이

A. 세베대의 두 아들 기사(20-28절)

1. 두 제자와 함께 온 어머니의 요구와 예수님의 대답(20-23절)

a) 세베대의 두 아들의 어머니의 요구

(20절) "그 때에 세베대의 아들의 어머니가 그 아들들을 데리고 예수께 와서 절하며 무엇을 구하니"

참조. 막 10:35, "세베대의 아들 야고보와 요한이 주께 나아와 여짜오되 선생님이여 무엇이든지 우리가 구하는 바를 우리에게 하여 주시기를 원하옵나이다"

세베대의 두 아들은 예수님의 사랑을 받았던 야고보와 요한이며(마 10:2), 그의 어머니는 살로메였다(마 27:56; 막 15:40 참조). 마가복음에서는 구하는 사람이 야고보와 요한이나, 마태복음에서는 그 어머니와 함께 온 두 아들이다. 그 이유는 마가복음은 메시아 비밀과 관련하여 제자들의 무지, 깨닫지 못함이라는 주제를 강조하는데 반해, 마태복음은 제자들이 교사이신 예수님의 가르침을 받아 **깨닫는 자들**이라는 것을 강조하기 때문이다. 어떻든 두 제자나 그 어머니 어느 한 쪽만 요구한 것이 아니라 양쪽 모두 예수님께 요구했음이 틀림이 없다.

b) 예수님의 물음과 요구의 내용

(21절) "예수께서 이르시되 무엇을 원하느냐 이르되 나의 이 두 아들을 주의 나라에서 하나는 주의 우편에, 하나는 주의 좌편에 앉게 명하소서"

그 **요구의 내용**은 두 제자가 주의 나라에서 주님의 좌우편에 앉는 것이었다. 즉, 그것은 **자리**의 문제이고, 그것도 **영예** 내지는 **명예**의 문제이며(막 10:37, "주의 영광 중에서" 참조), 이어지는 예수님의 말씀에 비추어 볼 때 **다스림**의 문제이다.

참조. 막 10:36-37, "이르시되 너희에게 무엇을 하여 주기를 원하느냐 여짜오되 주의 영광 중에서 우리를 하나는 주의 우편에, 하나는 좌편에 앉게 하여 주옵소서"

c) 예수님의 대답

(22-23절) "예수께서 대답하여 이르시되 너희는 너희가 구하는 것을 알지 못하는도다 내가 마시려는 잔을 너희가 마실 수 있느냐 그들이 말하되 할 수 있나이다 이르시되 너희가 과연 내 잔을 마시려니와 내 좌우편에 앉는 것은 내가 주는 것이 아니라 내 아버지께서 누구를 위하여 예비하셨든지 그들이 얻을 것이니라"

예수님은 자리를 요구하는 제자에게 자신이 마시려는 잔에 대하여 말씀하신다. 여기서 '**잔**'이란 구약성경에 의하면 모든 민족이 마셔야 하는 '**진노의 잔**'이다(렘 25:15; 겔 23:33; 사 51:17; 시 75:9 참조). 이것은 단순한 '고통의 쓴 잔'이 아니라 구약에서 예고되었던, 하나님께서 모든 사람에게 내리시는 '진노의 잔'이다. 예수님은 겟세마네 동산에서 "이 잔을 내게

참조. 막 10:38-40, "예수께서 이르시되 너희는 너희가 구하는 것을 알지 못하는도다 내가 마시는 잔을 너희가 마실 수 있으며 내가 받는 세례를 너희가 받을 수 있느냐 그들이

말하되 할 수 있나이다 예수께서 이르시되 너희는 내가 마시는 잔을 마시며 내가 받는 세례를 받으려니와 내 좌우편에 앉는 것은 내가 줄 것이 아니라 누구를 위하여 준비되었든지 그들이 얻을 것이니라"

서 지나가게 하옵소서 그러나 나의 원대로 마시옵고 아버지의 원대로 하옵소서"라고 기도하셨다(마 26:39). 이 잔은 예수께서 제자들과 함께 최후의 만찬을 하실 때 제자들에게 주신 잔이다. 곧 이 잔은 "**죄 사함을 얻게 하려고** 많은 사람을 위하여 흘리는 바 나의 피 곧 언약의 피니라"(마 26:28).

2. 열 제자의 분노와 예수님의 가르침(24-28절)

(24-28절) "열 제자가 듣고 그 두 형제에 대하여 분히 여기거늘 예수께서 제자들을 불러다가 이르시되 이방인의 집권자들이 그들을 임의로 주관하고 그 고관들이 그들에게 권세를 부리는 줄을 너희가 알거니와 너희 중에는 그렇지 않아야 하나니 너희 중에 누구든지 크고자 하는 자는 너희를 섬기는 자가 되고 너희 중에 누구든지 으뜸이 되고자 하는 자는 너희의 종이 되어야 하리라 인자가 온 것은 섬김을 받으려 함이 아니라 도리어 섬기려 하고 자기 목숨을 많은 사람의 대속물로 주려 함이니라"

참조. 막 10:41-45, "열 제자가 듣고 야고보와 요한에 대하여 화를 내거늘 예수께서 불러다가 이르시되 이방인의 집권자들이 그들을 임의로 주관하고 그 고관들이 그들에게 권세를 부리는 줄을 너희가 알거니와 너희 중에는 그렇지 않을지니 너희 중에 누구든지 크고자 하는 자는 너희를 섬기는 자가 되고 너희 중에 누구든지 으뜸이 되고자 하는 자는 모든 사람의 종이 되어야 하리라 인자가 온 것은 섬김을 받으려 함이 아

다스림의 자리, 영광의 자리를 요구한 제자들과 관련하여 예수님의 가르침은 28절에서 그 절정에 이른다. 이 구절을 마가복음 10장 45절과 비교하면, 마가복음과 다른 점은 마가의 경우 이유를 나타내는 접속사 '왜냐하면'(*gar*)이 사용되었으나, 마태의 경우에는 '**이와 같이**'(*hōsper*)가 사용되어, 마태의 경우 제자들에게 **추종**이 더 강하게 요구된다.

예수님은 "많은 사람을 위한 대속물"(*lytron anti pollōn*)이다. 즉 "많은 사람을 위해 피를 흘리시는" 분이다(마 26:28).

B. 두 눈 먼 사람 치유 기사(29-34절)

(29-34절) "그들이 여리고에서 떠나 갈 때에 큰 무리가 예수를 따르

더라 맹인 두 사람이 길 가에 앉았다가 예수께서 지나가신다 함을 듣고 소리 질러 이르되 주여 우리를 불쌍히 여기소서 다윗의 자손이여 하니 무리가 꾸짖어 잠잠하라 하되 더욱 소리 질러 이르되 주여 우리를 불쌍히 여기소서 다윗의 자손이여 하는지라 예수께서 머물러 서서 그들을 불러 이르시되 너희에게 무엇을 하여 주기를 원하느냐 이르되 주여 우리의 눈 뜨기를 원하나이다 예수께서 불쌍히 여기사 그들의 눈을 만지시니 곧 보게 되어 그들이 예수를 따르니라"

니라 도리어 섬기려 하고 자기 목숨을 많은 사람의 대속물로 주려 함이니라"

a) 치유의 대상은 '눈 먼 사람 둘'이다(30상반절). 마가의 경우는 거지 맹인 바디매오이다. 마태복음에 이 '**둘**'(*dyo*)이라는 숫자는 특별한 의미를 가지고 있는데, 마태는 이 단어를 즐겨 사용한다. '둘'은 증인 수인데, 예수께서 확실하게 소경의 눈을 뜨게 하였다는 것을 마태는 알린다. 거라사의 광인 치유 기사의 경우에도 마태의 경우 광인은 둘이나(마 8:28-34), 마가의 경우는 한 사람이다(막 5:1-10). 또 마태복음에만 나타나는 두 맹인 치유 기사(마 9:27-31)에서도 예수님은 **두** 사람의 눈을 뜨게 하신다.

b) 이 두 맹인은 예수님을 '주여'(*kyrie*), '다윗의 자손'(*hyos David*)이라고 부른다(30-31절, 각각 두 번씩). 즉 예수님의 **메시아됨**을 고백한다. 예수님은 다윗 가문에서 유래된 메시아이다(1:1; 12:23; 15:22; 21:9, 15).

c) '우리를 불쌍히 여기소서'(*eleēson hēmas*)(30, 31절, 각 1번씩): 이는 마태의 교회에서 중요한 관용적인 표현이었을 것이다. 이미 이 구절은 20장 이전에 세 곳에서 사용되었다(9:27, 두 맹인 치유 기사에서; 15:22, 귀신 들린 딸의 축귀를 간청하는 가나안 여인 기사에서; 17:15, 간질 귀신 들린 아들의 아버지의 간청에서).

d) '불쌍히 여기사'(*splangchnistheis*)(34절): 이 단어는 일만 달란트 빚진 자에 대해 탕감하여 준 주인의 마음을 나타내는 18장

참조. 막 10:46-52, "그들이 여리고에 이르렀더니 예수께서 제자들과 허다한 무리와 함께 여리고에서 나가실 때에 디매오의 아들인 맹인 거지 바디매오가 길 가에 앉았다가 나사렛 예수시란 말을 듣고 소리 질러 이르되 다윗의 자손 예수여 나를 불쌍히 여기소서 하거늘 많은 사람이 꾸짖어 잠잠하라 하되 그가 더욱 크게 소리 질러 이르되 다윗의 자손이여 나를 불쌍히 여기소서 하는지라 예수께서 머물러 서서 그를 부르라 하시니 그들이 그 맹인을 부르며 이르되 안심하고 일어나라 그가 너를 부르신다 하매 맹인이 겉옷을 내버리고 뛰어 일어나 예수께 나아오거늘 예수께서 말씀하여 이르시되 네게

무엇을 하여 주기를 원하느냐 맹인이 이르되 선생님이여 보기를 원하나이다 예수께서 이르시되 가라 네 믿음이 너를 구원하였느니라 하시니 그가 곧 보게 되어 예수를 길에서 따르니라"

27절에서도 사용되었다. 이 '불쌍히 여기심'은 애간장을 끓는 측은한 마음과 동정심을 나타낸다. 원래 '불쌍히 여기다'(*splangchnizesthai*)는 '내장'을 나타내는 *splangchnon*에서 나왔다.

e) '보게 되어 그들이 예수를 따르니라' : 두 눈 먼 사람이 보게 되었다. 그 결과 이들이 예수님을 좇게 되었다. 곧 이 기사는 단순한 치유 이적 기사가 아니라 **추종** 기사이다. 그러니까 마태복음 9장 27-31절의 치유 이적 기사처럼 맹인의 '**믿음**'이("너희 믿음대로 되라", 막 9:29) 강조되는 것이 아니라, 여기서는 눈을 뜨게 된 맹인들이 예수님을 따르는 '**추종**'이 강조된다.

'**보게 됨**'은 마태복음에서 특히 중요한 의미를 갖는다. 이 기사는 범례적인 성격을 띠고 있다. 즉, 예수님을 통해서 보게 되는 자는 예수님을 따를 수 있고, 따르게 되고, 따라야 한다. '**본다**'는 것은 초기의 교회에서 심오한 의미를 가지고 있었다. 그것이 모든 신앙적 인식과 지식의 뿌리가 되었다.

본문이 전하는 말씀

첫째, 보상을 요구하는 입을 다물고 주님께서 내미는 '잔'을 받는 것이 그리스도의 제자의 도리이다. 다스림의 욕심을 버리고 **섬김**의 정신을 본받자.

둘째, 주님으로 인하여 보게 된 주님의 제자들은 끝까지 주님을 **따라가야** 한다.

찬송: 511장(새 314장)

제37과 **예루살렘 입성**

21장 1-17절

본문의 자리 매김

21-25장은 예루살렘에서 행하셨던 예수님의 활동을 다룬다. 이 다섯 장을 구체적으로 세분해 보면, 크게 세 단락으로 나눌 수 있다. 즉 21장은 예수님의 예루살렘 **입성**과 예루살렘 **활동**을, 이를 뒤잇는 22-23장은 예루살렘에서 예수님을 대적하는 무리들과 예수님 사이에 있었던 **논쟁**과 **대립**을, 그리고 24-25장은 마태복음의 마지막 큰 설교인 **종말 심판 설교**를 다루고 있다.

이 21-25장에서 역사적으로는 메시아이신 예수님의 예루살렘에서 행하신 활동이라는 **기독론**적인 관점이 강조되고, 시대사적으로는 마태 당시 기독교 교회를 가르치는 마태의 **교회론**적인 관점이 반영되어 있다. 즉 마태는 21-25장을 기록함으로써 예수님이 메시아이라는 기독론적인 주장과 함께 마태 당시 교회에게 새로운 하나님의 백성들인 교회가 '열매를 맺을 것'

(21:43)과 '깨어 있을 것'(25:13)과 '성실하게 살 것'(25:21, 23, 맡겨진 일에 충성을 다할 것), 그것도 무엇보다도 '사랑의 행위'(25:31-46)에 최선을 다할 것을 가르치고 요구한다.

본문의 짜임새

본문은 예루살렘 입성 첫날 예수께서 예루살렘에 이르러 환영을 받고 성전을 깨끗하게 하신 후, 다시 예루살렘 성밖 베다니로 물러나심을 묘사하고 있다.

A. 예수님의 예루살렘 입성(1-11절)
B. 예수님의 예루살렘 성전 정화(12-17절)

본문 풀이

A. 예수님의 예루살렘 입성(1-11절)

(1절) "그들이 예루살렘에 가까이 가서 감람 산 벳바게에 이르렀을 때에 예수께서 두 제자를 보내시며"

참조. 막 11:1, "그들이 예루살렘에 가까이 와서 감람 산 벳바게와 베다니에 이르렀을 때에 예수께서 제자 중 둘을 보내시며"

마태는 벳바게(1절)와 베다니(17절)를 구별한다.
'감람 산': 올리브 나무(*elaion*)들이 많은 산
'벳바게'(*Bēthphagē*): 무화과의 집

'무화과'는 유대인들에게 특별한 의미를 지니고 있다(18-20절 참조).

'두(*duo*) 제자' : '둘'이란 증거 수는 마태가 즐겨 사용하는 애(愛) 용어이다.

(2절) "이르시되 너희는 맞은편 마을로 가라 그리하면 곧 매인 나귀(*onos*)와 나귀 새끼(*pōlos*)가 함께 있는 것을 보리니 풀어 내게로 끌고 오라"

참조. 막 11:2, "이르시되 너희는 맞은편 마을로 가라 그리로 들어가면 곧 아직 아무도 타 보지 않은 나귀 새끼가 매여 있는 것을 보리니 풀어 끌고 오라"

이 구절은 구약성경의 스가랴 9장 9절과 관련되어 있다.

"**시온의 딸**아 크게 기뻐할지어다 예루살렘의 딸아 즐거이 부를지어다 **보라 네 왕이 네게 임하시나니** 그는 공의로우시며 구원을 베푸시며 겸손하여서 **나귀**를 타시나니 나귀의 작은 것 곧 **나귀 새끼**니라"

마가의 경우 스가랴처럼 '나귀 새끼'로 기록되어 있으나, 마태의 경우는 '나귀와 나귀 새끼'로 기록되어 있다.

(3절) "만일 누가 무슨 말을 하거든 주가 쓰시겠다 하라 그리하면 즉시 보내리라 하시니"

(4-5절) "이는 선지자를 통하여 하신 말씀을 이루려 하심이라 일렀으되 시온 딸에게 이르기를 네 왕이 네게 임하나니 그는 겸손하여 나귀, 곧 멍에 메는 짐승의 새끼를 탔도다 하라 하였느니라"

참조. 사 62:11, "여호와께서 땅 끝까지 선포하시되 너희는 딸 시온에게 이르라 보라 네 구원이 이르렀느니라 보라 상급이 그에게 있고 보응이 그 앞에 있느니라 하셨느니라"

4-5절은 마태복음에서 아홉 번째로 나타나는 구약 예언 회상(성취) 인용문이다. 마태는 이를 통해 예수님이 **구약성경에서 약속된 메시아**임을 거듭 밝히고 있다. 예수님은 구약의 약속을 성취하신 분이시다. 이것이 마태가 하나님의 구원 역사를 이해하는 구속사관이다.

예수님은 세상을 다스리시는 왕이시다. 그러나 군림하는 왕이 아니라 우리를 위해 스스로 낮추시는 왕이시다.

참조. 마 11:29-30, "나는 마음이 온유하고 겸손하니 나의 멍에를 메고 내게 배우라 그리하면 너희 마음이 쉼을 얻으리니 이는 내 멍에는 쉽고 내 짐은 가벼움이라 하시니라"

5절에 '겸손하여'(*praus*) 나귀 새끼를 탄 분이 바로 예수님이시다. '겸손한'(*praus*) 이란 단어는 4복음서 중 마태복음에만 나타나는 단어인데, 여기서 두 번 나타난다. 이곳 외에 11장 29절에 이미 한 번 언급된 적이 있다.

예수님은 '마음이 온유하고(*praus*) 겸손한(*tapeinos*)' 분이시다.

(6-9절) "제자들이 가서 예수께서 명하신 대로 하여 **나귀와 나귀 새끼**를 끌고 와서 자기들의 겉옷을 그 위에 얹으매 예수께서 그 위에 타시니 무리의 대다수는 그들의 겉옷을 길에 펴고 다른 이들은 나뭇가지를 베어 길에 펴고 앞에서 가고 뒤에서 따르는 무리가 소리 높여 이르되 **호산나 다윗의 자손이여 찬송하리로다 주의 이름으로 오시는 이여 가장 높은 곳에서 호산나** 하더라"

참조. 왕하 9:13, "무리가 각각 자기의 옷을 급히 가져다가 섬돌 위 곧 예후의 밑에 깔고 나팔을 불며 이르되 예후는 왕이라 하니라"

구약성경을 보면, 이스라엘이 누구를 왕으로 세울 때 자신의 옷을 벗어 깔고 그가 지나갈 때 나팔을 분 예가 있다. 열왕기하 9장 13절을 보면, 엘리사가 제자 한 사람을 이스라엘의 예후에게 보내어 왕으로 기름 부었을 때 무리들이 취한 행동이 묘사되어 있다.

또 열왕기상 1장 38-40절을 보면, 솔로몬이 제사장 사독에 의해 기름 부음을 받아 왕이 될 때 양의 뿔로 만든 나팔을 불고 모든 백성이 "솔로몬 왕 만세"를 불렀다.

참조. 시 118:25, "여호와여 구하옵나니 이제 구원하소서 … "

'**호산나**'(*hōsanna*, 시 118:25): '우리를 구원하소서'의 뜻이다.

'**다윗의 자손**': 메시아 칭호이다.

참조. 막 11:9-10, "앞에서 가고 뒤에서 따르

9절을 관련 구절인 마가복음 11장 10절과 비교해 보면, 마태는 예수님과 함께 도래한 하나님의 나라가 정치적인 나라로 오해 받지 않도록 "(다가) 오는 우리 조상 다윗의 나라여"를 생략한다.

(10-11절) "예수께서 예루살렘에 들어가시니 온 성이 소동하여 이르되 이는 누구냐 하거늘 무리가 이르되 **갈릴리 나사렛에서 나온 선지자 예수**라 하니라"

는 자들이 소리 지르되 호산나 찬송하리로다 주의 이름으로 오시는 이여 찬송하리로다 **오는 우리 조상 다윗의 나라여** 가장 높은 곳에서 호산나 하더라"

'무리': 갈릴리에서 예수님을 따라온, 유월절 명절을 지키기 위해 예루살렘으로 온 순례자들

무리들의 대답: "갈릴리 나사렛에서 나온 선지자 예수"

이 호칭은 마태의 경우 기독교적인 메시아 칭호이다(2:23, "이는 선지자로 하신 말씀에 나사렛 사람이라 칭하리라 하심을 이루려 함이러라"). 동시에 이 호칭은 유대인에 의해 배척을 당하신 메시아 칭호이기도 하다.

1-11절 단락을 요약하면, 예수님은

① 나귀 새끼를 타고 오시는 메시아이시요

② 죄인을 구원하시는 다윗의 자손이시요

③ 나사렛에서 나온 선지자이시다.

한마디로 말하면, 예수님은 유대인이 기대한 메시아가 아니라 **기독교적인 메시아**이다. 즉 예수님은 베들레헴에서 태어나셨으나 나사렛에서 성장하시고, 죄인을 구원하시기 위해 십자가를 마다하지 아니하고 섬기기 위해 나귀 새끼를 타고 예루살렘에 입성하시는 **기독교적인 메시아**이시다.

B. 예수님의 예루살렘 성전 정화(12-17절)

마가의 관련 본문과 비교해 보면, 마태의 경우 네 가지 특징

이 나타난다.

① 마태의 경우 성전 정화는 예루살렘에 입성하신 첫 날에 바로 이루어졌다(마가는 '이튿날').

② 무화과나무 저주 기사는 마가의 경우 성전 정화 기사의 배경이 되지만, 마태의 경우 성전 정화 사건 후에 일어난다. 즉 마태는 무화과나무 저주를 성전 정화 이후 후속적인 사건으로 본다.

③ 13절의 성구 인용(렘 7 : 11)에서 마태의 경우 '만민이'라는 말이 생략되었다.

④ 성전 정화 사건에서 소경과 저는 자들, 어린이들이 등장한다.

참조. 막 11:12-19, "**이튿날** 그들이 베다니에서 나왔을 때에 예수께서 시장하신지라 멀리서 잎사귀 있는 한 무화과나무를 보시고 혹 그 나무에 무엇이 있을까 하여 가셨더니 가서 보신즉 잎사귀 외에 아무 것도 없더라 이는 무화과의 때가 아님이라 예수께서 나무에게 말씀하여 이르시되 이제부터 영원토록 사람이 네게서 열매를 따 먹지 못하리라 하시니 제자들이 이를 듣더라 그들이 예루살렘에 들어가니라 예수께서 성전에 들어가사 성전 안에서 매매하는 자들을 내쫓으시며 돈 바꾸는 자들의 상과 비둘기 파는 자들의 의자를 둘러 엎으시며 아무나 물건을 가지고 성전 안으로 지나다님을 허락하지 아니하시고 이에 가르쳐 이르시되 기록된 바 내 집은 만민이 기도하는 집이라 칭함을 받으리라고 하지 아니하였느냐 너희는 강도의 소굴을 만들었도다 하시매 대제사장들과 서기관들이 듣고 예수를 어떻게 죽일까 하고 꾀하니 이는 무리가 다 그의 교훈을 놀랍게 여기므로 그를 두려워함일러라 그리고 날이 저물매 그들이 성 밖으로 나가더라"

1. 예수님의 예루살렘 성전 정화는 메시아적인 활동이다.

(12절) "예수께서 성전에 들어가사 성전 안에서 매매하는 모든 사람들을 내쫓으시며 돈 바꾸는 사람들의 상과 비둘기 파는 사람들의 의자를 둘러 엎으시고"

마태는 예루살렘 성전 정화가 예수께서 예루살렘 성전에 입성하자마자 하신 첫 활동임을 말함으로써 마태는 예수님의 예루살렘 입성과 성전 정화 사건을 중요한 메시아 사역으로 부각시키고 있다.

2. '만민이'라는 말이 생략됨으로써 유대인들과, 특히 대제사장 및 서기관들과 더 심각하게 대립되어 있다.

(13절) "그들에게 이르시되 기록된 바 내 집은 기도하는 집이라 일컬음을 받으리라 하였거늘 너희는 강도의 소굴을 만드는도다 하시니라"

3. 마태의 경우 예수께서 성전 정화 시 다른 일도 하신다. 곧 눈 먼 자들과 저는 자들을 고쳐 주시고 아이들의 찬송을 받으신다.

(14-16절) **"맹인과 저는 자들**이 성전에서 예수께 나아오매 고쳐 주시니 대제사장들과 서기관들이 예수께서 하시는 이상한 일과 또 성전에서 소리 질러 **호산나 다윗의 자손이여 하는 어린이들**을 보고 노하여 예수께 말하되 그들이 하는 말을 듣느냐 예수께서 이르시되 그렇다 어린 아기와 젖먹이들의 입에서 나오는 찬미를 온전하게 하셨나이다 함을 너희가 읽어 본 일이 없느냐 하시고"

참조. 렘 7:10-11, "내 이름으로 일컬음을 받는 이 집에 들어와서 내 앞에 서서 말하기를 우리가 구원을 얻었나이다 하느냐 이는 이 모든 가증한 일을 행하려 함이로다 내 이름으로 일컬음을 받는 이 집이 너희 눈에는 도둑의 소굴로 보이느냐 보라 나 곧 내가 그것을 보았노라 여호와의 말씀이니라"

사무엘하 5장 8절에 의하면, 맹인과 다리 저는 자들은 성소에 들어올 수 없다. 그러나 예수님의 경우는 다르다.

참조. 삼하 5:8, "그 날에 다윗이 이르기를 누구든지 여부스 사람을 치거든 물 긷는 데로 올라가서 다윗의 마음에 미워하는 다리 저는 사람과 맹인을 치라 하였으므로 속담이 되어 이르기를 맹인과 다리 저는 사람은 집에 들어오지 못하리라 하더라"

4. 마태는 벳바게(1절)와 베다니를 분명하게 구별하고 있다. 벳바게는 감람산 위에 있고, 베다니는 예루살렘으로부터 3km 정도 떨어져 있다.

(17절) "그들을 떠나 성 밖으로 베다니에 가서 거기서 유하시니라"

본문이 전하는 말씀

첫째, 예수님은 **기독교적인 메시아**이다.

둘째, 예수님은 성전 정화 사건을 통해 새 이스라엘의 구성원을 말씀하시는데 맹인, 저는 자, 어린 아이라 할지라도 예수님을 믿는 자가 **새 이스라엘**이 될 것이다.

셋째, 예수님은 **온유**하시고, **겸손**하시고, **자비**를 베푸시는 본보기가 되신다(산상설교와 22:34-40 참조).

찬송: 505장(새 452장)

제38과 열매 맺는 백성

21장 18-46절

본문의 자리 매김

마태복음 21장은 새 이스라엘을 건설하실 메시아이신 예수께서 나귀 새끼를 타고 예루살렘에 입성하셔서 예루살렘 성전을 깨끗하게 하신 후, 다음 날 예루살렘 성에 다시 들어오셔서 열매 없는 무화과 나무를 저주하시고, 당시 종교 지도자들과 논쟁하시는 논쟁 기사를 담고 있다.

본문의 짜임새

A. 무화과 나무 저주(18-22절)

B. 예수님의 권위에 대한 논쟁(23-27절)

C. 두 아들 비유(28-32절)

D. 악한 포도원 소작인 비유(33-46절)

(E. 왕의 혼인 잔치 비유[22장 1-14절])

위의 세 가지 비유는 모두 예수께서 적대자들과 하신 논쟁의 맥락 안에 있다.

본문 풀이

A. 무화과 나무 저주(18-22절)

(18-22절) "이른 아침에 성으로 들어오실 때에 시장하신지라 길 가에서 한 **무화과나무**를 보시고 그리로 가사 잎사귀 밖에 아무 것도 찾지 못하시고 나무에게 이르시되 이제부터 영원토록 네가 **열매를 맺지 못하리라** 하시니 무화과나무가 곧 마른지라 제자들이 보고 이상히 여겨 이르되 무화과나무가 어찌하여 곧 말랐나이까 예수께서 대답하여 이르시되 내가 진실로 너희에게 이르노니 만일 너희가 믿음이 있고 의심하지 아니하면 이 무화과나무에게 된 이런 일만 할 뿐 아니라 이 산더러 들려 바다에 던져지라 하여도 될 것이요 너희가 **기도**할 때에 무엇이든지 믿고 구하는 것은 다 받으리라 하시니라"

참조. 막 11:20-26, "그들이 아침에 지나갈 때에 무화과나무가 뿌리째 마른 것을 보고 베드로가 생각이 나서 여짜오되 랍비여 보소서 저주하신 무화과나무가 말랐나이다 예수

무화과나무 저주 기사를 마가복음(11:12-26)과 비교해 보면, 마태의 경우는 예루살렘 성전 정화 후 무화과나무 기사가 뒤따른다(마가복음의 경우는 무화과나무 저주 후 예루살렘 성전 정화). 여기서 **마태의 교회론**을 볼 수 있다. 마태가 자신의 교회에게 전하고 싶었던 메시지가 무엇인가? 그것은 예수님은 **새 이스라엘을 세우시는 분**이라는 것이다. 그래서 마태의 경

우 예수께서 예루살렘에 입성하셔서 하신 첫 사역이 성전을 깨끗하게 하신 일이다. '새 **이스라엘**'이 누구인가? 그것은 '**열매 맺는 하나님의 백성**'이다.

열매를 맺지 못하는 무화과나무(이스라엘)는 저주받을 수밖에 없다. 이들은 하나님의 성전을 강도의 굴혈로 만들었다(강도: 드러내 놓고 하는 도적질). 원래 하나님의 성전은 '(만민이) 기도하는 집'(13절)이다. 그래서 21-22절에서 새 이스라엘을 구성할 제자들에게 기도할 것이 요청된다. 기도하는 새 이스라엘은 옛 이스라엘이 하지 못한 엄청난 일도 할 수 있다. 그것이 비록 "산더러 들려 바다에 던져지라"는 불가능한 요구 같을지라도 하나님께서는 이를 가능하게 하신다. 이것이 새 이스라엘이 가져야 할 하나님께 대한 신앙이다. 불가능한 것을 가능하게 하시는 하나님을 의심하지 않는 것이 믿음이다. 새 이스라엘은 기도를 통해서 사람으로는 불가능한 일을 가능케 하시는 하나님의 능력을 보는 믿음을 가진 사람들이다.

께서 그들에게 대답하여 이르시되 하나님을 믿으라 내가 진실로 너희에게 이르노니 누구든지 이 산더러 들리어 바다에 던져지라 하며 그 말하는 것이 이루어질 줄 믿고 마음에 의심하지 아니하면 그대로 되리라 그러므로 내가 너희에게 말하노니 무엇이든지 기도하고 구하는 것은 받은 줄로 믿으라 그리하면 너희에게 그대로 되리라 서서 기도할 때에 아무에게나 혐의가 있거든 **용서**하라 그리하여야 하늘에 계신 너희 아버지께서도 너희 허물을 사하여 주시리라 하시니라"

B. 예수님의 권위에 대한 논쟁(23-27절)

(23-27절) "예수께서 성전에 들어가 가르치실새 대제사장들과 백성의 장로들이 나아와 이르되 네가 무슨 **권위**로 이런 일을 하느냐 또 누가 이 **권위**를 주었느냐 예수께서 대답하시되 나도 한 말을 너희에게 물으리니 너희가 대답하면 나도 무슨 **권위**로 이런 일을 하는지 이르리라 요한의 세례가 어디로부터 왔느냐 하늘로부터냐 사람으로부터냐 그들이 서로 의논하여 이르되 만일 하늘로부터라 하면 어찌하여 그를 믿지 아니하였느냐 할 것이요 만일 사람으로부터라 하면 모든 사람이 요한을 선지자로 여기니 백성이 무섭다 하여 예수께 대답하여 이르되 우리가 알지 못하노라 하니 예수께서 이르시되 나도 무슨 **권위**로 이런 일을 하는지 너희에게 이르지 아니하리라"

이 단락은 마가복음 11장 27-33절과 거의 자구(字句)적으로 일치한다. 23절에서만 약간의 차이를 발견할 수 있다.

(마 21:23) "가르치실새"(마태복음의 예수상: 교사 예수)

(막 11:27) "거니실 때에"

(마 21:23) "대제사장들과 백성의 장로들"

(막 11:27) "대제사장들과 서기관들과 장로들"

마태복음에서 '무리'(*ochlos*)들은 예수님을 좇으나 '백성'(*laos*)들은 예수님을 배척한다(2:4, "백성의 서기관", 26:3, 47; 27:1, "대제사장과 백성의 장로들"). 마태복음에서 이 '백성'은 마음이 완악하여 예수님을 부인한다.

마태복음에서 '권위'(*exousia*)는 중요한 단어이다. 예수님은 바리새인과 서기관들과 달리 '행함과 가르침'으로 자신의 권위를 드러내시는 하늘에 계신 하나님께서 보내신 권위 있는 교사요 하나님의 아들이시다(이 '권위'라는 용어는 마태복음에서 모두 열 번 사용된다).

(7:29) "그 가르치시는 것이 **권위** 있는 자와 같고"

(8:9) "남의 수하(**권세** 아래)에 있는 자"(백부장)

(9:6) "인자가 세상에서 죄를 사하는 **권능**이 있는 줄"

(9:8) "이런 **권능**을 사람에게 주신 하나님께 영광을"

(10:1) 제자들에게 "더러운 귀신을 쫓아내며 모든 병과 모든 약한 것을 고치는 **권능**을 주시니라"

(28:18) "하늘과 땅의 모든 **권세**를 내게 주셨으니"

이 중 8장 9절을 제외하고는 모두 예수님의 권위를 나타낸다. 예수님은 권위 있는 분이시다. 여기서 세례자 요한이 언급되는데 마태복음에서 세례자 요한은 하나님 나라 선포뿐 아니라 죽음에 있어서도 예수님 앞서 걸어간 예비자이다(3:2; 11:7-9; 14:5, 12; 21:32).

C. 두 아들 비유(28-32절)

이는 예루살렘 입성 후 예수님과 그 적대자간에 있었던 논쟁과 대립을 나타내는 세 가지 연속적인 비유 중 첫 번째 비유이다. 이 비유는 마태복음에만 나타난다.

(28-32절) "그러나 너희 생각에는 어떠하냐 어떤 사람에게 **두 아들**이 있는데 맏아들에게 가서 이르되 얘 오늘 포도원에 가서 일하라 하니 대답하여 이르되 아버지 가겠나이다 하더니 가지 아니하고 둘째 아들에게 가서 또 그와 같이 말하니 대답하여 이르되 싫소이다 하였다가 그 후에 **뉘우치고** 갔으니 그 둘 중의 누가 아버지의 뜻대로 하였느냐 이르되 둘째 아들이니이다 예수께서 그들에게 이르시되 내가 진실로 너희에게 이르노니 **세리들과 창녀들**이 너희보다 먼저 **하나님의 나라**에 들어가리라 요한이 **의의 도**로 너희에게 왔거늘 너희는 그를 믿지 아니하였으되 **세리와 창녀**는 믿었으며 너희는 이것을 보고도 끝내 **뉘우쳐** 믿지 아니하였도다"

'두 아들' 주제는 이미 구약성경에서 찾아볼 수 있다(예, 이삭의 아들인 에서와 야곱). 여기서 두 아들은 두 부류의 사람들에 대한 비유이다. 즉 맏아들은 예수님을 대적하는 무리들이며 이 비유를 듣고 있는 자들(32절, '너희')로 대제사장들과 장로들의 무리를 가리키고, 둘째 아들은 '세리와 창녀들'과 같은 무리들이었으나 뉘우쳐(*metamelesthai*) 하나님 아버지 뜻대로 행하는 새 이스라엘이다.

(31절) '천국' 대신 '하나님의 나라'로 표현된 것은 마태가 전해 받은 예수님의 말씀(*Logion*)을 그대로 기록했기 때문이다(12:28; 19:24; 21:43 참조).

(32절) 이 비유의 핵심이다.

세례자 요한은 '**의의 길**'을 예비하기 위해 예수님 앞서 온 선

참조. 마 3:15, (예수께서 세례자 요한으로부터 세례를 받으실 때) "이제 허락하라 우리가 이와 같이 하여 모든 **의**를 이루는 것이 합당하니라"

지자이다. 여기에 마태의 구속사관이 암시되어 있다.

D. 악한 포도원 소작인 비유(33-46절)

(33-46절) "다른 한 비유를 들으라 **한 집 주인이** 포도원을 만들어 산울타리로 두르고 거기에 즙 짜는 틀을 만들고 망대를 짓고 농부들에게 세로 주고 타국에 갔더니 **열매 거둘 때가 가까우매** 그 **열매**를 받으려고 **자기 종들을** 농부들에게 보내니 농부들이 종들을 잡아 하나는 심히 때리고 하나는 죽이고 하나는 돌로 쳤거늘 다시 **다른 종들을** 처음보다 많이 보내니 그들에게도 그렇게 하였는지라 후에 자기 아들을 보내며 이르되 그들이 내 아들은 존대하리라 하였더니 농부들이 그 아들을 보고 서로 말하되 이는 상속자니 자 죽이고 그의 유산을 차지하자 하고 이에 잡아 **포도원 밖에 내쫓아 죽였느니라** 그러면 포도원 주인이 올 때에 그 농부들을 어떻게 하겠느냐 그들이 말하되 그 악한 자들을 진멸하고 포도원은 제 때에 **열매**를 바칠 만한 다른 농부들에게 세로 줄지니이다 예수께서 이르시되 너희가 성경에 건축자들이 버린 돌이 모퉁이의 머릿돌이 되었나니 이것은 주로 말미암아 된 것이요 우리 눈에 기이하도다 함을 읽어 본 일이 없느냐 그러므로 내가 너희에게 이르노니 하나님의 나라를 너희는 빼앗기고 그 나라의 **열매 맺는 백성**이 받으리라 이 돌 위에 떨어지는 자는 깨지겠고 이 돌이 사람 위에 떨어지면 그를 가루로 만들어 흩으리라 하시니 대제사장들과 바리새인들이 예수의 비유를 듣고 자기들을 가리켜 말씀하심인 줄 알고 잡고자 하나 무리를 무서워하니 이는 그들이 예수를 선지자로 앎이었더라"

이 비유는 21장에서 적대자들과 논쟁하시는 예수님의 두 번째 비유인데, 여기서도 마태의 구속사관이 나타난다(43절에서). 이 단락은 마가복음 12장 1-12절과 비교될 수 있다. 악한 포도원 소작인 비유에 대한 마태복음과 마가복음의 해당 단락

참조. 막 12:1-12, "예수께서 비유로 그들에게 말씀하시되 **한 사람**이 포도원을 만들어 산울타리로 두르고 즙 짜는 틀을 만들고 망대를 지어서 농부들에게 세로 주고 타국에 갔더니 **때가 이르매** 농부들에게 포도원 **소출** 얼마를 받으려고 **한 종**을 보내니 그들이 종을 잡아 심히 때리고 거저 보내었거늘 다시 **다른 종**을 보내니 그의 머리에 상처를 내고 능욕하였거늘 또 **다른 종**을 보내니 그들이 그를 죽이고 또 그 외 많은 종들도 더러는 때리고 더러는 죽인지라 이제 한 사람이 남았으니 곧 그가 사랑하는 아들이라 최후로 이를 보내며 이르되 내 아들은 존대하리라 하였더니 그 농부들이 서로 말하되 이는 상속자니 자 죽이자 그러면 그 유산이 우리 것이 되리라 하고 이에 **잡아 죽여 포도원 밖에 내던졌느니라** 포도원 주인이 어떻게 하겠느냐 와서 그 농부들을 진멸하고 포도원을 다른 사람들에게 주리라

을 비교해 보면 그 차이는 다음과 같다.

1. '한 집 주인'(33절): 마가에서는 '한 사람'(12:1)

마태복음의 경우 '한 사람' 대신 '한 집 주인'이란 용어가 사용됨으로써 구속사의 주인이신 하나님이 더욱 부각된다.

2. 마가의 경우 주인이 소작 농부에게 소출을 받기 위해 종을 한 사람씩 세 번 보낸 다음(2, 4, 5절) 아들을 보낸다. 그러나 마태의 경우 한 종이 아니라 여러 종을 두 번 보내고(34, 36절), 그후 아들을 보낸다. 즉 마태의 경우 여러 종들은 예수님과 논쟁하는 무리들과 관련되어 있다.

3. 마가의 경우 아들을 잡아 죽이고 나서 포도원 밖에 내어 던져 버렸다(8절). 그러나 마태의 경우 '포도원 밖에 내쫓아', 그 다음 '죽였다'(39절). 이때 아들은 다름 아닌 예수님이시다. 마태는 예수께서 예루살렘 성 밖에서 죽으셨다는 것을 강조한다(히 13:12).

'포도원 밖에'(*exō tou ampelōnos*): 마태의 경우 예루살렘은 예수님을 배척하는 곳이다.

4. 마태의 특징어인 **열매**(*karpos*)가 강조되어 있다.

(34절) "열매 거둘 때가 가까우매"(막 12:2 참조, "때가 이르매")

'열매'는 21장에서만 19, 34, 34, 41, 43절에 다섯 번 사용되었다. 게다가 43절은 마태복음에서만 발견되는 구절이다.

열매가 '하나님의 나라'와 직접적으로 관련되어 사용된다. 하나님의 나라를 옛 이스라엘인 대제사장과 백성들의 장로들

너희가 성경에 건축자들이 버린 돌이 모퉁이의 머릿돌이 되었나니 이것은 주로 말미암아 된 것이요 우리 눈에 놀랍도다 함을 읽어 보지도 못하였느냐 하시니라 그들이 예수의 이 비유가 자기들을 가리켜 말씀하심인 줄 알고 잡고자 하되 무리를 두려워하여 예수를 두고 가니라"

참조. 히 13:12, "그러므로 예수도 자기 피로써 백성을 거룩하게 하려고 **성문 밖에서**(*exō tēs pylēs*) 고난을 받으셨느니라"

참조. 마태복음 전체에서는 19번 사용되었는데 복음서 중 가장 많이 사용되었다. 막 5번, 눅 12번, 요 10번.

은 빼앗기게 되고 그 나라의 열매 맺는 백성인 새 이스라엘, 곧 예수님의 제자 공동체, 예수님을 따르는 무리들이 차지하게 될 것이다. 하나님의 나라에 들어가려면 "회개에 합당한 열매"를 맺어야 한다(3:8). 만일 "좋은 열매를 맺지 아니한다면" 그 나무는 불에 던져져야 한다(3:10). 열매로 참 선지자와 거짓 선지자를 가려낼 수 있으며(7:15-20), 오직 "열매로만 나무를 알 수 있다"(12:33). 말씀이 옥토에 떨어진 자는 30배, 60배, 100배의 열매를 맺을 수 있다(13:8). 그러니까 하나님의 나라는 그 열매 맺는 백성이 상속을 받을 것이다(21:43). 이것이 마태의 구속사관이다.

본문이 전하는 말씀

첫째, 새 이스라엘인 예수님의 제자들은 기도하는 사람들이다. **기도**할 때 무엇이든지 믿고 구하는 것은 다 받을 것이다.

둘째, 세리와 창녀들일지라도 **회개**하고 돌아오는 자가 하나님의 나라에 들어갈 것이다.

셋째, **열매** 맺는 백성이 새 이스라엘이며 그들이 하나님의 나라에 들어갈 것이다.

찬송: 377장(새 449장)

제39과 예복을 입지 않은 사람

22장 1-22절

본문의 자리 매김

22-23장은 예루살렘에서 예수님과 그 적대자들 사이에 있었던 논쟁과 대립을 기술하고 있다. 본문은 1-14절과 15-22절 두 단락으로 구분되는데, 첫 단락 1-14절의 혼인 잔치 비유는 21장 28-32절의 '두 아들 비유'와 21장 33-46절의 '악한 포도원 소작인 비유'에 이은 세 번째 비유로서 21장 28에서 22장 14절까지에 수록된 세 가지 논쟁 비유 중에서 마지막 비유이며 그 논쟁의 절정에 이르고 있다. 또 둘째 단락 15-22절의 세금 논쟁 대화는 15-46절에 기록된 네 가지 논쟁 대화 중 처음에 놓여 있는 머리 기사이다.

본문의 짜임새

A. 혼인 잔치 비유(1-14절): 세 번째 논쟁 비유
1. 도입 서문(1절)
2. 비유의 표제어(2절)
3. 비유의 첫째 부분(3-7절)
4. 비유의 둘째 부분(8-13절)
5. 결어(14절)

B. 세금 논쟁(15-22절): 첫 번째 논쟁 대화

본문 풀이

A. 혼인 잔치 비유(1-14절 // 눅 14:16-24)

1. 도입 서문(1절)

(1절) "예수께서 다시 **비유**(*en parabolais*)로 대답하여 이르시되"

형태적으로는 '비유'이나 그 내용은 숨은 비유인 '암유'(暗喩, 알레고리)를 통해서 이해될 수 있다.

'대답하여': 대제사장과 바리새인의 적대적인 의도에 대해(21:45-46) 예수께서 대답하신다.

2. 비유의 표제어(2절)

(2절) "**천국**은 마치 자기 아들을 위하여 혼인 잔치를 베푼 어떤 임금과 같으니"

비유 말	비유가 암시하는 말
임금	하나님
아들	예수 그리스도
혼인잔치	구원의 때

예언자들의 비유적인 표현에서 본래적인 신랑을 의미하는 하나님은 아들이신 예수 그리스도 안에서 자기 백성들과 최종적으로 관계를 맺으시기 원하셨다. 이 비유는 천국에 대한 종말론적인 비유이다(13:24; 18:23; 25:1 참조).

3. 비유의 첫째 부분(3-7절)

(3-7절) "그 종들을 보내어 그 청한 사람들을 혼인 잔치에 오라 하였더니 오기를 싫어하거늘 다시 다른 종들을 보내며 이르되 청한 사람들에게 이르기를 내가 오찬을 준비하되 나의 소와 살진 짐승을 잡고 모든 것을 갖추었으니 혼인 잔치에 오소서 하라 하였더니 그들이 돌아보지도 않고 한 사람은 자기 밭으로, 한 사람은 자기 사업하러 가고 그 남은 자들은 종들을 잡아 모욕하고 죽이니 임금이 노하여 군대를 보내어 그 살인한 자들을 진멸하고 그 동네를 불사르고"

참조. 눅 14:15-20, "함께 먹는 사람 중의 하나가 이 말을 듣고 이르되 무릇 하나님의 나라에서 떡을 먹는 자는 복되도다 하니 이르시되 어떤 사람이 큰 잔치를 베풀고 많은 사람을 청하였더니 잔치할 시각에 그 청하였던 자들에게 종을 보내어 이르되 오소서 모든 것이 준비되었나이다 하매 다 일치하게 사양하여 한 사람은 이르되 나는 밭을 샀으매 아무래도 나가 보아야 하겠

이 첫째 단락에 이스라엘에 대한 하나님의 구원 역사가 반영되어 있다.

(3절) '첫 번째 종들을 보내는 것'은 악한 포도원 소작인 비유(21:34-36)에서처럼 구약의 선지자들의 파송을 암시한다.

으니 청컨대 나를 양해하도록 하라 하고 또 한 사람은 이르되 나는 소 다섯 겨리를 샀으매 시험하러 가니 청컨대 나를 양해하도록 하라 하고 또 한 사람은 이르되 나는 장가 들었으니 그러므로 가지 못하겠노라 하는지라"

(4-6절) '두 번째 종들을 보내는 것'은 기독교 메시지를 전하는 사도들과 사도적 전령들의 파송과 관련되어 있다. 이들은 전도하다가 핍박을 받고 순교하기까지도 한다.

(7절) '군대'는 역사 안에서 일어나는 하나님의 심판을 의미한다. 즉 이 구절에 주후 70년에 일어났던 예루살렘 멸망이 반영되어 있다.

누가복음의 해당 본문(14:15-20)과 비교해 보면, 누가의 경우 '**회개**' 주제와 관련하여 초대받은 사람들의 핑계가 강조(18, 19, 20절의 석 절)되어 있고, 마태의 경우는 초대 불응의 핑계가 짧게 5절에서 한 절로 언급되어 있어서 오히려 '**심판**' 주제가 더 강조되어 있다.

마태복음의 청중들은 7절에서 70년에 그들이 경험했던 예루살렘 멸망을 연상하였다. 그들은 이 비유의 첫째 단락을 읽을 때 첫 번째 혼인 잔치 초대는 아무런 성과 없이 끝났다는 것을 알게 되었다.

4. 비유의 둘째 부분(8-13절)

참조. 눅 14:21-23, "종이 돌아와 주인에게 그대로 고하니 이에 집주인이 노하여 그 종에게 이르되 빨리 **시내의** 거리와 골목으로 나가서 **가난한 자들**과 **몸 불편한 자들**과 **맹인들**과 **저는 자들**을 데려오라 하니라 종이 이르되 주인이여 명하신 대로 하였으되 아직도 자리가 있나이다 주인이 종에게 이르되 길과 산울

(8-10절) "이에 종들에게 이르되 혼인 잔치는 준비되었으나 청한 사람들은 합당하지 아니하니 네거리 길에 가서 사람을 만나는 대로 혼인 잔치에 청하여 오라 한대 종들이 길에 나가 **악한 자**나 **선한 자**나 만나는 대로 모두 데려오니 혼인 잔치에 손님들이 가득한지라"

8-10절에 나타난 두 번째 초대는 예수님의 제자들이 행하는 이방인 선교와 관련되어 있다. 즉 이 두 번째 초대는 비(非)유대인, 곧 이방인에 대한 복음 전파와 관련되어 있다(눅 14:23 참조).

10절에 '악한 자'(*ponēroi*)와 '선한 자'(*agathoi*)는 이방인 기

독교 공동체가 진실로 믿는 자와 입으로 주여 주여 하는 자로 이루어진 **혼합 공동체**(corpus mixtum)라는 것을 보여 준다. 즉 마태의 교회는 참된 신자들과 함께 '가라지'도 섞여 있는 혼합 공동체이다(13장 36-43절의 '밀과 가라지' 비유 해석 참조). 마태에 의하면, 교회는 종말에야 비로소 '나눔'의 심판이 일어나는 혼합 공동체이다(누가의 경우 초대 받은 자가 가난한 자들과 몸 불편한 자들과 눈 먼 자들과 저는 자로 밝힘으로써 사회적 정의에 관심).

타리 가로 나가서 사람을 강권하여 데려다가 내 집을 채우라"

> (11-13절) "임금이 손님들을 보러 들어올새 거기서 **예복**을 입지 않은 한 사람을 보고 이르되 친구여 어찌하여 **예복**을 입지 않고 여기 들어왔느냐 하니 그가 아무 말도 못하거늘 임금이 사환들에게 말하되 그 손발을 묶어 **바깥 어두운 데에 내던지라 거기서 슬피 울며 이를 갈게 되리라** 하니라"

'예복'(*endyma gamou*)이란 문자적으로는 희고 깨끗한 '결혼을 위한 옷'이라는 뜻이나, 마태복음 전체의 문맥에서 볼 때 바리새인이나 서기관의 외식하는 경건의 삶과 구별되는 '빛된 행실'을 의미한다(5:16, '착한 행실'로서 빛을 참조).

(13절) '예복을 입지 않은 한 사람', 곧 착한 행실이 없는 외식하는 자에 대한 형벌이다. "바깥 어두운 데에 내던지라 거기서 슬피 울며 이를 갈게 되리라"는 표현은 '심판'을 상징한다(8:12; 13:42, 50; 24:51; 25:30).

이것은 하나님의 택함을 받았으나 예수님을 받아들이기를 거부한 외식하는 이스라엘이 심판을 받았던 것처럼 예수님을 믿는 이방인 기독교 공동체도 심판 받은 이스라엘처럼 외식한다면 똑같이 멸망하리라는 기독교 공동체에 대한 경고이다. 구원사적으로 볼 때, 이스라엘에 대한 첫 번째 초대가 성과 없이 실패로 끝났다. 이방인에 대한 두 번째 초대는 성공적이었다.

참조, 마 8:12, 가버나움 백부장의 종 치유 기사 중 "그 나라의 본 자손들은 바깥 어두운 데 쫓겨나 거기서 울며 이를 갈게 되리라"
마 13:42, 가라지 비유와(13:50) 그물 비유 중 "풀무 불에 던져 넣으리니 거기서 울며 이를 갈게 되리라"
마 24:51, 청지기 비유 중 "엄히 때리고 외식하는 자가 받는 벌에 처하리니 거기서 슬피 울며 이를 갈리라" 마 25:30, 달란트 비유 중 "이 무익한 종을 바깥 어두운 데로 내쫓으라 거기서 슬피 울며 이를 갈리라 하니라"

그러나 유대인과 이방인으로 구성된 혼합공동체로서 기독교 공동체 역시 외식하는 믿음으로써 행함이 없을 때에는 이스라엘처럼 멸망할 수밖에 없다.

5. 비유 결어(14절)

(14절) **"청함을 받은 자는 많되 택함을 입은 자는 적으니라"**

참조. 눅 14:24, "내가 너희에게 말하노니 전에 청하였던 그 사람들은 하나도 내 잔치를 맛보지 못하리라 하였다 하시니라"

여기서 '좁은 문' 사상과 연결된다(7:14, "생명으로 인도하는 문은 좁고 길이 협착하여 찾는 자가 적음이라"). '많다', '적다'는 이 구절에서 7장 13-14절에서처럼 수적으로 생각되어 있지 않다. 오히려 그것은 신앙적 결단의 어려움과 그 중요성을 의미하는 용어이다.

하나님의 선택과 인간의 행함은 서로 배타적인 것이 아니라, 오히려 인간의 행함은 하나님의 선택에 부합됨이다. 기독교적인 행위에서 하나님의 은혜와 인간의 노력은 서로 상반된 어떤 것이 아니라, 둘이 하나를 이루는 공속(共屬)된 것이다. 은혜로 노력하고 노력으로 은혜가 실행된다.

루터는 이 단락을 자신이 설교하기를 거리끼는 "두려운 복음"이라고 불렀다.

B. 세금 논쟁(15-22절 // 막 12:13-17)

이는 22장 나머지 부분에 서술된 네 가지 논쟁 대화(세금, 부활, 큰 계명, 다윗의 자손) 중 첫 번째 논쟁 대화이다.

1. 논쟁의 동기(15절): 책 잡음

(15절) "이에 **바리새인들**이 가서 어떻게 하면 예수를 **말의 올무에 걸리게** 할까 상의하고"

2. 예수님의 논쟁 상대와 적대자들의 시비(16-17절)

(16-17절) "**자기 제자들**을 **헤롯 당원들**과 함께 예수께 보내어 말하되 **선생님이여** 우리가 아노니 당신은 참되시고 진리로 하나님의 도를 가르치시며 아무도 꺼리는 일이 없으시니 이는 사람을 외모로 보지 아니하심이니이다 그러면 당신의 생각에는 어떠한지 우리에게 이르소서 가이사에게 세금을 바치는 것이 옳으니이까 옳지 아니하니이까 하니"

참조. 막 12:13-14, "그들이 예수의 말씀을 책잡으려 하여 **바리새인**과 **헤롯당** 중에서 사람을 보내매 와서 이르되 **선생님이여** 우리가 아노니 당신은 참되시고 아무도 꺼리는 일이 없으시니 이는 사람을 외모로 보지 않고 오직 진리로써 하나님의 도를 가르치심이니이다 가이사에게 세금을 바치는 것이 옳으니이까 옳지 아니하니이까"

논쟁의 상대자(16절): 바리새인 제자들과 헤롯 당원들(호전적인 종교적인 열심당원). 바리새인들은 예수님을 죽이는데 행동파 헤롯 당원들과 결탁하는 것이 필요했다. 이들 바리새인들은 70년 이후 유대교에서 가장 주도적인 무리가 되었다.

논쟁을 위한 질문(17절): 논쟁점은 가이사에게 바치는 세금, 곧 '인두세' 납부에 대하여 가부(可否)를 묻는 문제였다. 당시 로마의 통치 지역에 사는 모든 거주민들은 한 데나리온(하루 품삯, 20:2 참조)씩 인두세를 바쳐야 했다. 주후 6년 코포니우스(Coponius) 총독이 유대를 다스릴 때 젤롯 당원들에 의해 오직 하나님만이 이스라엘의 왕이라는 이유를 들어 로마에 대항하여 납세 거부 운동이 일어났다가 실패로 돌아간 일이 있었다. 만약 예수님이 인두세 납부를 거부한다면, 그를 소송에 걸어 죽일 수가 있었다. 그러니까 이 논쟁은 단순한 신학 논쟁이 아니라 예수님을 죽일 구실을 찾는 논쟁이었다.

3. 예수님의 대답(18-22절)

참조. 막 12:15-17, "우리가 바치리이까 말리이까 한대 예수께서 그 외식함을 아시고 이르시되 어찌하여 나를 시험하느냐 데나리온 하나를 가져다가 내게 보이라 하시니 가져왔거늘 예수께서 이르시되 이 형상과 이 글이 누구의 것이냐 이르되 가이사의 것이니이다 이에 예수께서 이르시되 가이사의 것은 가이사에게, 하나님의 것은 하나님께 바치라 하시니 그들이 예수께 대하여 매우 놀랍게 여기더라"

> (18-22절) "예수께서 그들의 악함을 아시고 이르시되 외식하는 자들아 어찌하여 나를 시험하느냐 세금 낼 돈을 내게 보이라 하시니 데나리온 하나를 가져왔거늘 예수께서 말씀하시되 이 형상과 이 글이 누구의 것이냐 이르되 가이사의 것이니이다 이에 이르시되 그런즉 가이사의 것은 가이사에게, 하나님의 것은 하나님께 바치라 하시니 그들이 이 말씀을 듣고 놀랍게 여겨 예수를 떠나가니라"

(18절) 논쟁의 상대자에 대한 예수님의 평가는 '외식하는 자들'(*hypokritai*)이었다. 이 단어는 마태복음에 나타나는 특징어이다(총 30번 사용).

(21절) '형상'은 '디베료 황제상'이고 '글'은 '아우구스도 아들 거룩한 아우구스도의 디베료 황제'(Tiberius Caesar Divi Augusti Filius Augustus)이다. 예수님은 이들의 질문에 양자택일적인 대답을 할 수 없었다. 오히려 예수님은 반문을 통해서 예수님의 선포를 거부하며 외식하는 이스라엘을 책망한다. 예수와 함께 도래하는 하나님의 나라를 거부하는 것이 죄이다. 이스라엘이 로마에 세금을 낸다해도 영적으로 해를 입는 것은 아니다. 그러나 이스라엘이 예수께서 전하시는 하나님 나라 선포를 받아들이지 않는다면 모든 것을 잃을 것이다.

여기서 예수님의 대국가관을 볼 수 있다. 예수께서 전하시는 하나님의 나라는 세상에 있는 나라 중의 출중한 나라가 아니라, 세상의 나라와 전혀 다른 성격의 나라이다. 하나님 나라를 위해서 세상의 나라를 잃을 수 있으나, 세상의 나라를 위해 하나님 나라를 잃을 수는 없다. 가이사와 하나님은 양자택일할 수 있는 동등한 크기나 비교의 대상이 아니다. 그것은 불필요한 싸움이다. 그것이야말로 우상 숭배이다.

본문이 전하는 말씀

첫째, 청함을 받은 자로 택함에 **합당한 예복**을 입자. 외식을 벗어 버리고 구원의 메시지를 믿을 뿐 아니라 그에 합당하게 살자!

둘째, 상대적인 것을 절대화하지 말라. 세상적인 것을 잃는다 하더라도 **영적인 것**을 잃지 말라! 예수님과 함께 도래하는 하나님의 나라를 받아들여라!

찬송: 162장(새 175장)

예루살렘 성전
산에 세워져 있는
회교 돔 사원

제40과 계속되는 여러 가지 논쟁

22장 23-46절

본문의 자리 매김

본문은 예루살렘에서 예수님과 그의 적대자 사이에 있었던 대립과 논쟁을 묘사한 21-22장의 말미(末尾)에 놓여 있으며, 마태복음에서 큰 다섯 설교의 마지막 설교인 23-24장의 바로 앞에 위치해 있다. 본문에서 첫 번째 논쟁 대화인 세금 논쟁(22:15-22)을 이어 두 번째, 세 번째, 네 번째 논쟁 대화가 뒤따른다.

본문의 짜임새

A. 두 번째 논쟁: 사두개인과의 부활 논쟁(23-33절)

B. 세 번째 논쟁: 바리새인의 율법교사와 최고 계명 논쟁 (34-40절)

C. 네 번째 논쟁: 바리새인과 다윗의 자손 논쟁(41-46절)

첫 번째 세금 논쟁의 경우 바리새인에 의해, 두 번째 부활 논쟁의 경우 사두개인에 의해, 세 번째 계명 논쟁의 경우 바리새인의 율법교사(서기관)에 의해 질문이 제기되었으나, 마지막 다윗 자손 논쟁의 경우에는 예수님 자신에 의해 질문이 제기된다. 이 네 가지 논쟁에서 적대자들을 능가하는 **예수님의 우월함**이 드러난다.

그래서 마태의 경우 네 번째 논쟁 대화를 마감하는 종결어, "감히 그에게 묻는 자도 없더라"(46절)로 전체 논쟁 대화는 끝을 맺는다(마가의 경우는 세 번째 논쟁 대화 후, 12:34 참조). 두 번째 논쟁을 제외한 나머지 세 논쟁이 모두 바리새인들과의 논쟁과 관련되어 있으며, 23장이 반(反) 바리새적인 설교인 것은 마태 당시 교회에서 최대의 논쟁 대상이 바리새인의 무리라는 시대사적인 배경과 밀접하게 관련되어 있다.

본문 풀이

A. 두 번째 논쟁: 사두개인과의 부활 논쟁(23-33절)

1. 논쟁을 위한 문제 제기자(23절): 사두개인

(23절) "부활이 없다 하는 **사두개인들**이 그 날 예수께 와서 물어 이르되"

2. 사두개인의 질문(24-28절)

(24-28절) "선생님이여 모세가 일렀으되 사람이 만일 자식이 없이 죽으면 그 동생이 그 아내에게 장가 들어 형을 위하여 상속자를 세울지니라 하였나이다 우리 중에 칠 형제가 있었는데 맏이가 장가 들었다가 죽어 상속자가 없으므로 그 아내를 그 동생에게 물려 주고 그 둘째와 셋째로 일곱째까지 그렇게 하다가 최후에 그 여자도 죽었나이다 그런즉 그들이 다 그를 취하였으니 부활 때에 일곱 중의 누구의 아내가 되리이까"

사두개인들은 예수님을 모세 율법에 맞서게 하려고 구약성경(신 25:5-10)을 인용한다.

3. 예수님의 대답(29-32절)

예수님은 두 가지로 대답한다(29절).

(29절) "예수께서 대답하여 이르시되 너희가 성경도, 하나님의 능력도 알지 못하는 고로 오해하였도다"

첫째, 질문하는 사두개인들은 성경을 오해하고 있다.
둘째, 그들은 하나님의 능력도 오해한다.
그러고 나서 하나님의 능력에 관한 둘째 대답부터 해명된다(30절).

(30절) "부활 때에는 장가도 아니 가고 시집도 아니 가고 하늘에 있는 천사들과 같으니라"

모든 것을 현실적으로 생각하고 장차 올 나라조차도 단지 지상의 현실에 비추어 생각하는 사두개인들에게 부활의 존재는 현실적인 개념으로 이해될 수 없음을 예수님은 말씀하신다. 그리고 부활 시 존재를 '하늘에 있는 천사'와 같다고 말씀함으로써 예수님은 천사의 존재를 믿는 바리새인들과 이를 부인하는 사두개인들을 서로 대립되게 하신다.

그런 다음, 예수님은 성경 오해에 대한 첫 번째 대답을 설명하신다(31-32절).

참조. 마 8:11-12, "또 너희에게 이르노니 동서로부터 많은 사람이 이르러 아브라함과 이삭과 야곱과 함께 천국에 앉으려니와 그 나라의 본 자손들은 바깥 어두운 데 쫓겨나 거기서 울며 이를 갈게 되리라"

(31-32절) "죽은 자의 부활을 논할진대 하나님이 너희에게 말씀하신 바 **나는 아브라함의 하나님이요 이삭의 하나님이요 야곱의 하나님이로라 하신 것을 읽어 보지 못하였느냐 하나님은 죽은 자의 하나님이 아니요 살아 있는 자의 하나님이시니라** 하시니"

사두개인들이 인용한 모세 오경은 신명기 25장 5-10절, 곧 과부의 시(媤) 형제와의 결혼 단락이다. 모세에 의해 주어진 이 법은 이스라엘인의 가계와 가산의 보존과 땅 소유에서 상속 순서 결정을 위한 것이었다. 그러나 이 법은 초기 유대교에서 이미 느슨해졌고, 예수님 당시에는 더 이상 실천되지 않았다. 사두개인들은 이미 실천되지 않는 법을 운운하고 있다. 이에 대해 예수님은 모세 오경의 성경 구절(출 3:6)을 인용하여 전능하고 신실하신 하나님을 말씀하신다. 아브라함과 이삭과 야곱은 천국에서 하나님 곁에 있다. 하나님은 '죽은 자의 하나님'이 아니라 '산 자의 하나님'이시다.

4. 무리들의 반응(33절)

(33절) "무리가 듣고 그의 가르치심(*didachē*)에 놀라더라"

이 구절은 산상설교의 종결절인 28절과 비슷하다("예수께서 이 말씀을 마치시매 무리들이 그의 가르치심에 놀라니").

B. 세 번째 논쟁: 바리새인의 율법교사와 최고 계명 논쟁(34-40절)

1. 배경(34절)

(34절) "예수께서 사두개인들로 대답할 수 없게 하셨다 함을 **바리새인**들이 듣고 모였는데"

마태복음에서 바리새인들과 사두개인들은 예수님을 대적하는데 서로 힘을 합쳤다(세례자 요한 기사 중, 3:7; 표적 요구시, 16:1, 6, 11-12).

2. 논쟁자와 논쟁 동기(35절)

(35절) "그 중의 한 **율법사**가 예수를 시험하여 묻되"

논쟁자는 바리새인 중 율법교사(*nomikos*)이고 논쟁 동기는 '시험하기 위해서'였다.

본문 구절은 마가의 최고 계명 기사(막 12:28-34)와 비교해 보면, 마가의 경우는 한 서기관이 예수님께 가르침을 받기 위해 최고 계명을 물어 본다. 그리고 예수님의 대답에 동조하는 그 서기관에게 예수님은 그가 하나님의 나라에 가깝다고 말씀하신다.

그러니까 마가의 경우 최고 계명 기사는 '**교수(교훈) 기사**'이다. 그러나 마태의 경우 이 기사는 율법교사가 예수님을 시험하기 위해 예수께 묻는 '**논쟁 기사**'이다.

참조. 막 12:28, 34, "서기관 중 한 사람이 그들이 변론하는 것을 듣고 예수께서 잘 대답하신 줄을 알고 나아와 묻되 모든 계명 중에 첫째가 무엇이니이까 … 예수께서 그가 지혜 있게 대답함을 보시고 이르시되 **네가 하나님의 나라에서 멀지 않도다** 하시니 그 후에 감히 묻는 자가 없더라"

3. 질문(36절)

(36절) "선생님 율법 중에서 어느 계명이 크니이까"

4. 예수님의 대답(37-40절)

(37-40절) "예수께서 이르시되 **네 마음을 다하고 목숨을 다하고 뜻을 다하여 주 너의 하나님을 사랑하라 하셨으니 이것이 크고 첫째 되는 계명이요 둘째도 그와 같으니 네 이웃을 네 자신 같이 사랑하라 하셨으니 이 두 계명이 온 율법과 선지자의 강령이니라"**

참조. 신 6:4-5, "이스라엘아 들으라 우리 하나님 여호와는 오직 유일한 여호와이시니 너는 마음을 다하고 뜻을 다하고 힘을 다하여 네 하나님 여호와를 사랑하라"
레 19:18, "원수를 갚지 말며 동포를 원망하지 말며 네 이웃 사랑하기를 네 자신과 같이 사랑하라 나는 여호와이니라"

a) 구약성경에서 '하나님 사랑'은 신명기 6장 4-5절의 '쉐마 이스라엘'(들으라! 이스라엘아)에서 나타나고, '이웃 사랑'은 레위기 19장 18절에서 발견된다.

그러나 구약성경에서 하나님 사랑, 이웃 사랑이 한 구절 안에 함께 언급된 구절은 발견되지 않는다.

b) 정통 유대교에서는 율법의 요약보다는 율법의 세분화에 몰두하였다(예수님 당시 613가지 계명이 있었고, 그 중 365가지는 금지 명령이었으며 248가지는 명령이었다). 율법을 하나님 사랑과 이웃 사랑의 계명으로 요약하는 것은 헬라적 유대인 기독교 공동체에서 비로소 발견된다.

c) 율법이 요약되고 그것도 하나님 사랑과 이웃 사랑으로 요약되는 것은 예수님에게서 발견된다. 예수님에 의하면, 하나님 사랑과 이웃 사랑은 밀접하게 관련되어 있다. 예수님의 경우 하나님 사랑은 유대교에서처럼 최고의 자리에 있다. 그러나 그것은 이웃 사랑 안에서 입증되어야 하며, 이웃 사랑으로 나타나야 한다. 그것이 예수님의 선포에서 나타나는 특징이다(마

5:44-48; 18:23-25; 25:31-46 참조).

37-40절을 마가의 본문(12장 29-33절)과 비교해 보면, 몇 가지 차이점이 발견된다.

① 마태의 경우 37절의 하나님 사랑 계명에서 "이스라엘아 들으라 주 우리 하나님은 유일한 주시라"라는 '쉐마' 말씀이 없다. 그것은 마태의 경우 '가르침'의 문제가 아니라 '논쟁'의 문제이기 때문이다.

② 마태의 경우 "**힘을 다하여**"가 없다. 단지 "마음(*kardia*)을 다하고 목숨(*psyche*)을 다하고 뜻(*dianoia*)을 다하여" 라고 말한다. 유대교에서 '힘'이란 '재산'이나 '소유'를 의미한다.

③ 마태의 경우 39절에 언급된 "둘째**도** 그와 같으니"는 마가의 경우 나타나는 "둘째**는** 이것이니"와 구별된다. 따라서 마태의 경우 하나님을 사랑한다고 외식하면서 이웃 사랑을 실천하지 않는 바리새인과의 논쟁 상황에서 예수님의 뜻이 더 잘 표현된다.

④ 마태의 경우 질문하는 서기관에 대한 칭찬의 말씀이 없다.

⑤ 마태의 경우에만 40절 말씀이 있다(막 12:34; 눅 10:28). 마태의 경우 예수님은 올바르게 가르치시는 교사이다. 40절을 원문에 가깝게 번역하면 "온 율법과 선지서가 이 두 계명에 걸려 있다"이다.

참조. 막 12:29-33, "예수께서 대답하시되 첫째는 이것이니 이스라엘아 들으라 주 곧 우리 하나님은 유일한 주시라 네 마음을 다하고 목숨을 다하고 뜻을 다하고 힘을 다하여 주 너의 하나님을 사랑하라 하신 것이요 둘째는 이것이니 네 이웃을 네 자신과 같이 사랑하라 하신 것이라 이보다 더 큰 계명이 없느니라 서기관이 이르되 선생님이여 옳소이다 하나님은 한 분이시요 그 외에 다른 이가 없다 하신 말씀이 참이니이다 또 마음을 다하고 지혜를 다하고 힘을 다하여 하나님을 사랑하는 것과 또 이웃을 자기 자신과 같이 사랑하는 것이 전체로 드리는 모든 번제물과 기타 제물보다 나으니이다"

C. 네 번째 논쟁: 바리새인과 다윗의 자손 논쟁(41-46절)

1. 배경(41절): 바리새인들이 모였을 때에

(41절) "**바리새인들**이 모였을 때에 예수께서 그들에게 물으시되

2. 질문자(42절): 예수님

(42절) "너희는 **그리스도**에 대하여 어떻게 생각하느냐 누구의 자손이냐 대답하되 다윗의 자손이니이다"

이제 질문자가 예수님으로 바뀐다. 예수님이 바리새인의 무리들에게 그리스도에 대해 묻는다. 그들의 대답에 의하면, 메시아는 '다윗의 자손'이다. 초기 유대교 문헌에 의하면, 유대인들은 2-3명의 메시아를 기다렸다.

3. 예수님의 답변(43-45절)

(43-45절) "이르시되 그러면 다윗이 성령에 감동되어 어찌 그리스도를 주라 칭하여 말하되 주(여호와)께서 내 주(그리스도)께 이르시되 내가 네 원수를 네 발 아래에 둘 때까지 내 우편에 앉아 있으라 하셨도다(시 110:1) 하였느냐 **다윗이 그리스도를 주라 칭하였은즉 어찌 그의 자손이 되겠느냐** 하시니"

예수님은 자신이 유대인들이 기대하는 메시아 이상임을 보여 주신다. 유대인들이 기다린 메시아는 그들에게 오셔서 지상에 하나님의 나라를 구현하는 기름 부음 받은 자이다. 그러나 예수께서 말씀하시는 메시아는 다윗의 씨에서 나셨으나(마 1:1-17, 20) 십자가를 지고 죽으신 후 하나님의 능력으로 부활하여(롬 1:3-4), '주님'이 되신 메시아(행 2:36)이며, 그런 분으로 구원을 가져다 주실 분이시다. 그분은 이스라엘이 기대했던 것과 다르게 하늘로부터 오는 나라를 권세 있게 행하는 메시아이다(마 28:18).

4. 적대자들의 반응(46절)

(46절) **"한 마디도 능히 대답하는 자가 없고 그 날부터 감히 그에게 묻는 자도 없더라"**

마태의 경우 이 말씀이 논쟁 기사의 마지막에 놓임으로써(마가의 경우 세 번째 논쟁인 최고 계명 논쟁의 종결문, 누가의 경우 두 번째 논쟁인 부활 논쟁 후) 예수님의 품위와 위엄이 더욱 강조된다.

본문이 전하는 말씀

첫째, **부활**은 오직 **하나님의 능력**으로 이루어진다.

둘째, 하나님의 뜻은 **이웃 사랑**에서 입증되는 **하나님의 사랑**이다.

셋째, 예수님은 이스라엘이 기대하는 메시아가 아니라 세상을 구원할 메시아이시다.

넷째, 예수님은 모든 논쟁을 **성경(구약) 말씀**에 대한 올바른 해석으로 이기셨다.

찬송: 354장(새 215장)

감람 산에서
바라본
예루살렘 전경

제41과 화가 있을 서기관들과 바리새인들(I)

23장 1-14절

본문의 자리 매김

본문은 예루살렘에서 예수님과 그의 적대자 사이에 있었던 대립과 논쟁을 묘사한 21-22장과 마태복음에 나타나는 다섯 개의 큰 설교 말씀 중 마지막에 위치한 종말 설교인 24-25장 사이에 놓여 있다. 여기서 예수님은 무리와 제자들에게 바리새인들과 서기관들에 대해 말씀하신다.

본문의 짜임새

A. 보이고자 함과 스스로 높아짐(1-12절)

B. 일곱 개의 화(禍) 말씀(13-33절)
1. 첫 번째 화 말씀(13절)
2. 두 번째 화 말씀(15절)
3. 세 번째 화 말씀(16-22절)
4. 네 번째 화 말씀(23-24절)
5. 다섯 번째 화 말씀(25-26절)
6. 여섯 번째 화 말씀(27-28절)
7. 일곱 번째 화 말씀(29-33절)

C. 이스라엘에 대한 하나님의 심판(34-39절)
1. 이 세대에 대한 하나님의 심판(34-36절)
2. 예루살렘 말씀(37-39절)

본문 풀이

본문의 말씀은 부분적으로 마가복음이나 누가복음에서 찾아볼 수 있다(막 13:37-40; 눅 20:41-47; 11:39-42, 44, 47-52; 18:14). 그러나 마태복음에서 화 선포 말씀은 가장 길고 잘 짜여졌다.

A. 보이고자 함과 스스로 높아짐(1-12절)

1. 가르침의 대상(1절): 무리와 제자들

(1절) "이에 예수께서 **무리**와 **제자들**에게 말씀하여 이르시되"

2. 서기관과 바리새인에 대한 가르침(2-7절)

(2상반절) "서기관들과 바리새인들이"

참조. 막 12:37하-38, "많은 사람들이 즐겁게 듣더라 예수께서 가르치실 때에 이르시되" 눅 20:45, "모든 백성이 들을 때에 예수께서 그 제자들에게 이르시되"

'**서기관과 바리새인**': 23장에서 일곱 번 나타난다(2, 13, 15, 23, 25, 27, 29절)

a) 모세의 자리에 앉음(2절)

(2하반절) "모세의 자리에 앉았으니"

모세의 자리는 '가르치는 자리'로서 비유(Metapher)적인 표현이 아니라 실제로 고대 회당에서 발견되는 자리이다. 그러나 고대 회당에서 발굴된 유적을 조사해 보면, 이 자리에 '모세의 자리'라고 이름이 붙어 있지는 않았다.

b) 가르침과 행함에 모순이 있음(3-4절)

(3-4절) "그러므로 무엇이든지 그들이 말하는 바는 행하고 지키되 그들이 하는 행위는 본받지 말라 그들은 **말만 하고 행하지 아니하며** 또 무거운 짐을 묶어 사람의 어깨에 지우되 자기는 이것을 한 손가락으로도 움직이려 하지 아니하며"

바리새인들은 말만하고 행하지 아니하였다. 그러나 바리새인이 행하지 않았다는 비난을 일반화시킬 수는 없다. 누가복음 18장 11-12절을 참조하라.

참조. 눅 18:11-12, 바리새인과 세리의 기도, "나는 이레에 두 번씩 금식하고 또 소득의 십일조를 드리나이다"

c) 자신의 행위를 보이고자 함(5절): 과시적

(5절) "그들의 모든 행위를 사람에게 **보이고자 하나니** 곧 그 경문 띠를 넓게 하며 옷술을 길게 하고"

'보이고자'(*theathēnai*): '연극하다', '외식하다'의 뜻

'그 경문 띠'(*phylaktērion*): '보호물', '호신패'를 말한다. 성경 구절을 쓴 종이를 담은 작은 상자로 유대인들은 기도할 때 이마나 팔에 매달아 귀신의 권세를 막으려 했다(출 13:16; 신 6:8; 11:18 참조).

'옷술'(그리스어 *kraspedon*; 히브리어 *Zizijot*): 민수기 15장 37-40절과 신명기 22장 12절에 의하면, 하나님의 모든 계명을 기억하는 표이다.

참조. 민 15:37-40, "여호와께서 모세에게 말씀하여 이르시되 이스라엘 자손에게 명령하여 대대로 그들의 옷단 귀에 술을 만들고 청색 끈을 그 귀의 술에 더하라 이 술은 너희가 보고 여호와의 모든 계명을 기억하여 준행하고 너희를 방종하게 하는 자신의 마음과 눈의 욕심을 따라 음행하지 않게 하기 위함이라 그리하여 너희가 내 모든 계명을 기억하고 행하면 너희의 하나님 앞에 거룩하리라 나는 여호와 너희 하나님이라 나는 너희의 하나님이 되려고 너희를 애굽 땅에서 인도해 내었느니라 나는 여호와 너희의 하나님이니라"

d) 존경 받음을 당연시 여기고 좋아함(6-7절)

(6-7절) "잔치의 윗자리와 회당의 높은 자리와 시장에서 문안 받는 것과 사람에게 랍비라 칭함을 받는 것을 좋아하느니라"

존경받는 것이 죄는 아니다. 그러나 존경받음을 당연시 여기거나 존경받는 것을 좋아하고 그것을 요구하는 것은 죄이다.

3. 무리와 제자들에게 주시는 가르침(8-12절)

a) '교회 규정'(8-10절)

(8-10절) "그러나 너희는 랍비라 칭함을 받지 말라 너희 **선생**은 하나요 너희는 다 형제니라 땅에 있는 자를 **아버지**라 하지 말라 너희의 아버지는 한 분이시니 곧 하늘에 계신 이시니라 또한 **지도자**라 칭함을

받지 말라 너희의 지도자는 한 분이시니 곧 그리스도시니라"

'선생'(*didaskalos*), '아버지'(*patēr*), '지도자'(*kathegetēs*, 신약에서는 여기서만 나타남)는 '랍비'(문자적으로는 "나의 주인")와 마찬가지로 당시 유대교의 율법 교사를 존경하여 부르는 말이었다. 마태에 의하면, 예수님은 진정한 '교사'이시다.

b) 스스로 낮아지라(11-12절)

(11-12절) "너희 중에 큰 자는 너희를 섬기는 자가 되어야 하리라 누구든지 자기를 높이는 자는 낮아지고 누구든지 자기를 낮추는 자는 높아지리라"

참조. 마 20:26-27, "너희 중에는 그렇지 않아야 하나니 너희 중에 누구든지 크고자 하는 자는 너희를 섬기는 자가 되고 너희 중에 누구든지 으뜸이 되고자 하는 자는 너희의 종이 되어야 하리라"

'스스로 높이는 것'은 교만이다. 자고(自高)는 자살(自殺) 행위이다.

B. 일곱 개의 화(禍) 선포 말씀(11-33절)

이 화 선포 말씀은 문체적인 형태로는 '화 선포'라는 예언적이고 묵시적인 양식인데, 마태는 '서기관과 바리새인들'을 '외식'하는 자의 본보기로 본다. '외식하는 자'란 여기서 속생각을 감추는 자(22:18 참조)라는 뜻이 아니라 도덕성과 행함 사이에 모순이 있는 자(6:2, 5, 16; 7:5; 15:7 참조)라는 뜻이다. 그래서 '외식하는 자'(*hypokritai*)란 하나의 욕설이 되었다. 누가복음(11:39-52)과 비교해 보면, 마태의 경우 일곱 개의 화 선포 말씀이지만, 누가의 경우 여섯 개의 화 선포 말씀이 나타나며, 마태의 경우는 서기관과 바리새인들이 함께 비난받으나, 누가의 경우 세 번은 바리새인에게(눅 11:42, 43, 44), 그리고 나머지 세 번은 율법사(서기관)에게(눅 11:46, 47, 52) 화 말씀이 선포된다.

1. 첫 번째 화 말씀(13-14절)

(13절) "화 있을진저 외식하는 **서기관들과 바리새인들**이여 너희는 천국 문을 사람들 앞에서 닫고 너희도 들어가지 않고 들어가려 하는 자도 들어가지 못하게 하는도다"

이 구절은 33절까지 서술된 일곱 가지 화(불행) 선언의 첫 말씀이다. '화(禍)' 선언은 이미 구약의 이사야서에 나타난다(사 5:8-23). 첫 번째 화 말씀에 의하면 하나님의 백성을 하늘나라로 인도해야 할 서기관들과 바리새인들이 도리어 그것을 막는 역할을 한다. 그 방해물은 그들의 '외식'이다. 따라서 '외식'이란 위장이나 정직하지 못함이 아니라, 실제로 있는 것(진짜)과 허구(가짜), 참과 거짓 사이의 괴리를 못 보게 하는 것이다. 이것이 예수님의 첫 번째 비난 대상이 되었다.

(14절) "없음"

어떤 사본(소문자 13군 사본 등)에는 마태복음 12장 40절과 누가복음 20장 47절과 유사한 구절이 있다. "화 있을진저 너희 외식하는 서기관과 바리새인들이여, 너희는 과부의 가산을 삼키며 외식으로 길게 기도하니 이로 인하여 받는 심판이 클 것이다."

본문이 전하는 말씀

첫째, 보이고자 하는 것, 과시하는 것, 우쭐거리는 것, 스스로 높아지는 것, 존경받고자 하는 것, 존경받음을 당연시 여기는 것은 **외식**이다.

둘째, 외식이란 **참을 가리는 것**이다.

셋째, 외식하는 것은 자신이 **진리**에 이르지 못할 뿐 아니라 남도 진리에 이르지 못하게 한다.

넷째, 스스로 **낮아지고 섬기자**. 그것이 진리에 이르는 길이다.

찬송: 347장(새 212장)

예루살렘
시온 산 지역
다윗 가묘 앞에서
경전을 읽는
유대인

제42과 화가 있을 서기관들과 바리새인들(Ⅱ)

23장 15-39절

본문의 자리 매김

본문 단락은 예수님과 그 적대자들 사이에 있었던 논쟁과 대립을 다루는 21-22장과 다섯 개의 큰 설교 말씀 중 마지막에 위치한 종말 심판 설교인 24-25장 사이에 놓여 있다.

본문의 짜임새

A. 일곱 개의 화(禍) 말씀(13-33절)

(1. 첫 번째 화 말씀[13절])

2. 두 번째 화 말씀(15절)

3. 세 번째 화 말씀(16-22절)

4. 네 번째 화 말씀(23-24절)
5. 다섯 번째 화 말씀(25-26절)
6. 여섯 번째 화 말씀(27-28절)
7. 일곱 번째 화 말씀(29-33절)

B. 기독교 전도자들에 대한 박해와 하나님의 심판(34-39절)
1. 이 이스라엘 세대에 대한 하나님의 심판(34-36절)
2. 예루살렘에 대한 탄식 말씀(37-39절)

본문 풀이

첫 번째 화 말씀에 이어 일곱 번째 말씀까지 바리새인과 서기관들에 대한 화 말씀이 계속 이어진다.

A. 일곱 개의 화(禍) 말씀(15-33절)

1. 두 번째 화 말씀(15절)

(15절) "화 있을진저 외식하는 서기관들과 바리새인들이여 너희는 교인 한 사람을 얻기 위하여 바다와 육지를 두루 다니다가 생기면 너희보다 배나 더 지옥 자식이 되게 하는도다"

여기서 '교인'(*prosēlytos*)은 이교에서 유대교로 개종한 사람들을 가리키는데, 할례를 받은 완전한 유대인 개종자로서 '하나님을 공경하는 자'(*sebomenoi*, 행 13:43; 16:14; 17:4)와 구별된다. 개종자를 얻으려고 하는 유대인의 열성에 대해서는 바울도 이미 언급한 바 있다(롬 2:19-20).

2. 세 번째 화 말씀(16-22절)

> (16-22절) "화 있을진저 눈 먼 인도자여 너희가 말하되 누구든지 성전으로 맹세하면 아무 일 없거니와 성전의 금으로 맹세하면 지킬지라 하는도다 어리석은 맹인들이여 어느 것이 크냐 그 금이냐 그 금을 거룩하게 하는 성전이냐 너희가 또 이르되 누구든지 제단으로 맹세하면 아무 일 없거니와 그 위에 있는 예물로 맹세하면 지킬지라 하는도다 맹인들이여 어느 것이 크냐 그 예물이냐 그 예물을 거룩하게 하는 제단이냐 그러므로 제단으로 맹세하는 자는 제단과 그 위에 있는 모든 것으로 맹세함이요 또 성전으로 맹세하는 자는 성전과 그 안에 계신 이로 맹세함이요 또 하늘로 맹세하는 자는 하나님의 보좌와 그 위에 앉으신 이로 맹세함이니라"

맹세에 대한 말씀이 마태의 산상설교(마 5:33-37)에서 나타나지만 누가의 평지설교(눅 6:20-49)에는 나타나지 않는 것처럼, 화 선포 말씀에서도 마태복음에만 맹세에 대한 화 말씀이 나타난다. 세 번째 화 말씀은 "화 있을진저 눈 먼 인도자여"(*ouai hymin, hodēgoi typhloi*)로 시작되는데, 바리새인들과 서기관들은 '눈 먼 인도자'(16, 24절)로 묘사된다(19절과 롬 2:19 참조). 유대인들은 맹세할 때 하나님의 이름을 직접적으로 말하는 것을 피하려고 했다. 그럼에도 불구하고 자신의 맹세가 구속력이 있도록 하기 위하여 하나님께 가까운 것이 무엇인가를 묻고 그것에 걸고 맹세하였다. 그러나 앞서 5장 33-37절에 의하면, 예수님은 맹세 자체를 금하셨다.

3. 네 번째 화 말씀(23-24절)

(23절) “화 있을진저 외식하는 서기관들과 바리새인들이여 너희가 박하와 회향과 근채의 십일조는 드리되 율법의 더 중한 바 정의와 긍휼과 믿음은 버렸도다 그러나 이것도 행하고 저것도 버리지 말아야 할지니라”

참조. “이것도 행하고 저것도 버리지 말아야 한다”는 말씀에서 아직 유대교 회당에 머물러 있으면서 모세 율법의 유효성을 원칙적으로 인정하는 기독교 공동체의 상황이 반영되어 있다. 기독교가 구약의 의식법을 지키지 않은 때는 2세기에 와서 였다(바나바서).

십일조 규정을 철저하게 지키는 것은 바리새인들이 추구하는 경건의 특징이다. 이들은 추수한 곡식과 포도주, 올리브 기름 외에 박하(*hēduosmon*)와 회향(*anēthon*, 양념에 사용되는 식물), 그리고 근채(*kyminon*, 열매를 양념이나 약으로 사용함)까지도 십일조로 드렸다. 그러나 그들은 율법에 있어서 더 중요한 것, 곧 윤리적인 의무들인, ‘정의’(문자적으로는 ‘심판, 정당함’[*krisis*])와 ‘긍휼’(*to eleos*, ‘자비’ 또는 ‘인애’, 9:13; 12:7을 참조), 그리고 ‘믿음’(*pistis*, 이것은 ‘믿음’이란 뜻이 아니라 구약에서 자주 나타나는 것처럼 ‘신실성’을 의미한다)을 버렸다. 신앙 생활에서 더 중요한 것을 모른 채, 겉 무늬만 경건의 모습을 갖추고 남들에게 자신을 경건한 사람으로 보이고 자신도 그렇게 여긴다면, 그 사람은 사실상 ‘눈 먼 자’이다.

(24절) “맹인 된 인도자여 하루살이는 걸러 내고 낙타는 삼키는도다”

실제로 소심한 바리새인들은 식수를 헝겊으로 걸러서 마셨다. 왜냐하면 물 속에 빠질 수 있는 곤충들 중에서 먹어서는 안 되는 ‘부정한’ 동물(모기 등)이 있다고 생각했기 때문이다.

‘하루살이’(*kōmos*): 모기, 각다귀

‘낙타’(*kamēlos*): 부정한 동물

본문을 평행 본문인 누가복음 11장 42절과 비교해 보면 누가의 경우 '회향'(*anēthon*) 대신에 '운향'(*pēganon*, 약초의 이름), '근채'(*kyminon*) 대신에 '모든 채소'(*pan lachanon*)가 사용되었으며, '정의와 긍휼과 믿음' 대신에 '공의(*krisis*)와 하나님께 대한 사랑(*agapē*)'이 사용되었다.

참조. 눅 11:42, "화 있을진저 너희 바리새인이여 너희가 박하와 운향과 모든 채소의 십일조는 드리되 공의와 하나님께 대한 사랑은 버리는도다 그러나 이것도 행하고 저것도 버리지 말아야 할지니라"

4. 다섯 번째 화 말씀(25-26절)

> (25-26절) "화 있을진저 외식하는 서기관들과 바리새인들이여 잔과 대접의 겉은 깨끗이 하되 그 안에는 탐욕과 방탕으로 가득하게 하는도다 눈 먼 바리새인이여 너는 먼저 안을 깨끗이 하라 그리하면 겉도 깨끗하리라"

외식하는 서기관과 바리새인들의 경우 겉은 깨끗하나 속은 '탐욕'(*harpagmos*, 약탈)과 '방탕'(*akrasia*, 무절제)으로 더럽혀져 있다. 이미 제 5계명(부모 공경 계명)을 어기며 고르반 전통을 오용하는 이들을 향해 예수께서 마태복음 15장 11절에서 "입으로 들어가는 것이 사람을 더럽게 하는 것이 아니라 입에서 나오는 그것이 사람을 더럽게 하는 것이니라"고 말씀하셨다.

본문을 평행 본문인 누가복음 11장 39-41절과 비교해 보면, 몇 가지 강조점 차이를 발견할 수 있다.

마태복음 23장 25-26절	누가복음 11장 39-41절
"화 있을진저 외식하는 서기관들과 바리새인들이여"(화 말씀)	"너희 바리새인은"
"탐욕과 방탕으로 가득하게 하는도다"	"탐욕과 악독(*ponēria*)이 가득하도다"
"눈 먼 바리새인이여"	"어리석은 자들아"
"너는 먼저 안을 깨끗이 하라 그리하면 겉도 깨끗하리라"	"겉을 만드신 이가 속도 만들지 아니하셨느냐"

5. 여섯 번째 화 말씀(27-28절)

겉과 속의 대립이 '회칠한 무덤'의 비유말로 계속된다.

(27-28절) "화 있을진저 외식하는 서기관들과 바리새인들이여 회칠한 무덤 같으니 겉으로는 아름답게 보이나 그 안에는 죽은 사람의 뼈와 모든 더러운 것이 가득하도다 이와 같이 너희도 겉으로는 사람에게 옳게 보이되 안으로는 외식과 불법이 가득하도다"

예루살렘 주변에 있는 많은 무덤들의 경우 매년 초봄 유월절 이전에 회로 덧칠을 하는 풍습이 있었다. 이로써 순례자들이 무덤에 닿음으로써 부정하게 되지 않도록 하고 산뜻한 외관으로 더러운 내용물을 덮으려 했다. 이것의 겉과 속이 달랐다.

겉: 아름답게 보임

안: 더러움, **외식**(*hypokrisis*, 사람들에게 옳게 보임)과 **불법**(*anomia*)이 가득

6. 일곱 번째 화 말씀(29-33절)

(29-33절) "화 있을진저 외식하는 서기관들과 바리새인들이여 너희는 선지자들의 무덤을 만들고 의인들의 비석을 꾸미며 이르되 만일 우리가 조상 때에 있었더라면 우리는 그들이 선지자의 피를 흘리는 데 참여하지 아니하였으리라 하니 그러면 너희가 선지자를 죽인 자의 자손임을 스스로 증명함이로다 너희가 너희 조상의 분량을 채우라 뱀들아 독사의 새끼들아 너희가 어떻게 지옥의 판결을 피하겠느냐"

서기관들과 바리새인들의 외식은 '선지자들의 무덤'과 '의인들의 비석'에서도 나타난다. 이들은 실제로 선지자들을 죽이고 의인을 박해하면서도 그렇지 않은 척한다(21:33-41, 악한 포

도원 소작인의 비유; 22:6, 왕의 혼인 잔치 비유). 누가복음에는 32-33절이 없다.

B. 기독교 전도자들에 대한 박해와 하나님의 심판(34-39절)

1. 이 세대의 이스라엘에 대한 하나님의 심판(34-36절)

> (34-36절) "그러므로 내가 너희에게 선지자들과 지혜 있는 자들과 서기관들을 보내매 너희가 그 중에서 더러는 죽이거나 십자가에 못 박고 그 중에서 더러는 너희 회당에서 채찍질하고 이 동네에서 저 동네로 따라다니며 박해하리라 그러므로 의인 아벨의 피로부터 성전과 제단 사이에서 너희가 죽인 바라갸의 아들 사가랴의 피까지 땅 위에서 흘린 의로운 피가 다 너희에게 돌아가리라 내가 진실로 너희에게 이르노니 이것이 다 이 세대에 돌아가리라"

(34절) '선지자들과 지혜 있는 자들과 서기관들': 예수께서 보내신 기독교 선포자들

'기독교적인 선지자'들에 관해서는 주님을 전하는 두 종류 선포자들(7:15-23)과 10장 41절에 언급된다. 기독교 선지자들의 운명에 관해서는 10장 17, 23절을 참조하라.

(35절) '아벨': 최초로 살해당한 사람

'사가랴'(*Zacharias*): 살해된 제사장 여호야다의 아들(대하 24:20-22)

'바라갸의 아들': 예언자 스가랴(슥 1:1), 구약에서는 이 사람의 살해 보도가 나타나지 않음

'이 세대': (마 12:39, 41-42, 45; 17:17 참조). 자신들과 자신의 조상들의 죄에 대해 책임을 져야 하는 세대

참조. 스데반; 요한의 형제 야고보[행 12:2]; 주님의 동생 야고보[요세푸스 고대 사기 XX, 200]; 베드로[요 21:18-19 참조]; 바울; 안디바[계 2:13]의 순교.

2. 예루살렘에 대한 탄식(37–39절)

(37–39절) "예루살렘아 예루살렘아 선지자들을 죽이고 네게 파송된 자들을 돌로 치는 자여 암탉이 그 새끼를 날개 아래에 모음 같이 내가 네 자녀를 모으려 한 일이 몇 번이더냐 그러나 너희가 원하지 아니하였도다 보라 너희 집이 황폐하여 버려진 바 되리라 내가 너희에게 이르노니 이제부터 너희는 찬송하리로다 주의 이름으로 오시는 이여 할 때까지 나를 보지 못하리라 하시니라"

이 말씀은 누가복음 13장 34–35절에도 나타나는 예수님의 어록 말씀이다.

참조. 사 31:5, "새가 날개 치며 그 새끼를 보호함 같이 나 만군의 여호와가 예루살렘을 보호할 것이라"

'암탉이 제 새끼를 날개 아래에 모음 같이': 이는 구약성경에서도 나타나는 사상이다.

(38절) 예루살렘 성전 멸망(24:1–2 참조)과 예루살렘 멸망(22:7; 24:15–16 참조) 예언

(39절) 심판하시는 예수님의 오심

본문이 전하는 말씀

첫째, 겉과 안이 다른 신앙은 저주를 받을 수밖에 없다.

둘째, 그 결과는 심판과 멸망이다.

셋째, 그것을 극복하려면 외식을 버리고 **자신과 자신의 행위**를 돌아보아야 한다.

넷째, 모든 사람은 겉처럼 안까지도 행함으로써 **깨끗하게** 해야 한다.

찬송: 174장(새 196장)

제43과 종말 설교(Ⅰ): 그 때에

24장 1-31절

본문의 자리 매김

21-23장은 예수께서 예루살렘의 적대자들과 대립적으로 논쟁하는 말씀이었다. 이제 24-25장에서 예수님의 말씀 상대는 **제자**로 바뀐다. 여기서 예수님은 제자들에게 종말에 대하여 말씀하신다. 신약학자들은 24-25장에 나타난 '그 때에'(*tote*)라는 어구를 근거로 하여(24:9, 10, 16, 21, 23, 30, 46, 40; 25:1, 34) 이 단락을 '종말 설교'라고 부른다. 이 예수님의 '종말 설교'는 마태복음에 수록된 다섯 개의 설교 말씀 중에서 마지막에 위치해 있을 뿐 아니라, 내용적으로도 '종말' 주제에 관해 다루는 말씀이다. 24장 1-31절은 종말의 때와 관련하여 그때에 일어날 징조들을 알려 주며, 제자들에게 주는 권면의 말씀이다.

본문의 짜임새

A. 성전 파괴 예언(1-2절)
B. 재난의 시작(3-14절)
C. 큰 환난(15-28절)
D. 인자의 재림(29-31절)

3-31절 전체 본문 단락은 3절에서 예수께서 감람 산 위에 앉으셨을 때 제자들이 물었던 두 가지 질문에 대한 대답이다. 즉 어느 때에 성전이 파괴되는 상상하지 못할 엄청난 일이 일어나며, 무엇이 주님의 재림 시, 곧 세상 끝에 나타날 징조인가를 묻는 제자들의 질문에 대한 답변이다. 그러나 이 답변은 질문에 대한 단순한 대답이 아니라, 제자들에 대한 권면이기도 하다.

본문 풀이

A. 성전 파괴 예언(1-2절)

(1-2절) "예수께서 성전에서 나와서 가실 때에 제자들이 성전 건물들을 가리켜 보이려고 나아오니 대답하여 이르시되 너희가 이 모든 것을 보지 못하느냐 내가 진실로 너희에게 이르노니 돌 하나도 돌 위에 남지 않고 다 무너뜨려지리라"

이 단락은 예루살렘에 대한 탄식(23:37-39)과 관련되어 있다. 특히 23장 38절("보라 너희 집이 황폐하여 버려진 바 되리라")과 연결되어 있다.

B. 재난의 시작(3-14절)

1. 종말에 대한 가르침의 요청

4절부터 25장 46절까지 예수님의 종말 설교 말씀이다. 이 설교는 제자들이 예수님께 종말에 대한 가르침의 요청에서 시작된다(3절)

> (3절) "예수께서 감람 산 위에 앉으셨을 때에 제자들이 조용히 와서 이르되 우리에게 이르소서 **어느 때**에 이런 일이 있겠사오며 또 주의 임하심과 세상 끝에는 **무슨 징조**가 있사오리이까"

'예수께서 감람 산 위에 앉으셨을 때에' : 마가복음 13장 3절의 평행절에서는 '예수께서 감람 산에서 성전을 마주 대하여 앉으셨을 때에'

'제자들이' : 마가의 경우 '베드로와 야고보와 요한과 안드레'(막 13:3)이다.

질문은 두 가지이다.

a) '어느 때에 이런 일이 있겠습니까?' : 이에 대한 예수님의 대답은 종말 설교에서 '그 때에'이다.

b) '주의 임하심(재림)과 세상 끝에는 무슨 징조가 있겠습니까?' : 이에 대한 예수님의 대답은 '환난'이다.

2. 종말에 대한 가르침(4–14절)

(4–14절) "예수께서 대답하여 이르시되 **너희가 사람의 미혹을 받지 않도록 주의하라** 많은 사람이 내 이름으로 와서 이르되 나는 그리스도라 하여 많은 사람을 미혹하리라 난리와 난리 소문을 듣겠으나 **너희는 삼가 두려워하지 말라** 이런 일이 있어야 하되 **아직 끝은 아니니라** 민족이 민족을, 나라가 나라를 대적하여 일어나겠고 곳곳에 기근과 지진이 있으리니 이 모든 것은 **재난의 시작**이니라 **그 때에** 사람들이 너희를 환난에 넘겨 주겠으며 **너희를 죽이리니** 너희가 내 이름 때문에 모든 민족에게 미움을 받으리라 **그 때에** 많은 사람이 **실족하게 되어** 서로 잡아 주고 서로 미워하겠으며 **거짓 선지자**가 많이 일어나 많은 사람을 **미혹**하겠으며 **불법이 성하므로** 많은 사람의 사랑이 식어지리라 **그러나 끝까지 견디는 자는 구원을 얻으리라** 이 **천국 복음이 모든 민족에게** 증언되기 위하여 **온 세상에 전파되리니** 그제야 끝이 오리라"

a) '어느 때에' : 지금은 아직 끝이 아니다(6절). 그러나 종말이 가까이 오고 있다. '그 때에'(9, 10절) 종말이 오고, 종말 징조가 모두 나타나면 '그제야 끝이 온다'(14절).

b) '무슨 징조'

① 전쟁과 기근과 지진(7절) : 재난의 시작

② 박해와 순교(9절)

③ 불신과 미움(10절)

④ 거짓 선지자의 미혹(11절)

⑤ 불법으로 사랑이 식음(12절)
'불법'(*anomia*): '무법'이라는 뜻이다.

⑥ 천국 복음이 모든 민족에게, 온 세상에 전파(14절)
'천국 복음' : 마태복음의 특징어
'모든 민족', '온 세상' : 구원의 보편주의

종말 전에 환난이 일어난다는 것은 기독교 이전에도 있던 사상이었다. 이사야의 묵시인 이사야서 26장 17절("여호와여 잉태한 여인이 산기가 임박하여 산고를 겪으며 부르짖음 같이 우리가 주 앞에서 그와 같으니이다")뿐 아니라 에디오피아 에녹서(62:4)와 쿰란 공동체의 찬양집(1QH 3:7-12)에도 나타난다. 이러한 재난을 랍비들은 '메시아의 재난'이라고 부른다.

c) 예수님의 권면

① 너희가 사람의 미혹을 받지 않도록 주의하라(4절: 원문에는 "누군가 너희를 미혹[*plaban*]하지 않도록 주의하라")

② 두려워하지 말라(6절): 놀라지 말라(*mē throeisthe*)

③ 끝까지 견디어라(13절): '견디다'(*hypomenein*)란 '아래에 머물다'의 뜻이다.
'말씀' 아래 머물러 있으라.
'끝까지'(*eis telos*): 종말이 올 때까지

C. 큰 환난(15-28절)

(15-28절) "그러므로 너희가 선지자 다니엘이 말한 바 멸망의 가증한 것이 거룩한 곳에 선 것을 보거든 **(읽는 자는 깨달을진저) 그 때에** 유대에 있는 자들은 산으로 도망할지어다 지붕 위에 있는 자는 집 안에 있는 물건을 가지러 내려 가지 말며 밭에 있는 자는 겉옷을 가지러 **뒤로 돌이키지 말지어다 그 날에는** 아이 밴 자들과 젖 먹이는 자들에게 화가 있으리로다 너희가 도망하는 일이 겨울에나 **안식일에** 되지 않도록 **기도하라** 이는 **그 때에 큰 환난이** 있겠음이라 창세로부터 지금까지 이런 환난이 없었고 후에도 없으리라 **그 날들을** 감하지 아니하면 모든 육체가 구원을 얻지 못할 것이나 그러나 택하신 자들을 위하여 그 날

들을 감하시리라 **그 때에** 사람이 너희에게 말하되 보라 그리스도가 여기 있다 혹은 저기 있다 하여도 **믿지 말라** 거짓 그리스도들과 거짓 선지자들이 일어나 큰 표적과 기사를 보여 할 수만 있으면 택하신 자들도 미혹하리라 보라 내가 너희에게 미리 말하였노라 그러면 사람들이 너희에게 말하되 보라 그리스도가 광야에 있다 하여도 나가지 말고 보라 골방에 있다 하여도 **믿지 말라** 번개가 동편에서 나서 서편까지 번쩍임 같이 인자의 임함도 그러하리라 주검이 있는 곳에는 독수리들이 모일 것이니라"

1. '어느 때' : '그 때에'(16, 21, 23절)

2. '무슨 징조'

a) 다니엘이 말한 것처럼 '멸망의 가증한 것'(미운 물건, 단 7:27; 11:31; 12:11)이 '거룩한 곳'(성전)에 섬(15절)

안티오쿠스 4세가 주전 167년 성전의 번제단에 우상을 세운 일이 있었다(마카비 1서 1:54–55, 59; 마카비 2서 6:2).

참조. 마카비 1서 1:54, "그리하여 백사십오 년 기슬레우달 십오 일에 안티오쿠스왕은 제단 위에 가증스러운 파멸의 우상을 세웠고 주위에 있는 유다의 여러 도시에 이교의 제단을 만들었다"
마카비 2서 6:2, "또한 예루살렘 성전을 더럽히고 이것을 제우스·올림피아의 신전이라 이름 짓고 그리심산의 신전은 그곳의 주민들이 원하는 대로 제우스·쿠세니오스의 신전이라 부르도록 명하였다"

b) 유대에 있는 자들이 산으로 피신(16–20절)

c) 큰 환난(*thlipsis megalē*, 21절)

d) 큰 표적과 기사를 행하는 거짓 그리스도와 거짓 선지자가 나타남(22–28절)

3. 권면

a) 피난 시 **되돌아가지 말라**(17–18절): 급히, 그리고 미련 없이 떠나라.

b) 피난이 겨울이나 안식일(마가복음 13장 18절에서는 단지 "겨울에")에 되지 않도록 **기도하라**.

'안식일에' : 마태의 교회는 아직도 안식일에 대해 자유롭지 못하다. 마카비 시대 이후로 엄격한 안식일 규정은 지켜지지 않았다(마카비 1서 2:32-41). 여기서는 아마도 '안식일에 가는 길'(약 880m)이 고려되었다(행 1:12 참조).

c) 거짓 교훈을 **믿지 말라**(23, 26절).

'거짓 그리스도들'(*pseudochristoi*)과 '거짓 선지자들'(*pseudoprophētai*)은 복수로 표현되었다(그들은 많다). 특히 26-28절은 마태복음에만 나타나는 말씀이다. 26절은 메시아 도래의 장소를 묻는 질문과 관련되어 있다. 당시 특정 집단들은 메시아 대망의 장소를 '광야'나 '골방'으로 지칭하였다. 그것을 믿어서는 안 된다. 또 27절은 메시아 도래의 때를 묻는 질문과 관련되어 있다. 언제 메시아가 도래한다고 하는 말을 믿어서는 안 된다. 메시아는 번개가 동에서 서로 번쩍이는 것처럼 임한다. '번개가 치는 것'이란 인자가 갑자기 임한다는 급작성을 말하는 것이 아니라, 인자의 재림이 모든 사람들이 볼 수 있게 임한다는 것을 나타낸다. 28절에서 주검과 독수리에 관한 속담 같은 말은 썩은 시체를 먹으려고 모여드는 독수리처럼 그리스도의 재림은 드러나게 올 것임을 나타낸다(누가복음 17장 34-35절에서 이 말씀은 사람들에 대한 '심판'의 뜻으로 사용되었다).

D. 인자의 재림(29-31절)

(29-31절) "그 날 환난 후에 즉시 해가 어두워지며 달이 빛을 내지 아니하며 별들이 하늘에서 떨어지며 하늘의 권능들이 흔들리리라 그 때

에 인자의 징조가 하늘에서 보이겠고 그 때에 땅의 모든 족속들이 통곡하며 그들이 인자가 구름을 타고 능력과 큰 영광으로 오는 것을 보리라 그가 큰 나팔소리와 함께 천사들을 보내리니 그들이 그의 택하신 자들을 하늘 이 끝에서 저 끝까지 사방에서 모으리라"

이제 3절에서 물었던 제자들의 질문에 대하여 예수께서 대답하신다. 이 단락은 마지막 때 세상의 모습을 묵시적으로 보여 주는데, 기본적으로 마가복음 13장 24-27절의 본문과 같지만 마태복음에서는 두 가지 특징을 보여 준다. 하나는 종말 심판 사건이 인자의 재림으로 **볼 수 있게 임한다**는 것, 그리고 다른 하나는 그것이 **우주적인 크기로 임한다**는 것이다. 30절에서 마가복음의 본문에는 없는 "인자의 징조가 하늘에서 보이겠고 그 때에 땅의 모든 족속이 통곡하며"는 거짓 그리스도와 거짓 선지자들을 따르던 무리들의 통곡을 가리킨다.

본문이 전하는 말씀

마지막이 언제 올지 알지 못하나 인자와 함께 모든 사람들이 볼 수 있게 올 것이다.

그러므로
첫째, 사람의 미혹을 받지 않도록 **주의하라**.
둘째, **두려워하지 말라**.
셋째, 끝까지 **견디어라**.
넷째, 세상으로 **되돌아가지 말라**.

다섯째, **기도하라**.

여섯째, 거짓 그리스도나 거짓 선지자들을 **믿지 말라**.

찬송: 168장(새 180장)

이스라엘의
무화과나무에
달려 있는
무화과 열매

제44과 종말 설교(Ⅱ): 아무도 모르나니

24장 32-51절

본문의 자리 매김

24-25장은 예수께서 제자들에게 가르치신 종말 설교이다. 마지막 때 나타날 징조와 인자의 재림을 말씀하신 예수님은 이어서 본문에서 '비유'와 '권고'(권면)로 제자들을 가르치신다. 그리고 본문은 25장에 묘사된 세 가지 종말 비유와 연결되어 있다.

본문의 짜임새

본문은 다섯 개의 작은 비유 말씀으로 구성되어 있으며 양식적으로는 종말 때의 '심판 비유'이며, 내용적으로는 권면의 말씀이다.

A. 무화과 나무 비유 말씀(32-36절)

B. 세 가지 심판 비유(37-44절)
1. 홍수 비유(37-39절)
2. 두 농부 비유(40-41절)
3. 권면(42-43상반절)
4. 도적 비유(43하반절-44절)

C. 종의 비유(45-51절)

참조. 마 9:10-13, "예수께서 마태의 집에서 앉아 음식을 잡수실 때에 많은 세리와 죄인들이 와서 예수와 그의 제자들과 함께 앉았더니 바리새인들이 보고 그의 제자들에게 이르되 어찌하여 너희 선생은 세리와 죄인들과 함께 잡수시느냐 예수께서 들으시고 이르시되 건강한 자에게는 의사가 쓸 데 없고 병든 자에게라야 쓸 데 있느니라 너희는 가서 내가 긍휼을 원하고 제사를 원하지 아니하노라 하신 뜻이 무엇인지 **배우라** 나는 의인을 부르러 온 것이 아니요 죄인을 부르러 왔노라 하시니라"

본문 풀이

A. 무화과 나무 비유 말씀(32-36절)

(32절) "**무화과나무의 비유를 배우라** 그 가지가 연하여지고 잎사귀를 내면 여름이 가까운 줄을 아나니"

'무화과나무의 비유를 배우라' : 원문에는 '무화과나무로부터 비유(*parabolē*)를 배우라'로 되어 있다.

'배우라'(*mathete*): '배우다'(*manthanein*) 라는 동사는 복음서 중 마태복음에서 가장 자주 나타난다(9:13; 11:29; 24: 32). 그것도 모두 주님의 말씀에서 명령형 동사로 쓰여졌다.

(마가복음: 1번[13:28], 누가복음: 사용 안 됨, 요한복음: 2번[6:45; 7:15])

가르치는 예수님과 배우는 제자들, 이는 마태의 예수님상과 제자상이다.

예수님은 가르치신다. 무엇을 가르치시는가?

① 주님의 **뜻**을(9 : 13)

② 주님의 **멍에**를(11 : 29)

③ **종말 교훈**을(24 : 32)

'연하여지고 잎사귀' : 33절의 이 '모든 일'을 말함

마 11:28-30, "수고하고 무거운 짐 진 자들아 다 내게로 오라 내가 너희를 쉬게 하리라 나는 마음이 온유하고 겸손하니 나의 멍에를 메고 내게 **배우라** 그리하면 너희 마음이 쉼을 얻으리니 이는 내 멍에는 쉽고 내 짐은 가벼움이라 하시니라"

(33절) "이와 같이 너희도 이 모든 일을 보거든 **인자**가 가까이 곧 문 앞에 이른 줄 알라"

'이 모든 일' : 1–31절까지 언급된 일, 즉 성전 파괴, 재난의 시작, 큰 환란

'인자' : 누가복음 21장 31절에는 '하나님의 나라'

'문 앞에' : '가까이' 라는 뜻

(34절) "내가 진실로 너희에게 말하노니 **이 세대**가 지나가기 전에 이 일이 다 일어나리라"

'이 세대' : 예수님의 시대를 말하는 것이 아니라 '종말론적인 현재'이다. 곧 계속되는 세대를 말한다. 왜냐하면 마태가 자신의 교회에 이 말씀을 전할 때 '이 세대'는 이미 예수님의 시대가 아니었다. 그럼에도 불구하고 마태의 교회가 아무런 의문 없이 이 말씀을 받아들인 것은 '이 세대'를 종말론적인 현재로 이해했기 때문이다.

(35절) "천지는 없어질지언정 내 말은 없어지지 아니하리라"

이 말씀은 5장 18절과 비슷하다.

참조. 5:18, "천지가 없어지기 전에는 율법의 일점 일획도 결코 없어지지 아니하고 다 이루리라"

'천지' : 무상성(無常性)
'내 말'(*hoi logoi mou*) : 항상성(恒常性)

(36절) "그러나 **그 날**과 **그 때**는 아무도 모르나니 하늘의 천사들도, 아들도 모르고 오직 아버지만 아시느니라"

'그 날과 그 때' : 종말의 시점
'아무도 모른다' : 아버지만 아심
때의 시점은 모르나 징조가 나타나면 종말이 온다.

B. 세 가지 심판 비유(37-44절)

이 본문은 누가복음 17장 22-37절에 언급된 소위 '소 묵시록'에서 유래되었다고 본다(묵시적인 용어: 인자, 징조, 이 세대, 환난, 재림 등)

1. 노아의 홍수 비유(37-39절)

(37-39절) "**노아의 때**와 같이 **인자의 임함**도 그러하리라 홍수 전에 노아가 방주에 들어가던 날까지 사람들이 먹고 마시고 장가 들고 시집가고 있으면서 홍수가 나서 그들을 다 멸하기까지 **깨닫지 못하였으니** 인자의 임함도 이와 같으리라"

이 비유의 교훈 핵심은 마지막 때 인자가 재림할 때도 노아의 때처럼 사람들이 심각하게 생각하지 않고 깨닫지 못한다는 것이다. 여기서는 인간의 타락이 문제시 되는 것이 아니라 위기 의식 없이 자신의 일상 생활을 계속하는 일반인들의 **위기 불감증, 하나님 망각증**이 문제로 지적된다.

2. 두 농부 비유(40-41절)

(40-41절) "그 때에 **두 사람**(누가복음 17장 34절에서는 '둘이')이 밭에 있으매 한 사람(*heis*)은 데려가고 한 사람(*heis*)은 버려둠을 당할 것이요 **두 여자**가 맷돌질을 하고 있으매 한 사람(*mia*)은 데려가고 한 사람(*mia*)은 버려둠을 당할 것이니라"

'맷돌질을 하고'
'데려감을 당하다'(*paralambanetai*): 구원
'버려둠을 당하다'(*aphietai*): 심판

3. 권면(42-43상반절)

(42-43상반절) "그러므로 **깨어 있으라** 어느 날에 너희 주가 임할는지 너희가 알지 못함이니라"

'깨어 있으라'(*grēgoreite*): 이 명령형 동사는 복음서에서는 예수님의 말씀에만 나타난다.

4. 도적 비유(43하반절-44절)

(43하반절-44절) "너희도 아는 바니 만일 집 주인이 도둑이 어느 시각에 올 줄을 알았더라면 깨어 있어 그 집을 뚫지 못하게 하였으리라 이러므로 **너희도 준비하고 있으라 생각하지 않은 때에** 인자가 오리라"

종말의 때는 도둑같이 갑자기 임한다. 그러므로 준비하고 있어야 한다.

C. 종의 비유(45-51절)

1. 충성된 종(45-47절)

참조. 눅 12:42-46, "주께서 이르시되 지혜 있고 진실한 청지기가 되어 주인에게 그 집 종들을 맡아 때를 따라 양식을 나누어 줄 자가 누구냐 주인이 이를 때에 그 종이 그렇게 하는 것을 보면 그 종은 복이 있으리로다 내가 참으로 너희에게 이르노니 주인이 그 모든 소유를 그에게 맡기리라 만일 그 종이 마음에 생각하기를 주인이 더디 오리라 하여 남녀 종들을 때리며 먹고 마시고 취하게 되면 생각하지 않은 날 알지 못하는 시각에 그 종의 주인이 이르러 엄히 때리고 신실하지 아니한 자의 받는 벌에 처하리니"

(45-47절) "**충성되고 지혜 있는 종**이 되어 주인에게 그 집 사람들을 맡아 때를 따라 양식을 나눠 줄 자가 누구냐 주인이 올 때에 그 종이 이렇게 하는 것을 보면 그 종이 복이 있으리로다 내가 진실로 너희에게 이르노니 주인이 그의 모든 소유를 그에게 맡기리라"

'충성되고 지혜 있는 종'(*ho pistos doulos kai phronimos*): 누가복음에서는 '지혜 있고 진실한 청지기'(*ho pistos oikonomos ho phronimos*)로 표현된다(눅 12:42 참조). 이는 집 사람들을 맡아 때를 따라 양식을 나누어 주는 사람이다.

'충성된 종에게 돌아올 복': 주인의 모든 소유(*hyparchontes*, 마음대로 할 수 있는 것)를 종에게 맡김

2. 악한 종(48-49절)

(48-49절) "만일 그 **악한 종**이 마음에 생각하기를 주인이 더디 오리라 하여 **동료**들을 때리며 술친구들과 더불어 먹고 마시게 되면"

'악한 종'(*ho kakos doulos*): 누가복음 12장 45절에서는 그냥 '종'으로 묘사되어 있다. 따라서 마태의 경우 충성된 종과 악한 종이 더 강하게 대립되어 있다.

악한 종의 특징

① 주인이 더디 온다고 말함
② 동료(함께 종된 자)를 때림
③ 술친구들과 함께 먹고 마심

3. 주인이 옴(50-51절)

(50-51절) "생각하지 않은 날 알지 못하는 시각에 그 종의 주인이 이르러 **엄히 때리고 외식하는 자**가 받는 벌에 처하리니 거기서 **슬피 울며 이를 갈리라**"

① 알지 못하는 시간에 옴(50절)
② 악한 종을 엄히 때림(51상반절)
③ 외식하는 자(악한 종; 누가복음 12장 46절에서는 신실치 아니한 자)가 받는 '벌'(*meros*: '몫')에 처함(51상반절)

'거기서 슬피 울며 이를 갈리라'(*ekei estai ho klauthmos kai ho brygmos tōn odontōn*): 이 구절은 마태복음에 자주 나오는 비유적인 표현이다(8:12; 13:42, 50; 22:13; 25:30). 복음서에서 이 표현은 누가복음 13장 28절을 제외하고는 오직 마태복음에만 나타난다.

본문이 전하는 말씀

본문 단락은 종말 교훈을 위해 '비유' 형식에 담은 주님의 '**권고**'이다. 마지막의 때에 관하여는 하나님 외에 아무도 알지 못한다(36, 42-43, 44, 50절)

그러므로
첫째, **깨어** 있어야 한다(42절).
둘째, 미리 **준비**해야 한다(44절).

셋째, **충성**을 다해야 한다(45절).

찬송: 163장(새 176장)

제45과 종말 설교(Ⅲ): 깨어 충성하라

25장 1-30절

본문의 자리 매김

본문은 마태복음의 마지막 큰 설교인 '종말 심판 설교'(24-25장)의 마지막에 놓여 있는 세 가지 큰 비유 중 두 비유이다. 이 비유는 모두 마태복음의 독자(또는 청중)들을 권고하는 기능을 한다.

본문의 짜임새

A. 열 처녀 비유(1-13절)
  1. 첫째 장면: 혼인 잔치의 장면 설정(1-5절)
  2. 둘째 장면: 혼인 잔치의 시작(6-9절)

3. 셋째 장면: 닫힌 혼례식장문(10-12절)
4. 종결 권고: 깨어 있으라(13절)

B. 달란트 비유(14-30절)
1. 비유 주제(14절)
2. 맡김(15-18절)
3. 회계 결산(19-28절)
a) 다섯 달란트 받은 자(19-21절)와 두 달란트 받은 자(22-23절)
b) 한 달란트 받은 자(24-28절)
4. 종결 교훈(29-30절)

본문 풀이

A. 열 처녀 비유(1-13절)

이 비유는 25장에 수록된 세 번째 비유인 '양과 염소'의 비유처럼 마태복음에만 나타난다.

1. 첫째 장면: 혼인 잔치의 장면 설정(1-5절)

(1-2절) "그 때에 천국은 마치 등을 들고 신랑을 맞으러 나간 **열 처녀**와 같다 하리니 그 중의 다섯은 **미련하고** 다섯은 **슬기 있는 자라**"

유대의 혼인 풍습과 반대로 본문에 의하면 신부의 집에서 혼인 잔치가 벌어진다. 그것은 유대인에게는 비상한 일이다. 그렇기는 하나 유대의 혼인식에 있어서 결정적인 혼인 순서는 신랑이 신부를 데려가는 것이다. 본문의 비유는 바로 이 결정적인 것에 주안점을 두고 있다.

'그 때에' : '인자의 재림', 곧 '마지막 때'를 의미한다. 그러므로 이 비유는 단순한 천국 비유가 아니라 종말과 관련된 천국 비유이다.

'열 처녀와 같다' : 정확하게 말한다면, '천국은 열 처녀와 같다'라고 말할 것이 아니라, '열 처녀가 경험한 사건과 같다'고 말해야 한다. 왜냐하면 천국은 열 처녀가 아니라 혼인 잔치에 비교될 수 있기 때문이다.

'그 중에 다섯은 미련하고(*mōrai*) 다섯은 슬기 있는 자라(*phronimoi*)' : 이는 지식의 많고 적음, 높고 낮음을 말하는 것이 아니다. 오히려 히브리어의 의미로 '지혜로운 사람'이란 눈을 뜨고 무엇이 오는가를 보는 자이다.

(3-4절) "미련한 자들은 등을 가지되 기름을 가지지 아니하고 슬기 있는 자들은 그릇에 기름을 담아 등과 함께 가져갔더니"

미련한 자와 슬기 있는 자의 차이는 '기름'의 준비 여부에 달려 있다. '기름을 준비한 사람'이란 누구인가? 이는 단순히 현실적인 것을 위해 살아가지 않는 사람이다. 다시 말하면, 자신의 현실적인 삶을 미래(종말)의 관점에서 결정하면서 사는 사람이다.

(5절) "신랑이 더디 오므로 다 졸며 잘새"

신랑은 예정된(기대된) 시간보다 늦게 왔다. 그래서 열 처녀들이 다 졸며 잠들었다.

이것이 본 비유에 설정된 장면이다.

2. 둘째 장면: 혼인 잔치의 시작(6-9절)

(6-9절) "밤중에 소리가 나되 보라 신랑이로다 맞으러 나오라 하매 이에 그 처녀들이 다 일어나 등을 준비할새 미련한 자들이 슬기 있는 자들에게 이르되 우리 등불이 꺼져가니 너희 기름을 좀 나눠 달라 하거늘 슬기 있는 자들이 대답하여 이르되 우리와 너희가 쓰기에 다 부족할까 하노니 차라리 파는 자들에게 가서 너희 쓸 것을 사라 하니"

신랑은 '밤중에'(*mesēs nyktos*) 왔다. 이것은 불가능한 일은 아니지만 예사로운 일도 아니었다. 그 때에 등 외에 기름 항아리를 가진 사람과 등만 가진 사람이 드러나게 된다. 기름 항아리에 준비된 기름은 이를 준비하지 못한 자에게 나누어 줄 만큼 충분하지 않았다. 그래서 이들이 가게에 기름을 사러 가는 동안에 신랑이 왔다. '미련한 처녀'(기름을 준비하지 않은 사람)는 그 때 그 자리에 없었다. 그러나 '슬기 있는 처녀'(기름을 준비한 사람)는 그 때 그 자리에 있었다. 그들은 적절한 때 그곳에 있었다.

3. 셋째 장면: 닫힌 혼례식장문(10-12절)

(10-12절) "그들이 사러 간 사이에 신랑이 오므로 준비하였던 자들은 함께 혼인 잔치에 들어가고 문은 닫힌지라 그 후에 남은 처녀들이 와서 이르되 **주여 주여 우리에게 열어 주소서** 대답하여 이르되 진실로 너희에게 이르노니 **내가 너희를 알지 못하노라** 하였느니라"

참조. 7:21-23, "나더러 **주여 주여 하는 자마다** 다 천국에 들어갈 것이 아니요 다만 하늘에 계신 내 아버지의

11-12절은 산상설교의 말씀(7:21-23)을 생각나게 한다.

이렇게 볼 때 '기름'의 의미는 분명해진다. '기름'이란 마태의 경우 '행함'이다. 곧 '착한 행실'(5:16, "이같이 너희 빛이 사람 앞에 비치게 하여 그들로 너희 착한 행실을 보고 하늘에

계신 너희 아버지께 영광을 돌리게 하라")이다. 이 비유와 관련해서 말하면 '기름'이란 미래를 준비하는 삶, 곧 미래에 의해 결정된 현실의 행동과 삶이다.

4. 종결 권고: 깨어 있으라(13절)

(13절) "그런즉 깨어 있으라 너희는 그 날과 그 때를 알지 못하느니라"

'그런즉 깨어 있으라': 이 구절은 24장 42절에서도 언급되었다.

'그 날과 그 때를 알지 못하느니라': 24장 36절과 43절에 앞서 예시되었다.

여기서 '깨어 있음'이란 '미리 준비함'과 같이 자신의 현실적인 행동과 삶을 주님의 재림과 다가 오는 하나님 나라의 관점에서 결정하는 행동과 삶을 말한다.

뜻대로 행하는 자라야 들어가리라 그 날에 많은 사람이 나더러 이르되 주여 주여 우리가 주의 이름으로 선지자 노릇 하며 주의 이름으로 귀신을 쫓아 내며 주의 이름으로 많은 권능을 행하지 아니하였나이까 하리니 그 때에 내가 그들에게 밝히 말하되 내가 너희를 **도무지 알지 못하니** 불법을 행하는 자들아 내게서 떠나가라 하리라 "

B. 달란트 비유(14-30절)

1. 비유의 주제(14절)

(14절) "또 어떤 사람이 타국에 갈 때 그 종들을 불러 자기 소유를 맡김과 같으니"

마지막 때는 주인이 종들에게 자신의 소유를 맡긴 것과 같다.

2. 맡김(15-18절)

(15-18절) "각각 **그 재능대로** 한 사람에게는 금 다섯 달란트를, 한 사

람에게는 두 달란트를, 한 사람에게는 한 달란트를 주고 떠났더니 다섯 달란트 받은 자는 바로 가서 그것으로 장사하여 또 다섯 달란트를 남기고 두 달란트 받은 자도 그같이 하여 또 두 달란트를 남겼으되 한 달란트 받은 자는 가서 땅을 파고 그 주인의 돈을 감추어 두었더니"

달란트의 분배는 공정했다. 즉 주인의 달란트는 종이 그 물질을 관리할 수 있는 '재능대로'(*kata tōn idian dynamin*) 맡겨졌다.

'달란트': 무게에 따른 화폐 단위로, 한 달란트는 당시 노동자 1년 품삯 정도이다.

3. 회계 결산(19-28절)

a) 다섯 달란트, 두 달란트 받은 자(19-23절)

(19-23절) "**오랜 후에** 그 종들의 주인이 돌아와 그들과 결산할새 다섯 달란트 받았던 자는 다섯 달란트를 더 가지고 와서 이르되 주인이여 내게 다섯 달란트를 주셨는데 보소서 내가 또 다섯 달란트를 **남겼나이다** 그 주인이 이르되 잘하였도다 착하고 충성된 종아 네가 적은 일에 충성하였으매 내가 **많은 것을 네게 맡기리니 네 주인의 즐거움에 참여할지어다** 하고 두 달란트 받았던 자도 와서 이르되 주인이여 내게 두 달란트를 주셨는데 보소서 내가 또 두 달란트를 **남겼나이다** 그 주인이 이르되 잘하였도다 착하고 충성된 종아 네가 적은 일에 충성하였으매 내가 많은 것을 **네게 맡기리니 네 주인의 즐거움에 참여할지어다** 하고"

(1) 열심히 장사하여 배로 남겼다(20, 22절).
(2) 작은 일에 충성하였다(21, 23절).
(3) 칭찬 받았다('착하고 충성된 종아', 21, 23절).

(4) 보상이 있다('많은 것을 맡김' 그리고 '네 주인의 즐거움에 참여할지어다', 21, 23절).

b) 한 달란트 받은 자(24-28절)

(24-28절) "한 달란트 받았던 자는 와서 이르되 주인이여 당신은 굳은 사람이라 심지 않은 데서 거두고 헤치지 않은 데서 모으는 줄을 내가 알았으므로 두려워하여 나가서 당신의 달란트를 **땅에 감추어 두었었나이다** 보소서 당신의 것을 가지셨나이다 그 주인이 대답하여 이르되 악하고 게으른 종아 나는 심지 않은 데서 거두고 헤치지 않은 데서 모으는 줄로 네가 알았느냐 그러면 네가 마땅히 내 돈을 취리하는 자들에게나 맡겼다가 내가 돌아와서 내 원금과 이자를 받게 하였을 것이니라 하고 그에게서 그 한 달란트를 빼앗아 열 달란트 가진 자에게 주라"

(1) 주님을 오해했다(24절).
　'굳은'(*sklēros*): 엄한, 혹독한, 무자비한
(2) 무사안일했다(25절).
(3) 책망 받았다(26절).
(4) 벌을 받았다(28절).

4. 종결 교훈(29-30절)

(29-30절) "무릇 있는 자는 받아 풍족하게 되고 없는 자는 그 있는 것까지 빼앗기리라(13:12 참조) 이 무익한 종을 바깥 어두운 데로 내쫓으라 거기서 슬피 울며 이를 갈리라 하니라(8:12; 13:42, 50; 22:13; 24:51)"

이는 빈익빈 부익부를 말하는 것이 아니라 생사의 결판을 보

여 준다. 즉 이 두 절은 달란트 맡은 자들에게 나타날 대조적인 결과를 보여 준다(천국과 지옥의 차이). 앞의 '열 처녀 비유'에서 신랑이 더디 온 것처럼 '달란트 비유'에서도 달란트를 나누어 주고 난 '오랜 후에'(19절) 회계 결산이 일어난다. 하나님의 선물을 받은 자들은 하나님의 나라를 위해 받은 바 선물을 충성스럽게 관리하고 사용해야 한다. 그 반면에 그 선물을 자신을 위해서 쌓아 두는 자는 맡은 달란트를 땅에 묻어둔 자와 같다. 맡은 달란트는 맡겨 주신 자를 위해 지금 사용되어야 한다. 맡은 자는 맡겨 주신 자를 위해 맡은 것에 대해 책임을 져야 하며 최선을 다해 충성스럽게 관리해야 한다.

본문이 전하는 말씀

첫째, 등을 들고 **깨어 있으라**!

즉 기독교적인 삶에서는 현재가 미래를 결정하는 것이 아니라 미래가 현재를 결정한다. 종말론적인 하늘의 소망이 하루하루 현재의 행동과 삶을 결정한다.

둘째, 기름을 **예비하라**!

선한 행실로 빛된 삶을 살아야 한다.

셋째, 성도들이 받은 달란트는 분명히 선물이다. 그러나 이 선물 속에는 선물에 대한 관리와 사용, 그리고 선물 받은 자에게 요구되는 책임이 들어 있다. 받은 재능을 잘 관리하고 **책임있게 사용**해야 한다.

찬송: 372장(새 595장)

제46과 종말 설교(Ⅳ): 세상 심판 비유

25장 31-46절

본문의 자리 매김

본문은 '종말 심판 설교'(24-25장)의 말미에 놓여 있는 세상 심판 비유로 '수난 기사'(26-27장) 직전의 위치에서 종말 심판 예고와 수난의 유관성(有關性)을 드러내는 종말 설교의 절정 단락이다.

본문의 짜임새

본문에 묘사된 '양과 염소' 비유는 마태복음에만 나타나는 비유이다.

A. 도입부: 심판 장면 묘사(31-33절)

B. 중심부: 판결 언도(34-45절)
1. 의인에 대한 판결(34-40절)
2. 죄인에 대한 판결(41-45절)

C. 종결절: 판결의 집행 통지(46절)

본문 풀이

A. 도입부: 심판 장면 묘사(31-33절)

(31절) "인자가 자기 영광으로 모든 천사와 함께 올 때에 자기 영광의 보좌에 앉으리니"

'인자가 올 때에': 24장 30절에 이어 마태복음에 언급된 두 번째 인자의 재림 사건에 대한 묘사이다.

'자기 영광으로', '자기 영광의 보좌에': 이 구절들에서 인자가 심판의 주도적인 역할을 한다.

'모든 천사와 함께': 24장 31절에서는 '그의 천사'이나 여기서는 '모든 천사와 함께'이다.

'자기 영광의 보좌에 인자가 앉아 있다'는 표현은 오직 마태복음에만 나타난다(19:28 참조). 요한계시록 4장에서는 하나님이 '보좌에 앉으신 이'이시며, 5장에서는 어린 양이 보좌와 네 생물 사이에 있으며, 20장 11-15절에서는 심판이 흰 보좌에 앉으신 하나님께 있다.

(32절) "모든 민족을 그 앞에 모으고 각각 구분하기를 목자가 양과 염소를 구분하는 것 같이 하여"

'모든 민족을'(*panta ta ethnē*): 심판은 모든 민족을 대상으로 한다. 그리스도의 제자로 삼는 대상이 '모든 민족'인 것처럼(28:19), 심판의 대상도 '모든 민족'이다.

'구분하기를'(*aphorizein*): '나누다'(seperate)는 뜻이다.

'양과 염소': '양들'(*probata*)은 희고 '염소들'(*eriphoi*)은 검거나 흑갈색이다. 팔레스타인의 목자들은 낮 동안 함께 방목하던 양과 염소를 저녁에 가른다. 염소는 양보다 따뜻한 잠자리가 필요하기 때문이다.

(33절) "양은 그 오른편에, 염소는 왼편에 두리라"

'오른편'은 좋은 자리에 대한 상징적인 표현이다. '오른편에 있는 자들'(34절)은 '의인들'(37절)이다.

B. 중심부: 판결 언도(34-45절)

1. 의인에 대한 판결(34-40절)

(34절) 판결: "그 때에 임금이 그 **오른편에 있는 자들**에게 이르시되 내 아버지께 복 받을 자들이여 나아와 창세로부터 너희를 위하여 예비된 나라를 상속받으라"

'임금': 여기서는 인자이신 예수 그리스도를 가리킨다. 그 외 다른 곳에서는 하나님에 대한 상징어이다(5:35; 18:23; 22:2 참조).

'오른편에 있는 자들': 의인들, 예비된 천국을 상속받을 '내 아버지께 복 받을 자들'(*eulogēmenoi*)(5:5; 19:29 참조)

(35-36절) 판결의 근거: "내가 주릴 때에 너희가 먹을 것을 주었고 목마를 때에 마시게 하였고 나그네 되었을 때에 영접하였고 헐벗었을 때에 옷을 입혔고 병들었을 때에 돌보았고 옥에 갇혔을 때에 와서 보았느니라"

이 구절들에 여섯 가지의 선행(善行)이 열거된다. 이 여섯 가지 자선 행위로 모든 선행이 열거되는 것이 아니다. 이 자선 행위들은 다만 선행에 대한 예시적인 표현이다. 이러한 사랑의 행위가 낯설고 독특한 것은 아니었다. 그러나 이 행위들은 예수 그리스도와 관련되어 있다는 특징을 지니고 있다.

(37-39절) "이에 의인들이 대답하여 이르되 주여(*kyrie*) 우리가 어느 때에 주(당신)께서 주리신 것을 보고 음식을 대접하였으며 목마르신 것을 보고 마시게 하였나이까 어느 때에 나그네 되신 것을 보고 영접하였으며 헐벗으신 것을 보고 옷 입혔나이까 어느 때에 병드신 것이나 옥에 갇히신 것을 보고 가서 뵈었나이까 하리니"

의인들은 임금의 말에 대하여 부인한다.

(40절) "임금이 대답하여 이르시되 내가 진실로 너희에게 이르노니 너희가 여기 **내 형제 중에 지극히 작은 자 하나에게** 한 것이 곧 내게 한 것이니라 하시고"

'내 형제 중에 지극히 작은 자 하나'(*heni toutōn tōn adelphōn mou tōn elachistōn*)는 임금과 동일하게 여겨진다. 마태복음에서 '작은 자'(*mikroi*)는 예수님을 따르는 제자들, 교회의 구성원들, 선교사들이다. 40절에서 '지극히 작은 자'(*elachistos*)는 '작은 자'들 중의 작은 자이다. 이들은 세상 기준으로 본다면 '어린 아이'(11:25; 18:5)이며 '작은 자'(18:6, 10, 14)이고, '가난한 사람'(5:3)이다. 복음을 전하기 위해 어려움을 당하는 자들에게 행한 것은 다름 아니라 바로 주님께 행한 것이다.

'지극히 작은 자'는 형제 중에서 언급되었기 때문에 원래는 신앙 공동체인 교회의 구성원을 가리킨다. 그러나 '세상 심판' 이라는 넓은 관점에서 보면 이들은 단지 어려움을 당하는 기독교 선교사 내지는 성도들뿐 아니라 모든 사람들에게로 확대하여 해석될 수 있다.

2. 죄인에 대한 판결(41-45절)

(41절) 판결: "또 **왼편에 있는 자들**에게 이르시되 저주를 받은 자들아 나를 떠나 마귀와 그 사자들을 위하여 예비된 영원한 불에 들어가라"

41절은 31절과 대칭이 되는 구절이다.

'왼편에 있는 자들' : '저주를 받은 자들'

'마귀(*diabolos*)와 그 사자들(*angeloi*)' : 요한계시록 12장 7절에서는 하늘 전쟁시 미가엘과 그의 사자들이 용과 그의 사자들과 싸운다. 이들은 예비된 영원한 불(*to pyr to aiōnion*)로 들어갈 것이다.

(42-43절) 판결의 근거: "내가 주릴 때에 너희가 먹을 것을 주지 아니하였고 목마를 때에 마시게 하지 아니하였고 나그네 되었을 때에 영접하지 아니하였고 헐벗었을 때에 옷 입히지 아니하였고 병들었을 때와 옥에 갇혔을 때에 돌보지 아니하였느니라 하시니"

이 구절들은 35-36절과 대조된다.

(44절) 죄인들의 판결 이유 부인: "그들도 대답하여 이르되 주여 우리가 어느 때에 주께서 주리신 것이나 목마르신 것이나 나그네 되신 것이나 헐벗으신 것이나 병드신 것이나 옥에 갇히신 것을 보고 공양하지 아니하더이까"

44절은 37-39절과 대조되는 구절이다.

(45절) 임금의 판결 근거 해명: "이에 임금이 대답하여 이르시되 내가 진실로 너희에게 이르노니 **이 지극히 작은 자 하나에게** 하지 아니한 것이 곧 내게 하지 아니한 것이니라 하시리니"

45절은 40절과 비교되는 구절이다.

C. 종결절: 판결의 집행 통지(46절)

(46절) "그들은 영벌에, 의인들은 영생에 들어가리라 하시니라"

'영벌'(*kolasis aiōnion*): 자비를 베푸는 이웃 사랑 계명을 무시한 사람에게 내리는 화(禍)
'영생'(*zoē aiōnion*): 이웃에게 자비를 베푼 의인에게 내리는 복(福)

본문이 전하는 말씀

첫째, 인자가 다시 오실 때 **종말 심판**이 행해진다.

둘째, 종말 심판시 목자가 양과 염소를 가르듯이 인자가 의인과 죄인을 **가를** 것이다.

셋째, 의인은 **영생**을 얻으나 죄인은 **영벌**을 받는다.

넷째, 그 심판의 기준은 '지극히 작은 자'에 대하여 '자비로운 **사랑의 실천**을 행하는가?'라는 행위의 유무에 달려 있다.

다섯째, 그 '**지극히 작은 자**'는 교회의 형제뿐 아니라 모든 사람 중에도 있을 수 있다.

여섯째, 마지막 심판에서 **작은 자에게 행한 것**이 곧 주님께 행한 것으로 여겨진다.

찬송: 167장(새 179장)

겟세마네
만국교회가
세워져 있는
감람산 전경

제47과 수난사(I): 수난 준비

26장 1-29절

본문의 자리 매김

26장 1절 상반절 말씀대로 이제 "예수께서 모든 말씀을 마치셨다." 이미 살펴본바 마태복음에서 예수께서 말씀하신 다섯 개의 설교, 곧 ① 산상설교(5-7장), ② 제자 파송 설교(10장), ③ 천국 비유 설교(13장), ④ 교회 규정 설교(18장), ⑤ 종말 심판 설교(23-25장)의 말씀이 모두 끝났다. 그리고 이제 예수님의 모든 활동은 예수님의 지상 사역에 있어서 절정에 놓여 있는 십자가로 향한다. 본문은 마태복음의 마지막 부분인 수난 기사(26-28장)의 첫째 단락이다. 이 첫째 단락에 예수님의 **수난 준비 과정**이 서술되어 있다.

본문의 짜임새

A. 수난 준비
1. 대제사장과 장로들의 예수 살해 음모(1-5절)
2. 베다니 여인이 예수님의 머리에 향유 부음(6-13절)
3. 가룟 유다의 예수 배신(14-16절)
4. 유월절 식사 준비(17-19절)
5. 최후의 만찬(20-29절)

본문 풀이

A. 수난 준비

1. 대제사장과 장로들의 예수 살해 음모(1-5절)

(1절) "**예수께서 이 말씀을 다 마치시고** 제자들에게 이르시되"

'이 말씀': 원어성경에는 '이 모든 말씀'으로 나타난다. 즉 산상설교, 제자 파송 설교, 천국 비유 설교, 교회 규정 설교, 종말 심판 설교를 가리킨다.

(2절) "너희가 아는 바와 같이 **이틀이 지나면 유월절이라 인자가 십자가에 못 박히기 위하여 팔리리라** 하시더라"

예수님의 수난은 그의 '수난 예고'로부터 시작된다. 즉 수난 받으심은 예수님에 의해 이루어진다. 즉 예수님은 자발적으로 고난을 받으신다.

(3-5절) "그 때에 대제사장들과 백성의 장로들이 가야바라 하는 대제사장의 관정에 모여 예수를 흉계로 **잡아 죽이려고 의논**하되 말하기를 민란이 날까 하노니 명절에는 하지 말자 하더라"

예수님의 적대자들인 대제사장들과 장로들은 '백성'에 속해 있다. 이스라엘 '백성'은 예수님을 배척하고, 이제 그 일에 대제사장들과 장로들이 앞장을 선다. 그들은 '흉계로' 예수님을 살해할 음모를 꾸민다.

2. 베다니 여인이 예수님의 머리에 향유 부음(6-13절)

a) 배경 장소: 베다니 나병환자 시몬의 집(6절)

(6절) "예수께서 베다니 나병환자 시몬의 집에 계실 때에"

b) 일어난 일: 여인이 예수님의 머리에 향유를 부음(7절)

(7절) "한 여자가 매우 귀한 **향유 한 옥합**을 가지고 나아와서 식사하시는 예수의 머리에 부으니"

c) 제자들의 반응: 분하게 여기고 실리적인 경제성을 따짐(8-9절)

(8-9절) "제자들이 보고 분개하여 이르되 무슨 의도로 이것을 허비하느냐 이것을 비싼 값에 팔아 가난한 자들에게 줄 수 있었겠도다 하거늘"

'비싼 값에': 마가복음 14장 5절에서는 "삼백 데나리온 이상"(노동자의 약 1년치 품삯에 해당함)으로 기록되었다.

d) 예수님의 가르침(10-13절)

(10상반절) "예수께서 아시고 그들에게 이르시되 너희가 어찌하여 이 여자를 **괴롭게 하느냐**"

'이 여자를 괴롭게 하느냐'(10상반절): 원전에는 '어려움을 주지 말라', 곧 '어렵게 하지 말라'는 뜻이다.

(10하반절) "그가 내게 좋은 일을 하였느니라"

(11절) "가난한 자들은 항상 너희와 함께 있거니와 나는 항상 함께 있지 아니하리라"

(12절) "이 여자가 내 몸에 이 향유를 부은 것은 내 장례를 위하여 함이니라"

'향유 부음'은 예수님의 죽으심을 나타내는 상징적 행위이며 예수님의 죽음에 대한 준비이다.

(13절) "내가 진실로 너희에게 이르노니 온 천하에 어디서든지 이 복음이 전파되는 곳에서는 이 여자가 행한 일도 말하여 그를 기억하리라 하시니라"

예수님의 죽으심이 지니는 위대함과 의미심장함이 선포되어야 한다. 이때 향유 부음의 의미가 분명히 밝혀질 것이다.

3. 가룟 유다의 예수 배신(14-16절)

(14-16절) "그 때에 열둘 중의 하나인 **가룟 유다**라 하는 자가 대제사장들에게 가서 말하되 내가 예수를 너희에게 넘겨 주리니 얼마나 주려느냐 하니 그들이 은 삼십을 달아 주거늘 그가 그 때부터 예수를 넘겨 줄 기회를 찾더라"

예수님을 넘겨 주는 대가를 가룟 유다가 요구한다. 그리고 그는 대제사장들로부터 은 삼십을 미리 받는다. 즉 유다는 금전욕 때문에 예수님을 배반한다. 이로써 스가랴의 예언이 이루어진다.

참조. 슥 11:12, "내가 그들에게 이르되 너희가 좋게 여기거든 내 품삯을 내게 주고 그렇지 아니하거든 그만두라 그들이 곧 은 삼십 개를 달아서 내 품삯을 삼은지라"

15절은 4복음서 중에서 마태복음에만 나타난다. 이로써 마태의 경우 예수님은 구약 예언의 성취자로 나타난다.

4. 유월절 식사 준비(17-19절)

(17-19절) "무교절의 첫날에 제자들이 예수께 나아와서 이르되 유월절 음식 잡수실 것을 우리가 어디서 준비하기를 원하시나이까 이르시되 성안 아무에게 가서 이르되 선생님 말씀이 내 때가 가까이 왔으니 내 제자들과 함께 유월절을 네 집에서 지키겠다 하시더라 하라 하시니 제자들이 예수께서 시키신 대로 하여 유월절을 준비하였더라"

'아무(*deina*)에게 가서' : '아무에게나 가서'라는 뜻이 아니라 '누구에게 가서'라는 뜻이다. 이 '어떤 사람'이란 이름을 말할 수 없거나 그렇게 말하기 원하지 않을 경우에 쓰는 말이다.

'내 때'(*kairos mou*): 결정적인 시점을 말한다. 곧 수난의 절정인 죽음에 이르는 십자가 지심의 때를 가리킨다. 이로써 마태의 경우 기독론에 대한 집중이 심화되어 있다.

5. 최후의 만찬(20-29절)

a) 가룟 유다의 배신 예고(20-25절)

(20-25절) "저물 때에 예수께서 열두 제자와 함께 앉으셨더니 그들이 먹을 때에 이르시되 내가 진실로 너희에게 이르노니 너희 중의 한 사람이 나를 팔리라 하시니 그들이 몹시 근심하여 각각 여짜오되 주여 나는 아니지요 대답하여 이르시되 나와 함께 그릇에 손을 넣는 그가 나를 팔리라 인자는 자기에 대하여 기록된 대로 가거니와 인자를 파는 그 사람에게는 화가 있으리로다 그 사람은 차라리 태어나지 아니하였더라면 제게 좋을 뻔하였느니라 예수를 파는 유다가 대답하여 이르되 랍비여 나는 아니지요 대답하시되 **네가 말하였도다** 하시니라"

(24절) '인자는 자기에 대하여 기록된 대로 가거니와' : 메시아 인자의 수난은 구약 예언 기록의 성취이다.

(25절) 마태복음에만 있는 말씀이다. 누가 배신자인지 분명히 드러난다.

'네가 말하였도다' : 네가 말한 그대로다.

b) 마지막 만찬(26-29절)

(1) '떡' 말씀(26절)

(26절) "그들이 먹을 때에 예수께서 떡을 가지사 **축복**하시고(*eulogēsas*) **떼어 제자들에게 주시며** 이르시되 받아서 먹으라 이것은 내 몸이니라 하시고"

예수께서 친히 떡을 떼어 주신다. 그 '떡'은 주님의 몸이다.

(2) '잔' 말씀(27-28절)

(27-28절) "또 잔을 가지사 **감사 기도** 하시고(*eucharistēsas*) 그들에게 주시며 이르시되 너희가 다 이것을 마시라 이것은 **죄 사함을 얻게 하려고 많은 사람을 위하여** 흘리는 바 나의 피 곧 언약의 피니라"

'잔'은 '언약의 피'이다. 이것은 "많은 사람을 위하여 흘리는 주님의 피"이다. 그것은 '죄 사함을 얻게 하기 위함'(*eis aphesin hamartōn*)이다. 이 '죄 사함을 얻게 하려고'라는 구절(구원론적 진술)은 복음서 가운데서 오직 마태복음에만 나타난다. 마태에 의하면 죄 용서는 오직 예수님만이 하실 수 있다.

(3) 종말론적인 말씀(29절)

(29절) "그러나 너희에게 이르노니 내가 포도나무에서 난 것을 이제부터 **내 아버지의 나라**에서(막 14:25; 눅 22:18에서는 "하나님의 나라에서") **새것으로 너희와 함께 마시는 날까지 마시지 아니하리라** 하시니라"

'새것으로 너희와 함께 마시는 날까지' : 부활하셔서 하늘에 올리워 계신 주님과 부활할 성도들의 만남이 예시되어 있다. 그날까지 주님의 살과 피가 지닌 속죄 의미를 기억해야 한다.

본문이 전하는 말씀

첫째, 예수님은 **자발적으로** 고난을 받으셨다. 예수님을 따르는 제자들도 **자발적인 고난**을 받을 수 있어야 한다.

둘째, 예수님의 죽으심은 향유 부음의 상징에 예시된 것처럼 **메시아의 죽음**이다.

셋째, 예수님의 죽으심은 가룟 유다의 배신을 **알고도 당하신 죽으심**이다. 제자들은 하나님의 뜻을 이루기 위해서 때때로 인간의 배신을 알고도 당할 수 있어야 한다.

넷째, 금전욕, 물욕은 스승이신 예수님을 배신하게 한다. 제자는 **탐욕을 버려야 한다**.

다섯째, 예수님의 죽으심은 **우리의 죄 용서를 위한 죽으심**이다.

여섯째, 부활하여 승천하신 주님과 다시 마시는 날까지 자신의 몸을 주시고 피를 흘리신 **주님을 기억해야** 한다.

찬송: 183장(새 283장)

제48과 수난사(Ⅱ): 수난 준비와 수난의 시작

26장 30-56절

본문의 자리 매김

26장 1절에서부터 시작된 '수난 준비 기사'는 30-46절까지 계속되고, 47절부터 비로소 '수난'이 시작된다. 예수님의 수난은 '체포되심'에서 시작하여 공회(가야바의 법정)의 심문과 빌라도의 심문과 사형 언도를 거쳐, 조롱 받으시고 십자가를 지시고 십자가에 못 박히심으로써 죽으시고 장사되심으로 끝이 난다.

본문의 짜임새

A. 수난 준비(30-46절)

6. 감람 산으로 가는 도중에 베드로의 배신 예고(30-35절)
7. 겟세마네 동산에서 예수님의 기도(36-46절)

B. 예수님의 수난(26:47-27:44)
1. 수난의 시작: 예수님의 체포되심(47-56절)

본문 풀이

A. 수난 준비(30-46절)

6. 감람 산으로 가는 도중에 베드로의 배신 예고(30-35절)

a) 장면 묘사(30절)

(30절) "이에 그들이가 **찬미**하고 감람 산으로 나아가니라"

유대인들은 유월절 식사 후에 시편 114-118편을 찬송하였다.
시 114편: 출애굽 시편
시 115편: 여호와를 의지하는 자에게 복을 주시는 하나님
시 116편: 기도를 들으시는 하나님
시 117편: 크고 진실하고 영원한 하나님의 인자하심
시 118편: 여호와께 감사하라

b) **제자들의 흩어짐에 대하여 성경으로써 예고하심**(31절)

(31절) "그 때에 예수께서 제자들에게 이르시되 오늘 밤에 너희가 다

나를 버리리라 기록된 바 **내가 목자를 치리니 양의 떼가 흩어지리라** 하였느니라"

예수께서 수난 시 제자들이 흩어지리라는 것을 먼저 구약성경을 통해 예고하신다. 예수님의 수난이 구약 예언의 성취인 것처럼 수난기사에서 제자들의 배신도 구약 예언의 성취이다.

참조. 슥 13:7, "만군의 여호와가 말하노라 칼아 깨어서 내 목자, 내 짝 된 자를 치라 목자를 치면 양이 흩어지려니와 작은 자들 위에는 내가 내 손을 드리우리라"

c) **부활 및 현현 예고**(32절)

(32절) "그러나 내가 살아난 후에 너희보다 먼저 갈릴리로 가리라"

제자들이 흩어진 후에 그 제자들을 다시 모으시는 분은 부활하신 예수님이시다. 예수님의 부활 이후 제자들의 신앙과 삶 역시 그 출발점은 부활하신 그리스도이시다.

d) **베드로의 장담**(33절)

(33절) "베드로가 대답하여 이르되 모두 주를 버릴지라도 나는 **결코**(*oudepote*) 버리지 **않겠나이다"**

'모두 주를 버릴지라도' : 원문에는 '다 걸려 넘어질지라도'(*pantes skandalisthesontai*)이다. 한글 개역개정성경 난하주에는 '주를 인하여 실족할지라도'로 표현되어 있다.

'나는'(*egō*) : '나만은'이라는 강조 용법이다.

'결코'(*oudepote*) : 마가복음은 단지 '아니'(*ouk*)라는 부정어만 있다.

'버리지 않겠나이다' : 원문에는 '걸려 넘어지지 않을 것입니다'(*skandalisthēsomai*)로 되어 있다. 한글 개역개정 성경 난하주에는 '실족하지 않겠나이다'로 옮겼다.

마태복음에서는 베드로의 배신 부인에 대한 장담이 강조되어 있다.

e) 예수님에 대한 베드로의 부인 예고(34절)

(34절) "예수께서 이르시되 내가 진실로 네게 이르노니 오늘 밤 닭 울기 전에 **네가 세 번** 나를 부인하리라"

'세 번' : '완전하게'라는 뜻이다.
이 예언은 74-75절에서 그대로 이루어진다.

f) 제자들의 반박(35절)

(35절) "**베드로**가 이르되 내가 주와 함께 죽을지언정 주를 부인하지 않겠나이다 하고 **모든 제자**도 이와 같이 말하니라"

베드로뿐 아니라 모든 제자들도 주님을 배신하지 않으리라고 주님의 배신 예고에 반박한다. 여기서도 베드로는 다른 제자들보다 앞자리에 놓여 있다.

7. 겟세마네 동산에서 주님의 기도(36-46절)

겟세마네 동산에서 주님의 기도는 주기도(6:9-13)와 연관성을 가지고 있다. 마태의 경우 특별히 주님의 '기도'가 강조되어 있다. 겟세마네의 기도를 다루는 마가복음 14장 32-42절, 마태복음 26장 36-46절, 누가복음 22장 40-46절을 비교해 보면, 마가·마태의 경우 예수께서 동일한 말씀으로 세 번 기도하지만, 누가의 경우 "아버지여 만일 아버지의 뜻이거든 이 잔을 내게서 옮기시옵소서 그러나 내 원대로 마시옵고 아버지의 원대로 되기를 원하나이다"가 한 번 기록되어 있다. 또 마가와 마태를 비교해 보면, 마가의 경우 "동일한 말씀으로 기도하시고"(14:39)이나, 마태의 경우 다시 두 번째 나아가 첫 번째 기도했던 내용을 반복하여 기술한다(26:42). 또 마태는 예수께서 기도하실 때 "얼굴을 땅에 대시고 엎드려" 기도하셨다고 기도를 강조한다.

a) 제자들에게 기도에 함께 참여할 것을 요구(36-38절)

> (36절) "이에 예수께서 제자들과 함께 겟세마네라 하는 곳에 이르러 제자들에게 이르시되 내가 저기 가서 기도할 동안에 너희는 여기 앉아 있으라 하시고"

'겟세마네'(*Gethsēmani*): '기름'(*shemen*)을 짜는 곳이라는 뜻을 가지고 있다. 감람 산은 올리브 나무가 있는 동산이었는데, 예수께서 기도하신 곳은 그 동산 가운데 '기름 짜는 곳'이라는 곳이다.

> (37-38절) "베드로와 세베대의 두 아들을 데리고 가실새 고민하고 슬퍼하사 이에 말씀하시되 내 마음이 매우 고민하여 죽게 되었으니 너희는 여기 머물러 **나와 함께 깨어 있으라** 하시고"

예수님은 자신이 기도하는 동안 제자들에게 '여기 앉아 있으라'(36절), '나와 함께 깨어 있으라'(38절)고 말씀하신다. 그것은 단순한 깨어 있음이 아니라 '깨어 있어 기도함'(41절)이다.

b) 첫 번째 기도(39절)

> (39절) "조금 나아가사 **얼굴을 땅에 대시고** 엎드려 기도하여 이르시되

내 아버지여 만일 할 만하시거든 이 잔을 내게서 지나가게 하옵소서 그러나 나의 원대로 마시옵고 **아버지의 원대로 하옵소서** 하시고"

'얼굴을 땅에 대시고'는 마태복음에만 나타난다.

'내 아버지여' : 마가복음에서는 '아빠 아버지여'(14:36)이다.

기도의 내용은 주기도의 두 번째 간구인 '하나님의 나라가 임하는 것' 그리고 주기도의 세 번째 간구인 '하나님의 뜻이 하늘에서처럼 땅에서 이루어지는 것'(6:10)과 관련되어 있다.

c) 제자 훈계(40-41절)

(40-41절) "제자들에게 오사 그 자는 것을 보시고 베드로에게 말씀하시되 너희가 나와 함께 한 시간도 이렇게 깨어 있을 수 없더냐 **시험에 들지 않게 깨어 기도하라 마음에는 원이로되 육신이 약하도다** 하시고"

이 훈계의 말씀은 주기도문의 여섯 번째 간구인 '우리를 시험에 들게 하지 마시옵고 다만 악에서 구하시옵소서'(6:13)와 관련되어 있으며, 종말 심판 설교 말씀에서 예수께서 주신 권고를 생각나게 한다(24:42).

d) 두 번째 기도와 제자들(42-43절)

(42-43절) "다시 두 번째 나아가 기도하여 이르시되 내 아버지여 만일 내가 마시지 않고는 이 잔이 내게서 지나갈 수 없거든 아버지의 원대로 되기를 원하나이다 하시고 다시 오사 보신즉 그들이 자니 이는 그들의 눈이 피곤함일러라"

e) 세 번째 기도와 제자 훈계(44-46절)

(44-46절) "또 그들을 두시고 나아가 세 번째 같은 말씀으로 기도하신 후 이에 제자들에게 오사 이르시되 이제는 자고 쉬라 보라 **때가 가까이 왔으니** 인자가 죄인의 손에 팔리느니라 **일어나라 함께 가자** 보라 나를 파는 자가 가까이 왔느니라"

'때가 가까이 왔으니'(*ēngiken he hōra*): 죽음의 때가 가까왔다. 이로써 26장 1절에서 시작된 수난 이전 단계는 마감된다. 즉 수난에 대한 준비는 예수님의 기도로써 끝난다. 수난을 위해서는 기도가 절대적으로 필요하다.

B. 예수님의 수난(26:47-27:44)

1. 수난의 시작: 예수님의 체포되심(47-56절)

a) 가룟 유다와 함께 예수님을 체포할 무리들이 도착함(47절)

(47절) "말씀하실 때에 열둘 중의 하나인 유다가 왔는데 대제사장들과 백성의 장로들에게서 파송된 큰 무리가 칼과 몽치를 가지고 그와 함께 하였더라"

가룟 유다는 겟세마네 동산의 기도 현장에 없었다. 예수께서 기도하실 때 그는 딴 짓을 했다. 가룟 유다는 대제사장들과 백성의 장로들이 보낸 무리와 함께 왔다. 이때 백성들은 이미 장로들의 편에 서 있었다.

b) 거짓 입맞춤(48-49절)

(48-49절) "예수를 파는 자가 그들에게 군호를 짜 이르되 내가 입맞추는 자가 그이니 그를 잡으라 한지라 곧 예수께 나아와 랍비여 안녕하시옵니까 하고 입을 맞추니"

가룟 유다의 입맞춤은 예수님을 잡기 위해 표식으로 잡을 사람과 미리 짠 '거짓 입맞춤'이었다.

c) 예수님의 당당하심(50절)

(50절) "예수께서 이르시되 친구여 네가 무엇을 하려고 왔는지 행하라 하신대 이에 그들이 나아와 예수께 손을 대어 잡는지라"

"친구여 네가 무엇을 하려고 왔는지 행하라"는 말씀은 마태복음에만 나타난다. 26장 2절에서처럼 예수님은 고난에 당당하게 맞서고 자발적으로 고난을 받으신다.

d) 제자들의 반응(51절)

(51절) "예수와 함께 있던 자 중의 하나가 손을 펴 칼을 빼어 대제사장의 종을 쳐 그 귀를 떨어뜨리니"

요한은 칼을 빼어 든 사람이 '시몬 베드로'이고, 귀 베임을 당한 대제사장의 종의 이름을 '말고'라고 밝힌다(요 18:10).

e) 예수님의 가르침(52-56절)

(52-56절) "이에 예수께서 이르시되 네 칼을 도로 칼집에 꽂으라 칼

을 가지는 자는 다 칼로 망하느니라 너는 내가 내 아버지께 구하여 지금 열두 군단 더 되는 천사를 보내시게 할 수 없는 줄로 아느냐 **내가 만일 그렇게 하면 이런 일이 있으리라 한 성경이 어떻게 이루어지겠느냐** 하시더라 그 때에 예수께서 무리에게 말씀하시되 너희가 강도를 잡는 것 같이 칼과 몽치를 가지고 나를 잡으러 나왔느냐 내가 날마다 성전에 앉아 가르쳤으되 너희가 나를 잡지 아니하였도다 **그러나 이렇게 된 것은 다 선지자들의 글을 이루려 함이니라** 하시더라 이에 제자들이 다 예수를 버리고 도망하니라"

52-54절은 공관복음에서 마태복음에만 나타나는 말씀이다. 52절은 "다른 사람의 피를 흘리면 그 사람의 피도 흘릴 것이니"라는 창세기 9장 6절과 관련되어 있다(사 50:10-11 참조). 53절은 쿰란 공동체의 신도들의 생각과 같다. 이들은 종말 전쟁 시 천사들의 도움을 기대하였다. 예수님은 지금이라도 열두 영(*legiōn*: 6천 명으로 구성된 로마의 군단) 이상 되는 천사를 동원하실 수 있다. 그러나 인자는 하나님의 뜻을 따르는 길을 택해야만 한다. 마태복음에서 강조되는 것은 예수님이 구약 예언을 성취하시는 분이라는 것이다. 마태의 수난사에서는 구약성경의 성취가 강조되어 있다. 55절에서 예수님은 성전에서 가르치셨다. 그것이 마태복음에는 단지 21장 23절에서만 언급되어 있으나 예루살렘에서 마지막 한 주간 동안 24장 1절까지 성전에서 가르치는 활동이 전제되어 있다(22:16, 33 참조).

56하반절 "이에 제자들이 다 예수를 버리고 도망하니라"에서 이제 예수님만 수난의 현장에 홀로 남게 된다. 수난 받으실 때 아무도 예수님을 돕지 않는다. 예수님은 홀로 수난을 맞이하신다.

본문이 전하는 말씀

첫째, 예수께서는 **하나님의 말씀**을 이루기 위해 고난을 받으셨다. 그것처럼 예수님을 따르는 제자 역시 고난을 받더라도 하나님의 말씀을 받들어 섬겨야 한다.

둘째, 신앙 생활에서 **장담**은 금물이다. 신앙도 하나님의 선물이다. 내가 장담할 수 있는 것이 아니다.

셋째, **기도** 없이는 수난을 감당할 수 없다. 수난을 받기 위한 유일한 준비물은 기도이다.

넷째, 예수님의 겟세마네 기도는 **하나님의 뜻**을 이루기 위한 기도였다.

다섯째, 예수께서 그러하셨던 것처럼 가진 권세를 써서 고난을 피하기보다는 그 권세로 하나님의 뜻에 **순종**함으로써 고난을 받는 삶이 제자들이 추구해야 하는 삶이다.

찬송: 139장(새 154장)

제49과 수난사(Ⅲ): 고난 받으심

26장 57절–27장 10절

본문의 자리 매김

26장에서 시작된 예수님의 고난 받으심 기사가 계속된다. 26장의 첫 마흔 여섯 절은 '수난 준비' 기사이고, 47절부터 27장 44절까지는 좁은 의미에서 '수난' 기사이다.

본문의 짜임새

(첫 번째 수난: 체포되심[47–56절])

A. 두 번째 수난: 공회 앞에서 대제사장 가야바의 심문(57–68절)

B. 세 번째 수난: 베드로의 예수님 부인(69–75절)

C. 네 번째 수난: 빌라도에게 넘겨짐(27장 1-2절)
D. 다섯 번째 수난: 가룟 유다의 최후(3-10절)

본문 풀이

A. 두 번째 수난: 공회 앞에서 대제사장 가야바의 심문(57-68절)

1. 장면 묘사(57-58절)

(57절) "예수를 잡은 자들이 그를 끌고 대제사장 가야바에게로 가니 거기 서기관과 장로들이 모여 있더라"

'대제사장'(*archiereus*), '서기관'(*hoi grammateis*), '장로들'(*hoi presbyteroi*)은 '공회'의 구성원들이었다.

(58절) "베드로가 **멀찍이 예수를 따라** 대제사장의 집 뜰에까지 가서 그 결말을 보려고 안에 들어가 하인들과 함께 앉아 있더라"

참조. 막 14:54, "베드로가 예수를 멀찍이 따라 대제사장의 집 뜰 안까지 들어가서 아랫사람들과 함께 앉아 불을 쬐더라"

33절에서 "모두 주를 버릴지라도 나는 결코 버리지 않겠나이다"라고 장담한 베드로는 이제 '**멀찍이**'(*apo makrothen*) 예수님을 따라간다. 주님과 멀어지는 것은 배신하기 전에 나타나는 징조이다. 베드로는 일어나는 일의 결말을 보려고 대제사장의 집 뜰에까지 가서 그 하속들 틈에 끼어 앉았다. 마가의 경우 베드로는 하속들과 함께 앉아 불을 쬐었다.

2. 증인 심문(59-63절)

(59절) "대제사장들과 온 공회가 예수를 죽이려고 그를 칠 거짓 증거를 찾으매"

'**공회**'(*synedrion*): 예수님 당시 유대인의 최고 관청으로 대제사장, 제사장, 서기관, 장로, 평신도를 대표하는 71명의 남자로 구성되었다. 로마는 이 공회의 세속적인 권한에 대해서는 제한했으나 종교적인 결정에 대해서는 인정하였다.

'**거짓 증거**'(*pseudomartyria*): 마태의 경우 거짓 증거가 강조되어 있으나, 마가의 경우는 단지 '증거'이다.

(60절) "거짓 증인이 많이 왔으나 얻지 못하더니 후에 **두 사람**이 와서"

'두 사람': 마태복음에서 강조되는 증인 수이다(신 17:6; 19:15). '둘'(*duo*)은 마태복음에서 40번 사용되는 마태가 즐겨 사용하는 애용어이다(마가는 18번; 누가는 28번; 요한은 13번).

'얻지 못하더니': 마가에 의하면 공회는 예수님을 칠 증거를 얻지 못하였다.

(61절) "이르되 이 사람의 말이 내가 하나님의 성전을 헐고 사흘 동안에 지을 수 있다 하더라 하니"

'**성전**': 건물로서의 성전(*hieron*)이 아니라 예수님과 관련된 성소로서의 성전(*naos*)을 가리킨다. 마가의 경우 '손으로 지은 성전'과 '손으로 짓지 아니한 다른 성전'이 대조적으로 묘사되어 있으며, 증인들의 증언이 일치되지 않았다고 보도한다(막 14:58-59).

(62절) "대제사장이 일어서서 예수께 묻되 아무 대답도 없느냐 이 사람들이 너를 치는 증거가 어떠하냐 하되"

대제사장은 예수님께 자신 있게 묻는다.

(63절) "예수께서 침묵하시거늘 대제사장이 이르되 **내가 너로 살아 계신 하나님께 맹세하게 하노니** 네가 하나님의 아들 그리스도인지 우리에게 말하라"

참조. 사 53:7, "그가 곤욕을 당하여 괴로울 때에도 그의 입을 열지 아니하였음이여 마치 도수장으로 끌려 가는 어린 양과 털 깎는 자 앞에서 잠잠한 양 같이 그의 입을 열지 아니하였도다"

대제사장의 물음에 대해 예수님은 잠잠히 계신다. 그것은 이사야 53장 7절을 생각나게 한다.

예수님은 마태복음에서 도무지 맹세하지 말라고 가르치셨다(5:33-37; 23:16-22). 대제사장은 예수께 맹세할 기회를 주며 하나님의 아들 그리스도인지 말할 것을 요구한다. 이것은 예수님의 정체를 알기 위함이 아니라, 예수님을 책잡아 정죄하기 위함이다. 메시아 칭호로서 '하나님의 아들' 칭호는 유대인의 경우 통상적인 것이 아니나 불가능한 것도 아니었다(삼하 7:14; 시 2:7).

3. 예수님의 대답(64절)

(64절) "예수께서 이르시되 **네가 말하였느니라** 그러나 내가 너희에게 이르노니 **이 후에 인자가 권능의 우편에 앉아 있는 것과 하늘 구름을 타고 오는 것을 너희가 보리라** 하시니"

'네가 말하였느니라' : 마가의 경우에는 '내가 그니라'이다.

'인자' : 인자는 '권능(자)'(곧 하나님)의 우편에 앉게 될 것이며(보좌 등극 사상), 구름을 타고 올 것이다(시 110:1; 단 7:13). 이런 생각은 초기 기독교의 그리스도 이해에서 중요한 역할을 하였다.

4. 대제사장의 말(65-66절)

(65-66절) "이에 대제사장이 자기 옷을 찢으며 이르되 그가 **신성 모독 하는 말**을 하였으니 어찌 더 증인을 요구하리요 보라 너희가 지금 **이 신성 모독 하는 말**을 들었도다 너희 생각은 어떠하냐 대답하여 이르되 그는 **사형에 해당하니라** 하고"

'신성 모독 하는 말'(*blasphēmia*): 예수님에게서 거짓 증거를 찾던 대제사장은 예수님의 대답을 듣고 거짓 증거를 찾던 태도를 바꾸어 **신성 모독죄**로 몰아붙인다. 그리고 공회의 무리들에게 생각을 묻고 예수를 사형에 해당한 자로 정죄하게 한다.

5. 조롱(67-68절)

(67-68절) "이에 예수의 얼굴에 침 뱉으며 주먹으로 치고 어떤 사람은 손바닥으로 때리며 이르되 그리스도야 우리에게 선지자 노릇을 하라 너를 친 자가 누구냐 하더라"

'예수의 얼굴에 침 뱉으며': 마가의 경우 '그의 얼굴을 가리고'가 더 들어 있다.

유대교의 법 규정에 의하면 이러한 공회의 지나친 행위는 거의 생각될 수 없다. 누가복음 22장 65절에 의하면, 지키는 사람들이 "이 외에도 많은 말로 욕하더라"고 보도한다.

B. 세 번째 수난: 베드로의 예수님 부인(69-75절)

1. 첫 번째 부인(69-70절)

(69-70절) "베드로가 바깥 뜰에 앉았더니 한 여종이 나아와 이르되 너도 갈릴리 사람 예수와 함께 있었도다 하거늘 베드로가 모든 사람 앞에서 **부인**하여 이르되 나는 네가 무슨 말을 하는지 알지 못하겠노라 하며"

'한 여종'(*paidiskē*): 어린 여종(남종은 *pais*). 마가의 경우 '대제사장의 여종 하나'(14:66)이다.

'갈릴리 사람 예수': 예수님의 주 활동지는 갈릴리였다. 마가의 경우 '나사렛 예수'이다(14:67).

'부인하여'(*arnesthai*): 이는 '고백하다'(*homologein*)의 반대이다.

2. 두 번째 부인(71-72절)

(71-72절) "앞문까지 나아가니 다른 여종이 그를 보고 거기 있는 사람들에게 말하되 이 사람은 나사렛 예수와 함께 있었도다 하매 베드로가 **맹세하고 또 부인하여 이르되** 나는 그 사람을 알지 못하노라 하더라"

마가의 경우에는 두 번째 베드로의 부인을 짤막하게 단지 '또 부인하더라'라고 기록되어 있으나, 마태의 경우 '부인하다'에 '맹세하다'가 추가되어 두 번째 부인은 점진적으로 강화되어 있다. 예수님은 도무지 맹세하지 말라고 가르치셨으나(마 5:33-37), 예수님의 가르침을 받은 베드로는 이를 어긴다.

3. 세 번째 부인(73-74절)

(73-74절) "조금 후에 곁에 섰던 사람들이 나아와 베드로에게 이르되 너도 진실로 그 도당이라 네 말소리가 너를 표명한다 하거늘 그가 **저주하며 맹세하여** 이르되 나는 그 사람을 알지 못하노라 하니 **곧 닭이 울더라**"

베드로는 부인할 뿐 아니라 '맹세하고'(*omnuein*) '저주한다'(*katathematizein*). 베드로의 부인은 맹세와 저주로 더욱 강화된다(점층법).

예수께서 밤샘 심문을 받으시면서 다가올 자신의 죽음 앞에서 진실을 고백하며 초연하게 고난을 받으시는 시간에 수제자 베드로는 무서워 떨며 증인들 앞에서 예수님과의 관계를 부인한다.

'곧 닭이 울더라' : 마가의 경우 닭이 곧 두 번째 울었다.

4. 닭 울음(75절)

(75절) "이에 베드로가 예수의 말씀에 닭 울기 전에 네가 세 번 나를 부인하리라 하심이 생각나서 밖에 나가서 심히 통곡하니라"

닭 울음 소리는 베드로가 배신하리라는 예수님의 예언(34절 참조)을 이루는 기능을 하며, 나아가 이 말씀은 신앙에 대한 장담을 경고하는 말씀이며, 한편으로는 예수님을 배신하였으나 부활하신 주님으로부터 베드로가 용서받았다는 위로의 사전 예시이기도 하다. 초기의 교회는 이 닭 울음 소리에서 교회에 주는 '경고'와 '회개 촉구'와 '위로'의 메시지를 동시에 들을 수 있었다.

C. 네 번째 수난: 빌라도에게 넘겨짐(27장 1-2절)

(27장 1-2절) "새벽에 모든 대제사장과 백성의 장로들이 예수를 죽이려고 함께 의논하고 결박하여 끌고 가서 총독 빌라도에게 넘겨 주니라"

가야바 법정에서 예수를 죽이기로 합의가 이루어졌다. 밤샘 심문을 받은 예수님은 묶인 채로 빌라도 총독에게 이송된다.

'넘겨 주다'(*paradidōmi*): 수난사에 나타나는 전문 용어이다. 공회에서 예수님을 로마의 총독에게 넘긴 것은 공회에는 사형 언도권이 없기 때문이다(요 18:31 참조).

D. 다섯 번째 수난: 가룟 유다의 최후(3-10절)

이 단락은 복음서에서 단지 마태복음에만 나타나며, 사도행전 1장 18-20절에서 이보다 짧은 본문을 발견할 수 있다. 마태는 이 단락을 여기에 둠으로써 독자로 하여금 가룟 유다의 회개 시도와 26장 75절에 묘사된 베드로의 회개(통곡)를 비교하게 한다.

1. 가룟 유다의 회개 시도(3-4절)

(3-4절) "그 때에 예수를 판 유다가 그의 정죄됨을 보고 스스로 뉘우쳐 그 은 삼십을 대제사장들과 장로들에게 도로 갖다 주며 이르되 내가 무죄한 피를 팔고 죄를 범하였도다 하니 그들이 이르되 그것이 우리에게 무슨 상관이냐 네가 당하라 하거늘"

공회는 예수님께 유죄 선고를 내리는 불의를 범할 뿐 아니라 가룟 유다의 고백에 대하여 불문에 부치는 불의도 범한다.

2. 유다의 자살(5절)

(5절) "유다가 은을 성소에 던져 넣고 물러가서 스스로 목매어 죽은지라"

3. 대제사장들의 후속 조치(6-8절)

(6-8절) "대제사장들이 그 은을 거두며 이르되 이것은 핏값이라 성전고에 넣어 둠이 옳지 않다 하고 의논한 후 이것으로 토기장이의 밭을 사서 나그네의 묘지를 삼았으니 그러므로 오늘날까지 그 밭을 피밭이라 일컫느니라"

대제사장들은 유다가 돌려준 돈이 죄 없으신 예수님의 핏값인 줄 알고 성전의 금고에 보관하기를 꺼려하면서도 예수님의 판결에 대해서는 자의적으로 그들이 하고 싶은 대로 처리하였다.

4. 마지막 구약 예언 성취 인용(9-10절)

(9-10절) "이에 선지자 예레미야를 통하여 하신 말씀이 이루어졌나니 일렀으되 **그들이 그 가격 매겨진 자 곧 이스라엘 자손 중에서 가격 매긴 자의 가격 곧 은 삼십을 가지고 토기장이의 밭 값으로 주었으니 이는 주께서 내게 명하신 바와 같으니라** 하였더라"

베드로의 부인이 예수님의 예고 성취이듯이 가룟 유다의 배반 역시 구약 예언의 성취이다. 이 두 구절은 마태복음에서 마지막으로 나타나는 구약 예언 성취 인용문인데, 스가랴 11장 12-13절과 예레미야 18장 2-3절, 19장 11절, 32장 6-15절의 혼합 인용문이다. 예수님의 수난은 구약 예언의 성취이다.

참조. 슥 11:12-13, "내가 그들에게 이르되 너희가 좋게 여기거든 내 품삯을 내게 주고 그렇지 아니하거든 그만두라 그들이 곧 은 삼십 개를 달아서 내 품삯을 삼은지라 여호와께서 내게 이르시되 그들이 나를 헤아린 바 그 삯을 토기장이에게 던지라 하시기로 내가 곧 그 은 삼십 개를 여호와의 전에서 토기장이에게 던지고"

본문이 전하는 말씀

첫째, 제자가 주님을 멀찍이 따라가는 것은 배신의 징조이다. 주님을 좇아갈 때 **바짝 붙어** 좇아가야 한다.

둘째, 수난을 준비하신 예수님은 자신의 신분을 감추지 않고 드러내시는 반면 베드로는 고난 받음이 두려워 자신의 신분을 세 번씩이나 감추고 속인다. 예수께서 고난에 **당당히** 맞서신 것처럼 예수님을 따르는 제자들도 그러해야 한다.

셋째, 예수님을 완전히 부인하였지만 회개하는 베드로의 통곡은 받아들여진다. 주님의 제자들은 **닭 울음** 속에서 예수님으로부터 멀어짐에 대한 경고와 멀어져 있는 자에 대한 **회개 촉구**와 그와 함께 그를 부르시는 **주님의 위로**를 들어야 한다.

넷째, 예수님은 자신이 하고 싶은 대로, 자의적으로 살지 않으셨다. 하나님의 뜻을 이루기 위해 하나님의 말씀을 따르는 **순종**으로 구약 예언의 말씀도 성취하셨고 하나님의 뜻도 이루셨다. 그리스도의 제자에게도 하나님의 말씀과 뜻에 대한 절대적인 순종이 요구된다.

찬송: 138장(새 151장)

제50과 수난사(Ⅳ): 고난 받으심

27장 11-44절

본문의 자리 매김

본문은 26장 47절부터 27장 56절까지 수난사의 핵심 단락에 속해 있다.

26:1-26:44 예수님의 수난 준비
(최후의 만찬; 가룟 유다·베드로의 배신 예언; 겟세마네 기도)

26:47-27:56 고난 받으심
(체포; 가야바의 심문; 빌라도의 심문; 사형 언도; 조롱당하심; 십자가 지심; 죽으심)

27:57-28:18 수난 이후
(장사; 무덤 경비; 부활; 현현; 군병 매수; 승천)

본문의 짜임새

A. 빌라도 총독의 심문(11-14절)
B. 바라바의 석방과 예수님에 대한 사형 언도(15-26절)
C. 로마 군병으로부터 조롱받으심(27-30절)
D. 십자가 지심과 십자가에 못 박히심: 사형 집행(31-44절)

본문 풀이

A. 빌라도 총독의 심문(11-14절)

공회에서 밤샘 심문을 받은 예수님은 새벽에 빌라도 총독에게 넘겨졌다. 총독이 심문한다.

(11절) "예수께서 총독 앞에 섰으매 총독이 물어 이르되 네가 유대인의 왕이냐 예수께서 대답하시되 **네 말이 옳도다** 하시고"

빌라도: "네가 유대인의 왕이냐?"

예수님: "네 말이 옳도다." 원문을 자구적으로 옮기면 "네가 말하는도다"(*sy legeis*)이다.

이것은 26장 63절의 대제사장의 질문, 곧 "네가 하나님의 아들 그리스도인지 우리에게 말하라"에 대한 대답인 26장 64절의 "네가 말하였느니라"(*sy eipas*)와 비교해 볼 때 과거 시제가 아니라 현재 시제로 쓴다. 이로써 예수님은 심문하는 빌라도에게 자신의 판단을 요구한다. 또 마가복음 14장 62절, "내가 그니라"와 비교할 때 예수님은 자신이 정치적인 이유로 고소됨에 대해 동의하지 않는다.

(12-14절) "대제사장들과 장로들에게 고발을 당하되 **아무 대답도 아니하시는지라** 이에 빌라도가 이르되 그들이 너를 쳐서 얼마나 많은 것으로 증언하는지 듣지 못하느냐 하되 **한 마디도 대답하지 아니하시니** 총독이 크게 놀라워하더라"

그러나 대제사장들과 장로들이 외치는 고발의 소리가 만발하고 그후 빌라도가 그것을 예수님에게 상기시키나 예수님은 침묵하신다. 이것은 시편 38편(어려움을 당할 때 드렸던 참회시) 12-14절의 맥락에서 이해해야 한다.

참조. 시 38:12-14, "내 생명을 찾는 자가 올무를 놓고 나를 해하려는 자가 괴악한 일을 말하여 종일토록 음모를 꾸미오나 나는 못 듣는 자 같이 듣지 아니하고 말 못하는 자 같이 **입을 열지 아니하오니** 나는 듣지 못하는 자 같아서 **내 입에는 반박할 말이 없나이다**"

B. 바라바의 석방과 예수님에 대한 사형 언도(15-26절)

(15절) "명절이 되면 총독이 무리의 청원대로 죄수 한 사람을 놓아 주는 전례가 있더니"

'명절': 때는 유월절 명절이다. 유대인들이 예루살렘에 모두 모일 때이다. 당시에 '명절 사면'은 한 관례법에 속했다. 그것은 요세푸스의 『고대사기』(20권 208f, 215)나 미쉬나(Pesachim VIII, 6a)에도 기록되어 있다. 로마는 명절에 죄수를 사면함으로써 그 죄수가 명절에 참여할 수 있게 하였고, 이로써 통치 지역의 환심을 얻고자 하였다.

(16절) "그 때에 바라바라 하는 유명한 죄수가 있는데"

'바라바'(*barabbas*): 아람어 '바르'(*bar*)는 아들이고, '아

바'(*abba*)는 아버지라는 뜻이다. 그러므로 '아버지의 아들'이라는 뜻이다. 신약성경의 중요 사본(시내 사본, 알렉산드리아 사본, 바티칸 사본 등)에는 이 바라바를 '예수 바라바'(*iēsous barabbas*)라고 부른다. 마가복음 15장 7절에는 이 바라바를 "민란을 꾸미고 그 민란중에 살인하고 체포된 자" 중 한 사람으로 말한다.

그리스어 '강도'(*lēstēs*)는 '혁명가'의 뜻을 가지고 있다. 요세푸스에 의하면, 이 '강도'는 유대인의 해방을 위해 싸운 투사이다. 그러니까 바라바는 열심당의 한 지도자였다.

(17-18절) "그들이 모였을 때에 빌라도가 물어 이르되 너희는 내가 누구를 너희에게 놓아 주기를 원하느냐 바라바냐 그리스도라 하는 예수냐 하니 이는 그가 그들의 시기로 예수를 넘겨 준 줄 앎이더라"

빌라도는 예수님에게서 그를 처형해야 할 이유를 찾지 못하고 오히려 예수님을 고발하는 대제사장들과 장로들에게서 예수님을 시기하는 마음을 보았다.

(19절) "총독이 재판석에 앉았을 때에 그의 아내가 사람을 보내어 이르되 저 옳은 사람에게 아무 상관도 하지 마옵소서 오늘 **꿈**에 내가 그 사람으로 인하여 애를 많이 태웠나이다 하더라"

19절은 마태복음에만 나타나는 구절이다. 마태복음에서 '꿈'(*onar*)은 계시의 수단이다(구약에서 야곱의 꿈, 요셉의 꿈, 느부갓네살의 꿈 등도 하나님의 계시 수단이다). 요셉의 꿈(1:20; 2:12-13, 19, 22)이 마태복음 서두에 나타난 것처럼 마태복음의 말미에도 꿈이 나타난다. 빌라도의 아내는 예수님을 '옳은 사람'(의인, *dikaios*)이라 부른다. 이것 역시 마태적인 표현이다(1:19; 13:17, 43). 마태에 의하면 예수님은 죄 없이 고난을 받으시는 분이시다(24절 참조). 마태는 예수님을 **변호**하는 데 관심이 있다.

(20절) "대제사장들과 장로들이 무리를 권하여 바라바를 달라 하게 하고 예수를 죽이자 하게 하였더니"

이제 대제사장들과 장로들은 '무리'를 선동한다. 이 무리들은 예수님의 재판을 지켜보고 있는 사람들이다. 빌라도의 예수님에 대한 심문은 너무도 간단하게 끝났다. 이제 빌라도는 예수님을 고발한 대제사장들과 장로들 그리고 무리들을 향한다.

(21-23절) "총독이 대답하여 이르되 **둘 중의 누구를 너희에게 놓아 주기를 원하느냐** 이르되 **바라바로소이다** 빌라도가 이르되 **그러면 그리스도라 하는 예수를 내가 어떻게 하랴** 그들이 다 이르되 **십자가에 못 박혀야 하겠나이다** 빌라도가 이르되 **어찜이냐 무슨 악한 일을 하였느냐** 그들이 더욱 소리 질러 이르되 **십자가에 못 박혀야 하겠나이다** 하는지라"

'총독'(*hēgemōn*, 집권자)과 무리들 사이에 일문일답이 신속하게 행해진다. 무리들은 예수님을 처형하기로 결의했고 빌라도가 어떻게 질문하든 동일한 대답을 한다 그 대답은 "십자가에 못 박혀야 하겠나이다"(*staurōthētō*, 3인칭 단수 단순과거 수동 명령)이다. 그 뜻은 예수를 '단번에 십자가에 못 박히게 하라'이다.

(24-25절) "빌라도가 아무 성과도 없이 도리어 민란이 나려는 것을 보고 물을 가져다가 무리 앞에서 손을 씻으며 이르되 이 사람의 피에 대

하여 나는 무죄하니 너희가 당하라 **백성**이 다 대답하여 이르되 그 피를 우리와 우리 자손에게 돌릴지어다 하거늘"

24-25절은 마태복음에만 나타나는 구절들이다. 빌라도는 예수님에게서 죄를 발견하지 못하였다. 여기서도 19절에서처럼 예수께서 죄 없이 부당하게 처벌 받으셨다는 것을 강조하는 마태의 **변호**적인 관심이 강조된다. 빌라도는 무리들 앞에서 손을 씻는다. 손을 씻는 행위는 결백을 과시하는 행위이다.

25절에서 '백성'이 대답한다. 19, 24절의 '무리'는 25절의 '백성'(*laos*)으로 표현된다. 마태는 예수님을 십자가에 못 박아야 한다고 요청한 사람들이 총독 법정에 모인 무리뿐 아니라 당시 유대 민족 전체로 본다. 마태는 백성들이 "그 피를 우리와 우리 자손에게 돌릴지어다"라고 말하는 것을 상기함으로써 주후 70년 예루살렘 멸망과 성전 파괴가 유대인의 메시아이신 예수님을 거부하고 십자가에 못 박음에 대한 대가라는 것을 마태복음의 독자나 청중들에게 알려 주고자 한다.

(26절) "이에 바라바는 그들에게 놓아 주고 예수는 채찍질하고 십자가에 못 박히게 **넘겨 주니라**"

'넘겨 주니라'(*paredōken*): '수난' 용어이다.

C. 로마 군병으로부터 조롱 받으심(27-30절)

(27절) "이에 총독의 군병들이 예수를 데리고 관정 안으로 들어가서 온 군대를 그에게로 모으고"

'관정'(*praitōrion*): 마가복음 15장 16절에서는 라틴어 '브라이도리온'을 그대로 사용한다. 이는 총독의 집무처로 예루살렘 성전 광장 북서쪽 안토니아 성채나 서쪽의 헤롯 왕궁으로 생각된다.

(28-30절) "그의 옷을 벗기고 홍포를 입히며 가시관을 엮어 그 머리에 씌우고 갈대를 그 오른손에 들리고 그 앞에서 무릎을 꿇고 희롱하여 이르되 유대인의 왕이여 평안할지어다 하며 그에게 침 뱉고 갈대를 빼앗아 그의 머리를 치더라"

조롱은 다양하게 행해진다.

1. 옷을 벗김(28상반절)
2. 홍포를 입힘(28하반절)
   '홍포'(*chlamys kokkinē*): 로마 군인들이 걸치는 붉은 외투
3. 가시관을 엮어 머리에 씌움(29a절)
4. 갈대를 오른손에 들리게 함: '갈대'는 아마 왕의 집권봉에 대한 비하일 것이다. 마가복음에서는 "갈대로 그의 머리를 치며"(15:19)로 되어 있다. 그러므로 갈대로 예수님의 머리를 친 다음(*typtein*) 오른손에 쥐게 하였다.
5. 무릎을 꿇림(29b절): 여기서는 '엎드려 경배하다'(*proskynein*) 대신 경멸적인 '무릎을 꿇다'(*gonypetein*)가 사용되었다.
6. 희롱함(29c절): '희롱하다'(*empaizein*)
7. 거짓 인사를 함(29d절): "유대인의 왕이여 평안할지어다"(*chaire*)
8. 침 뱉음(30상반절, *emptyein*)
9. 갈대를 빼앗아 머리를 침(30하반절)

참조. 막 15:17-19, "예수에게 자색 옷을 입히고 가시관을 엮어 씌우고 경례하여 이르되 유대인의 왕이여 평안할지어다 하고 갈대로 그의 머리를 치며 침을 뱉으며 꿇어 절하더라"

평행 본문인 마가복음 15장 17-19절과 비교해 보면, 마태의 경우 더욱 실감나게 묘사되어 있다.

D. 십자가 지심과 십자가에 못 박히심: 사형 집행(31-44절)

(31-32절) "희롱을 다 한 후 홍포를 벗기고 도로 그의 옷을 입혀 십자가에 못 박으려고 끌고 나가니라 가다가 시몬이란 구레네 사람을 만나매 그에게 예수의 십자가를 억지로 지워 가게 하였더라"

참조. 막 15:21, "마침 알렉산더와 루포의 아버지인 구레네 사람 시몬이 시골로부터 와서 지나가는데 그들이 그를 억지로 같이 가게 하여 예수의 십자가를 지우고"

마가복음 15장 21절에는 시몬과 함께 예루살렘에 온 사람들의 이름을 밝힌다. 이들은 나중에 기독교인이 된 사람들이기 때문에 여기서 거명된다(루포, 롬 16:13 참조).

(33절) "골고다 즉 해골의 곳이라는 곳에 이르러"

'골고다'(*golgotha*): 아람어로는 *golgolta*, 히브리어로는 *gulgoleth*인 '해골'에 대한 헬라어 음역이다. 라틴어로는 '갈보리'이다. 이 용어는 복음서에서 단 네 번 사용되는데(마 27:33; 막 15:22; 눅 23:33; 요 19:17), 마태, 마가, 요한은 '골고다'로, 누가는 헬라어인 크라니온(*kranion*)을 사용했다. 그 위치는 당시 예루살렘 성문 밖이었다.

(34절) "**쓸개** 탄 포도주를 예수께 주어 마시게 하려 하였더니 예수께서 맛보시고 마시고자 하지 아니하시더라"

참조. 시 69:21, "그들이 쓸개를 나의 음식물로 주며 목마를 때에는 초를 마시게 하였사오니"

'쓸개': 마가의 경우는 몰약이다(막 15:23 참조, "**몰약**을 탄 포도주를 주었으나 예수께서 받지 아니하시니라") '몰약'은 마취제이나, 마태는 시편 69편 21절의 관점에서 '쓸개' 탄 포도주를 말한다. 마태는 예수님의 수난을 고난 받는 의인에 대한 구약의 성취임을 강조한다.

(35-36절) "그들이 예수를 십자가에 못 박은 후에 그 옷을 제비 뽑아 나누고 거기 앉아 지키더라"

제비 뽑아 옷을 나누어 가지는 것은 시편 22편 18절("내 겉옷을 나누며 속옷을 제비 뽑나이다") 구약 말씀의 성취이다.

마가는 십자가에 못 박히신 때가 제 3시(오전 9시)임을 밝힌다(15:25, "때가 제삼시가 되어 십자가에 못 박으니라")

(37-38절) "그 머리 위에 이는 유대인의 왕 예수라 쓴 죄패를 붙였더라 이 때에 예수와 함께 강도 둘이 십자가에 못 박히니 하나는 우편에, 하나는 좌편에 있더라"

'유대인의 왕 예수': 요한복음 19장 19절에서는 "나사렛 예수 유대인의 왕"이라 썼다고 했고, 19장 20절에서는 히브리어, 로마어, 헬라어로 기록되었다고 보고한다(로마어 INRI = Jesus Nazarenus Rex Judaeorum의 약어).

'강도': '폭도', '혁명 투사'의 뜻이다.
39-44절에는 세 부류의 무리들에 의해 조롱과 모욕이 점진적으로 강화되고, 마가와 비교해 보면 조롱과 모욕이 실감나게 강조되어 있다(막 15:29-32 참조).

1. 첫 번째 무리(지나가는 자들)의 조롱(39-40절)

(39-40절) "**지나가는 자들**은 자기 머리를 흔들며 예수를 모욕하여 이

르되 성전을 헐고 사흘에 짓는 자여 네가 만일 **하나님의 아들이어든** 자기를 구원하고 십자가에서 내려오라 하며"

40절에서 **예수님의 무능하심**이 조롱을 받는다.

2. 두 번째 무리(대제사장, 서기관, 장로)의 조롱(41–42절)

(41–42절) "그와 같이 **대제사장들도 서기관들과 장로들**과 함께 희롱하여 이르되 그가 남은 구원하였으되 자기는 구원할 수 없도다 그가 이스라엘의 왕이로다 지금 십자가에서 내려올지어다 그리하면 우리가 믿겠노라"

비웃는 무리들 가운데 '장로'들이 거명된다(26:3 참조). 42절에서 **예수님의 구원 활동**이 조롱 받는다.

3. 세 번째 무리(함께 십자가에 못 박힌 강도들)의 조롱(43–44절)

(43–44절) "그가 하나님을 신뢰하니 하나님이 원하시면 이제 그를 구원하실지라 그의 말이 나는 **하나님의 아들**이라 하였도다 하며 **함께 십자가에 못 박힌 강도들**도 이와 같이 욕하더라"

참조. 시 22:8, "그가 여호와께 의탁하니 구원하실 걸, 그를 기뻐하시니 건지실 걸 하나이다"

43절에서 예수님의 **하나님 신뢰하심**이 조롱받는다. 이 구절은 시편 22편 8절 말씀의 성취이다. 예수님은 하나님의 아들로서 고난을 받으셨다(40, 44절).

요약하면, 마태의 경우 예수님의 '고난 받으심'의 특징은

① 예수님이 죄 없으신 데도 고난 받으셨다는 것(변호론적인 관점)(19, 24절),

② 유대인에 의해 배척 당하셨다는 것(25절),

③ 훨씬 실감나게 묘사되어 있다는 것(28-30, 39-44절),
④ 구약성경의 말씀을 이루셨다는 것(14, 34, 35, 43절)이다.

본문이 전하는 말씀

첫째, 예수님은 심지어 죽음의 고난을 받으실 때도 침묵하시고 잠잠하셨다. 그리스도의 제자들도 고난 받을 때 떠벌이지 말고 **잠잠해야 한다**(14절).

둘째, 당시 종교적인 지도자인 공회의 구성원들은 예수님에 대한 시기심으로 "십자가에 못 박혀야 하겠나이다"를 제창했다(22, 23절). 시기심은 죄 없는 죽음까지도 불러일으킨다. 그리스도의 제자들은 **시기심을 버려야 한다**.

셋째, 예수님은 하나님의 말씀을 이루시기 위해 목숨도 버렸다. 그리스도의 제자들도 하나님의 말씀을 **힘써 지켜야 한다**.

찬송: 198장(새 264장)

겟세마네
만국교회
안에 있는
예수님의 기도처

제51과 **수난사(V): 고난 받으심**

27장 45-66절

본문의 자리 매김

수난사는 '**수난 이전 기사**'(향유 부음, 유다의 배신 예고, 최후의 만찬, 만찬 고별사, 베드로의 배신 예고, 겟세마네에서의 기도)와 '**수난 기사**'(체포, 심문, 사형 언도, 조롱받으심, 십자가 지심과 십자가에 못 박히심) 그리고 '**수난 이후 기사**'(장사, 부활, 현현, 제자 파송, 승천)로 이루어져 있다. 본문은 수난 기사의 절정인 '십자가에서 죽으심' 기사와 수난 이후 '장사되심'과 '무덤 경비 기사'이다. 이 중 '무덤 경비' 이야기는 단지 마태복음에만 기록된 것으로 28장 11-15절의 '군병 매수' 이야기와 관련되어 있다. 이 기사 역시 마태복음에만 나타나며, 따라서 군병들의 '무덤 경비' 이야기는 '무덤을 지키는 군병 매수' 이야기와의 관련성 안에서만 밝혀질 수 있다.

본문의 짜임새

A. 십자가에서 죽으심(45-56절)
B. 무덤에 장사되심(57-61절)
C. 군병들의 무덤 경비(62-66절)

본문 풀이

A. 십자가에서 죽으심(45-66절)

이 단락은 예수님의 십자가 죽음을 가운데 두고, 죽음 이전의 세 가지 사건과 죽음 이후에 일어난 세 사건을 다룬다.

1. 예수님의 죽음 이전에 일어난 세 가지 일(45-49절)

a) 온 땅이 어두워짐(45절)

(45절) "제육시로부터 온 땅에 어둠이 임하여 제구시까지 계속되더니"

제6시는 정오인 12시이고 제9시는 오후 3시이다. 하루 중 가장 밝은 시간에 어두움이 왔다. 이 '어두움'은 세상에 대한 최후의 심판이 시작됨을 말한다. 하나님께서 세상의 구원을 위해 보내신 아들을 죽게 한 세상에 대한 심판의 시작이다. 구약 아모스 선지자의 예언에 의하면 그 날에 여호와께서 해를 대낮에 지게 하여 백주에 땅을 캄캄하게 하신다(참조. 욜 2:1-2,

참조. 암 8:9, "주 여호와의 말씀이니라 그 날에 내가 해를 대낮에 지게 하여 백주에 땅을 캄캄하게 하며"

10; 3:4; 4:15; 사 13:10).

b) 크게 소리 지르심(46절)

(46절) "제구시쯤에 예수께서 크게 소리 질러 이르시되 **엘리 엘리 라마 사박다니** 하시니 이는 곧 나의 하나님, 나의 하나님, 어찌하여 나를 버리셨나이까 하는 뜻이라"

오후 세 시가 되어 예수께서 "엘리 엘리 라마 사박다니"라고 크게 소리 지르셨다. 이것은 아람어였는데 그리스어로 번역하면 "나의 하나님, 나의 하나님, 어찌하여 나를 버리셨나이까?"라는 뜻이었다. 이 말씀은 고난시인 시편 22편 1절에서 취한 말씀인데 이것은 의인이 고난당함에 대하여 하나님께 대드는 '항변'이나 '탄원'이 아니라 고난 받은 의인이 주께 부르짖을 때, 그 울부짖음을 들으시는 하나님에 대한 '새로운 신뢰' 관계로 들어가는 기도의 머리말이다.

참조. 시 22:1, "내 하나님이여 내 하나님이여 어찌 나를 버리셨나이까 어찌 나를 멀리하여 돕지 아니하시오며 내 신음 소리를 듣지 아니하시나이까"

그러니까 이 부르짖음은 기도의 마지막 말이 아니라 첫 말이다. 항변이 목적이 아니라 고통 중에서 끝까지 하나님을 붙드는 전적 신뢰의 표현이다.

참조. 시 22:24-25, "그는 곤고한 자의 곤고를 멸시하거나 싫어하지 아니하시며 그의 얼굴을 그에게서 숨기지 아니하시고 그가 울부짖을 때에 들으셨도다 큰 회중 가운데에서 나의 찬송은 주께로부터 온 것이니 주를 경외하는 자 앞에서 나의 서원을 갚으리이다"

c) 주변 사람들의 오해와 신 포도주를 먹임(47-49절)

(47-49절) "거기 섰던 자 중 어떤 이들이 듣고 이르되 이 사람이 엘리야를 부른다 하고 그 중의 한 사람이 곧 달려가서 해면을 가져다가 신 포도주에 적시어 갈대에 꿰어 마시게 하거늘 그 남은 사람들이 이르되 가만 두라 엘리야가 와서 그를 구원하나 보자 하더라"

'엘리야'는 유대교의 전통에 의하면 고난 중에 돕는 이로 여겨졌다. 그래서 주변 사람들 중 몇은 십자가에 달린 예수께서 엘리야에게 도움을 청한다고 생각했다.

참조. 시 69:21, "그들이 쓸개를 나의 음식물로 주며 목마를 때에는 초를 마시게 하였사오니"

'신 포도주'(*oksos*, 식초): 이것은 예수님의 갈증을 해소하기 위한 것이 아니라 오히려 예수님의 고통을 연장하기 위한 수단이었다. 그러나 무엇보다도 신 포도주를 먹이는 것은 구약 예언이 그대로 이루어지는 것을 보여 준다(시 69 : 21).

2. 예수님의 죽으심(50절): 이 단락의 중심

(50절) "예수께서 다시 크게 소리 지르시고 영혼이 떠나시니라"

십자가에 못 박힌 자가 크게 소리를 지르는 것은 이례적인 일이다. 신 포도주를 먹인 후 곧 예수님은 '영혼이 떠나셨다'(*aphēken to pneuma*). 다시 크게 소리 지르신 것은 신 포도주의 충격 때문이 아니라 다시 한 번 46절의 구절을 말씀하신 것에 대한 표현일 것이다.

마가복음 15장 39절의 경우 예수님은 죽으심으로 백부장으로 하여금 '하나님의 아들'로 고백하게 하셨다. 누가복음 23장 46절의 경우 예수님은 시편 31편 5절("내가 나의 영을 주의 손에 부탁하나이다")을 따라 "아버지여 내 영혼(*pneuma*)을 아버지 손에 부탁하나이다"라는 최후의 기도 후 운명하신다. 또 요한복음 19장 30절의 경우 "다 이루었다"는 임무 완수의 말씀으로써 예수님은 숨을 거두신다.

3. 예수님의 죽음 이후에 일어난 세 가지 일(51–56절)

이 세 가지 일은 예수님의 죽음 이전에 일어난 세 가지 일보다 훨씬 더 상징적이다.

a) 성소 휘장이 찢어짐(51절)

(51절) "이에 성소 휘장이 위로부터 아래까지 찢어져 둘이 되고 땅이 진동하며 바위가 터지고"

'이에': 원문에는 '그리고 보라'(*kai idou*)로 표현되어 있다. 이는 계시적 사건임을 알리는 말이다.

성소 휘장이 성소와 지성소 사이에 있는 안쪽 휘장인가(히 6:19; 9:3; 10:20), 아니면 성전 앞에서 모든 사람들이 볼 수 있는 바깥쪽 휘장인가? 성소 휘장이 찢어지는 것이 성전 멸망을 암시하는 옛 제사 의식의 종말이라는 멸망의 표지인가, 아니면 이방인을 위해 성소를 개방하는 새로운 제의의 시작을 의미하는가? 이런 문제들에 대해서는 본문 자체로서는 대답할 수 없다. 그러나 뒤따르는 52-53절과의 문맥 속에서 보면 성소의 휘장이 찢어지는 것은 십자가 사건이 범 세계적인 사건으로서 우주적인 의미를 지닌다.

b) 자던 성도들이 부활(52-53절)

(52-53절) "무덤들이 열리며 자던 성도의 몸이 많이 일어나되 **예수의 부활 후에** 그들이 무덤에서 나와서 거룩한 성에 들어가 많은 사람에게 보이니라"

'성도': 하나님을 믿은 구약성경의 의인이다.

'예수의 부활 후에': 죽어 있던 성도들의 부활은 예수님의 부활 후 일어난다. 왜냐하면 그리스도께서 '부활의 첫 열매'가 되시기 때문이다.

'거룩한 성': 예루살렘을 가리킨다.

참조. 고전 15:20, "그러나 이제 그리스도께서 죽은 자 가운데서 다시 살아나사 잠자는 자들의 첫 열매가 되셨도다"

52-53절의 내용은 복음서 중 마태복음에만 언급되는데 이것은 성소 휘장의 찢어짐과 함께 십자가 사건이 우주적인 사건임을 보여 준다.

c) 백부장의 고백(54절)

(54절) "백부장과 및 함께 예수를 지키던 자들이 **지진**과 그 일어난 일들을 보고 심히 두려워하여 이르되 이는 진실로 하나님의 아들이었도다 하더라"

참조. 24:7; 27:54; 28:2; 8:24에서 네 번 사용; 마가와 누가의 경우는 한 번씩만 사용되고, 요한복음에서는 전혀 나타나지 않음

참조. 막 15:39, "예수를 향하여 섰던 백부장이 그렇게 숨지심을 보고 이르되 이 사람은 진실로 하나님의 아들이었다 하더라"

'지진'(*seismos*): 마태가 즐겨 사용하는 애용어이다. '지진' 역시 십자가 사건이 우주적인 사건임을 드러낸다.

'이는 진실로 하나님의 아들이었도다': 이는 마가복음 15장 39절과 동일하나, 누가복음 23장 47절에서는 백부장이 "이 사람은 정녕 의인이었도다"로 고백한다. 이방인이 예수님을 하나님의 아들이라고 고백한다(2:1-12, 이방인의 아기 경배; 8:5-13, 가버나움 백부장의 종 치유; 15:21-28, 가나안 여인의 딸 치유 참조).

4. 갈릴리에서 예수님을 좇아온 여인들(55-56절)

(55-56절) "예수를 섬기며 갈릴리에서부터 따라온 많은 여자가 거기 있어 멀리서 바라보고 있으니 그 중에는 막달라 마리아와 또 야고보와 요셉의 어머니 마리아와 또 세베대의 아들들의 어머니도 있더라"

예수님을 멀리서나마 바라보고 있던 사람들은 갈릴리에서부터 예수님을 좇아온 여인들이었다. 마태는 마가복음 15장 40절을 따라 세 여인을 밝히는데 '살로메' 대신 '세베대의 아들들의 어머니'라고 말하여 세베대의 두 아들, 예수님의 제자 요한

과 야고보를 강조한다.

'야고보' : 마가는 예수님의 제자 야고보와 구분하여 "작은 야고보"(막 15:40)라고 말한다.

참조. 막 15:40, "멀리서 바라보는 여자들도 있었는데 그 중에 막달라 마리아와 또 작은 야고보와 요세의 어머니 마리아와 또 살로메가 있었으니"

B. 무덤에 장사되심(57-61절)

1. 정황 묘사(57절)

(57절) "저물었을 때에 아리마대의 부자 요셉이라 하는 사람이 왔으니 그도 예수의 제자라"

'저물었을 때에' : 마가는 이 날이 "준비일, 곧 안식일 전날"(막 15:42)임을 밝힌다. 안식일을 준비하는 예비일은 금요일인데 안식일은 금요일 저녁 해 질 때부터 시작된다.

'아리마대의 부자 요셉' : 요셉은 '유대인의 동네'(눅 23:51) 아리마대 사람인데, '아리마대'는 에브라임의 산지 '라마다임'(사무엘의 고향이며 매장지)으로 생각된다(삼상 1:1 참조). 마태는 이 사람이 '부자'이며 '예수님의 제자'라고 밝힌다. 마가는 이 '요셉'이 '존귀한 공회원'이며 '하나님의 나라를 기다리는 자'라고 밝히는데(막 15:43), 그것은 '요셉'이 예수님을 정죄하는 공회의 결의와 행사에 가담하지 않았기 때문이다(눅 23:50).

2. 요셉의 요구(58절)

(58절) "빌라도에게 가서 예수의 시체를 달라 하니 이에 빌라도가 내주라 명령하거늘"

참조. 막 15:44-45, "빌라도는 예수께서 벌써 죽었을까 하고 이상히 여겨 백부장을 불러 죽은 지가 오래냐 묻고 백부장에게 알아 본 후에 요셉에게 시체를 내주는지라"

마가는 이 말씀 후에 예수님의 죽음에 대한 빌라도의 의심을 보도한다(막 15:44-45).

예수님의 죽음과 장례는 안식일이 시작되기 전에 신속히 이루어졌다. 빌라도는 예수님의 죽음을 확인하고 요셉에게 시체를 내어 준다.

3. 장사(59-60절)

(59-60절) "요셉이 시체를 가져다가 깨끗한 세마포로 싸서 바위 속에 판 자기 새 무덤에 넣어 두고 큰 돌을 굴려 무덤 문에 놓고 가니"

'큰 돌'(*lithos megas*): 마태는 무덤 문을 막은 돌이 큰 돌이었다고 말함으로써 마지막 이적으로서 부활을 강조하고 있다.

(61절) "거기 막달라 마리아와 다른 마리아가 무덤을 향하여 앉았더라"

마태의 경우 몇 여인들이 예수님을 끝까지 좇은 사람들이다.

C. 군병들의 무덤 경비(62-66절)

이 단락은 28장 11-15절의 '군병 매수' 단락과 함께 마태복음에만 나타나는 본문인데, '무덤 경비' 기사는 '군병 매수' 기사로부터 이해되어야 한다. 왜냐하면 대제사장들이 장로들과 함께 예수님의 부활 사실을 숨기기 위해 군인을 매수하여 제자들이 밤에 와서 사람들이 잘 때에 예수님의 시체를 도둑질하여 갔다는 거짓말을 유포하였기 때문이다(28:13, 15 참조). 그러므로 이 '무덤 경비' 기사는 제자들의 시체 훔쳐감에 대해 반박하는 변호적인 기능을 한다. 또 '무덤 경비' 기사는 이스라엘이 메시아를 십자가에 못 박히게 했다는 것을 다시 한 번 강조한다.

1. 빌라도를 찾아감(62절)

(62절) "그 이튿날은 준비일 다음 날이라 대제사장들과 바리새인들이 함께 빌라도에게 모여 이르되"

'준비일 다음 날': 안식일을 말한다. 마태는 안식일의 '안식'을 이유로 안식일을 직접적으로 말하지 않는다. 안식일에 대제사장들과 바리새인들이 모여 빌라도에게 함께 찾아갔다.

2. 대제사장과 바리새인들의 무덤 파수 요구(63-64절)

(63-64절) "주여 저 속이던 자가 살아 있을 때에 말하되 내가 사흘 후에 다시 살아나리라 한 것을 우리가 기억하노니 그러므로 명령하여 그 무덤을 사흘까지 굳게 지키게 하소서 그의 제자들이 와서 시체를 도둑질하여 가고 백성에게 말하되 그가 죽은 자 가운데서 살아났다 하면 후의 속임이 전보다 더 클까 하나이다 하니"

'주여'(*kyrie*): 대제사장들과 바리새인들은 예수님의 제자들이 예수님을 부를 때 사용하던 '주'라는 호칭을 빌라도에게 사용한다.

'속이던 자'(*planos*): 이 단어는 복음서에서 단 한 번, 그것도 이 구절에서만 사용된다. 이들은 예수님을 '속이던 자', 곧 '거짓 선지자' 또는 '민중을 미혹하게 한 자'로 부른다.

'후의 속임(*hē eschatē planē*)이 처음의 속임보다 더 악하다': '처음의 속임'은 '예수님의 지상 활동'을 말하고 '나중의 속임'은 '예수님의 부활'을 가리킨다.

3. 빌라도가 대제사장과 바리새인의 요구를 받아들임(65절)

(65절) "빌라도가 이르되 너희에게 경비병이 있으니 가서 힘대로 굳게 지키라 하거늘"

'힘대로 굳게 지키라': 이 구절에서도 '큰 돌'(60절) 말씀처럼 하나님의 부활 권능이 강조된다.

4. 군병들의 무덤 파수(66절)

(66절) "그들이 경비병과 함께 가서 돌을 인봉하고 무덤을 굳게 지키니라"

무덤 파수는 철저하게 시행된다.

보충설명 **마태복음 수난사의 특징**

1) 그리스도론적인 관심: 예수님은 수난을 받으시나 담대하게 고난에 맞서는 주체요, 당당하게 자발적으로 고난을 당하신다(26:42, 52).
2) 변호론적인 관심: 예수님은 죄 없이 고난을 받으신다(27:19, 24).
3) 구약성경 예언에 대한 관심: 예수님의 수난은 구약 예언의 성취이다(구약 예언 성취 인용문 참조).
4) 이방인에 대한 관심(구원의 보편주의): 예수님은 이스라엘에 의해 배척을 당하셨다(27:25, 62-66).
5) 구원론적인 관심: 예수님의 죽으심은 죄 용서를 위한 구원 행위이다(26:27).

본문이 전하는 말씀

첫째, 예수님은 십자가에서 숨을 거두시는 순간에도 전적으로 하나님만을 신뢰하였다. 그것처럼 예수님의 제자들도 견딜 수 없는 고난을 만난다 하더라도 당당하게 고난에 맞서며 **하나님만을** 믿고 의지하자.

둘째, 예수님의 십자가 사건은 **우주적인 사건**이다. 예수님의 십자가 사건은 온 인류를 구원하시기 위한 사건이다. 예수님의 편견 없는 사랑처럼 예수님의 제자들도 온 인류를 향한 편견 없는 선교에 참여해야 한다.

셋째, 예수님의 십자가 현장뿐 아니라 장례 현장에도 여인들이 예수님을 끝까지 좇았다. 예수님의 제자들은 이 여인들처럼 예수님을 **끝까지** 좇아야 한다.

넷째, 예수님은 죽으시고 장사되셨을 뿐 아니라 그 무덤은 경비병에 의해 지켜졌다. 이 모든 것은 **부활의 준비**이다. 십자가 없이는 부활 없다. 예수님의 제자들이 장차의 영광에 참여하려면 현재의 고난을 이겨야 한다.

찬송: 144장(새 144장)

돌문 무덤

제52과 다시 사신 예수님

28장 1-20절

본문의 자리 매김

이제 마태복음의 마지막 장에 이르렀다. 본문은 장 수로는 마태복음의 끝에 위치해 있으나 내용적으로는 마태복음을 전체적으로 이해할 수 있는 기본적인 통찰을 제공해 준다는 점에서 마태복음 1장을 읽을 때부터 염두에 두어야 하는 '전망대'요, 마태복음 전체를 이해하는 '해석학적인 열쇠'가 된다.

본문의 짜임새

28장은 내용적으로 분명하게 세 단락으로 구분된다. 먼저, 첫 단락인 1-10절은 예수님의 부활을 증거하는 '비어 있는 무덤' 기사인데, 마태복음은 예수님의 십자가 죽음 보도 기사 가운데 '자던 성도들의 일어남'을 보도하고(27:52-61), 예수님의 무덤 경비(27:62-66)를 말함으로써, '비어 있는 무덤' 기사를 '수난사'라는 큰 테두리 안에서 보고 있다. 둘째 단락인 11-15절, '군병 매수' 기사는 복음서 중 마태복음에만 나타나는데 27장 62-66절, '무덤 파수' 기사와 관련되어 있다. 마지막으로 셋째 단락인 16-20절, '부활하신 예수님의 선교 명령' 기사는 전체 마태복음을 이해하는 기본적인 통찰을 제공해 준다.

A. 비어 있는 무덤(1-20절)
B. 대제사장 무리들의 군병 매수(11-15절)
C. 부활하신 예수님의 선교 명령(16-20절)

본문 풀이

A. 비어 있는 무덤(1-10절)

1. 무덤을 방문한 여인들(1절)

(1절) "안식일이 다 지나고 안식 후 첫날이 되려는 새벽에 막달라 마리아와 다른 마리아가 무덤을 보려고 갔더니"

'안식 후 첫날이 되려는 새벽에': 마가는 '안식 후 첫날 매우 일찍이 해 돋을 때에'(16:2), 누가는 '안식 후 첫날 새벽에'(24:1), 요한은 '안식 후 첫날 일찍이 아직 어두울 때에'(20:1)

라고 말하는데 '빈 무덤' 발견 시각이 네 복음서 저자 모두 주일 새벽을 가리킨다.

'막달라 마리아와 다른 마리아' : 마가의 경우 이들 외에 살로메도 함께 갔다고 말한다(16:1). 마태가 두 여인만을 말하는 것은 마태 자신이 즐겨 사용하는 증인 수인 '둘'과 관련되어 있으며(8:28; 20:30), 또 예수님의 시신이 무덤에 안치될 때 그 장면을 지켜본 두 여인이 '막달라 마리아와 다른 마리아'라는 27장 61절과 관련되어 있다.

2. 천사의 나타남(2-4절)

> (2-4절) "**큰 지진**이 나며 주의 천사가 하늘로부터 내려와 돌을 굴려 내고 그 위에 앉았는데 그 형상이 번개 같고 그 옷은 눈 같이 희거늘 지키던 자들이 그를 무서워하여 떨며 죽은 사람과 같이 되었더라"

2절의 서두에 한글 개역개정 성경에는 '그리고 보라'(*kai idou*)가 빠져 있다. 이는 마태가 하나님께서 개입하신 '계시적 사건'을 나타낼 때 즐겨 사용하는 어구이다(1:23; 2:9; 27:51 등 참조).

'큰 지진이 나며' : '지진'(*seismos*)는 27장 54절에서 십자가 사건이 우주적 사건이듯이 부활 사건 역시 우주적 사건임을 보여 준다. 이 지진은 복음서 중에서 마태만이 보고하고 있다(8:24; 24:7; 27:54 참조).

하나님은 천사를 통해 돌을 굴려 내셨다. 그 천사의 모습이 번개 같고 옷이 눈 같이 희어 무덤을 지키던 자들이 '무서워하여 떨었다'(*apo tou phobou eseisthēsan*). 이것은 8절에 묘사된 여인들의 '무서움과 큰 기쁨'과 대조적이다.

3. 천사의 말(5-7절)

(5-7절) "천사가 여자들에게 말하여 이르되 너희는 무서워하지 말라 십자가에 못 박히신 예수를 너희가 찾는 줄을 내가 아노라 그가 여기 계시지 않고 그가 말씀 하시던 대로 **살아나셨느니라** 와서 그가 누우셨던 곳을 보라 또 빨리 가서 그의 제자들에게 이르되 그가 죽은 자 가운데서 살아나셨고 너희보다 먼저 갈릴리로 가시나니 거기서 너희가 뵈오리라 하라 보라 내가 너희에게 일렀느니라 하거늘"

a) '무서워하지 말라'(5절): 이 표현은 마태의 경우 계시 장면에서 자주 나타나는 어구이다(1:20; 14:27; 17:6; 28:10). 부활은 예수님을 찾는 여인들이 찾는 방식대로 인식될 수 있는 사건이 아니다.

b) '그가 살아나셨느니라'(*ēgerthē*, 6절): 원문대로 옮기면 '그가 (하나님에 의해) 일으킴을 받았다'이다. 부활하신 분은 예수님이시나 부활하게 하신 분은 하나님이시다. 하나님께서 부활의 주체가 되신다. 이는 하나님께서 '숨은 주어'가 되신 '신적 수동태'(passivum divinum)이다.

c) '제자들에게 알리라'(7절): 부활하신 주님의 현현과 갈릴리에서의 만남을 예고한다.

'보라'(*kai idou*): 2절처럼 마태는 부활을 하나님께서 개입하시는 계시적 사건임을 강조한다.

4. 여인들의 달음질(8절)

(8절) "그 여자들이 **무서움**과 **큰 기쁨**으로 빨리 무덤을 떠나 제자들에

게 알리려고 달음질할새"

'무서움과 큰 기쁨으로'(*meta phobou kai charas megalēs*): 4절에서 지키던 자들이 죽은 자처럼 떨던 것과는 달리 천사의 말을 들은 여인들은 무서움과 함께 큰 기쁨으로 예수님의 부활 소식을 제자들에게 전하러 달려 간다.

5. 도중에 예수께서 여인들을 만나심(9-10절)

(9-10절) "예수께서 그들을 만나 이르시되 **평안하냐** 하시거늘 여자들이 나아가 그 발을 붙잡고 경배하니 이에 예수께서 이르시되 **무서워하지 말라** 가서 내 형제들에게 갈릴리로 가라 하라 거기서 나를 보리라 하시니라"

여자들이 무덤 근처에서 부활하신 분을 만났다는 보고는 4복음서 중에서 단지 마태복음과 요한복음에만 나타난다. 이로써 마태는 부활 대신 제자들이 예수님의 시신을 훔쳐 갔다는 거짓 증거에 대해 부활을 강하게 변호한다. 그래서 마태는 단지 '비어 있는 무덤'뿐 아니라 '예수님의 나타나심(현현)'을 부활의 증거로 말한다.

9절 서두의 '그리고 보라'(*kai idou*) 역시 현현 사건이 하나님께서 개입하신 한 계시 사건임을 보여 준다.

'평안하냐'(*chairete*): 전형적으로 그리스식 인사이다. 자구적으로 옮기면 '기뻐하라'이다. 반면에 요한복음에서는 '평안'(*eirēnē*: 히브리어로 *shalom*)으로 표현되어 있다.

'무서워하지 말라'(*mē phobeisthe*): 5절처럼 계시 장면에서 자주 사용되는 어구이다.

'내 형제들에게': 예수님은 제자들을 '내 형제들'이라고 부르신다. 이로써 예수님의 부활 이전에 저질렀던 제자들의 모든

참조. 요 20:21, "예수께서 또 이르시되 너희에게 평강이 있을지어다 아버지께서 나를 보내신 것 같이 나도 너희를 보내노라"

잘못과 허물들이 용서되고 제자들은 예수님의 부활 후 예수님과 새로운 관계 안에서 주님과 교제하게 된다.

B. 대제사장 무리들의 군병 매수(11-15절)

(11-15절) "여자들이 갈 때 경비병 중 몇이 성에 들어가 모든 된 일을 대제사장들에게 알리니 그들이 장로들과 함께 모여 의논하고 군인들에게 돈을 많이 주며 이르되 너희는 말하기를 그의 제자들이 밤에 와서 우리가 잘 때에 그를 도둑질하여 갔다 하라 만일 이 말이 총독에게 들리면 우리가 권하여 너희로 근심하지 않게 하리라 하니 군인들이 돈을 받고 가르친 대로 하였으니 이 말이 오늘날까지 유대인 가운데 두루 퍼지니라"

빈 무덤 주변에 있던 여인들이 예수께서 전하는 말씀을 가지고 제자들에게 가는 동안 무덤을 지키던 경비병들은 유대 관원들에게 달려간다. 이로써 여인들이 전하는 예수님의 부활 소식을 믿음으로 받아들이는 것과 유대 관원들의 의도적인 억압이 대조적으로 표현되어 있다. 여기서도 27장 3, 12, 20절처럼 '대제사장들'과 '장로들'이 서로 결탁한다. 대제사장들과 장로들의 이러한 결탁은 복음서 중 단지 마태의 경우에만 발견된다.

마태는 '무덤 파수' 기사에 이어 '군병 매수' 기사로써 유대 관원들이 날조하고 유포하는 제자들의 예수님 시체 절도설에 강하게 대응하고 예수님의 부활 사실을 변호한다.

C. 부활하신 예수님의 선교 명령(16-20절)

1. 배경(16-17절)

(16절) "열한 제자가 갈릴리에 가서 예수께서 지시하신 산에 이르러"

'열한 제자': 열두 제자 중 배신한 가룟 유다를 제외한 제자들이다.

'갈릴리': 마태의 경우 갈릴리는 갈릴리와 예루살렘 대립 구도에서 이해되는 예루살렘의 적대 지역이 아니라 예수 그리스도 안에서 일어난 하나님의 구원이 이방 민족을 향해 열리는 개방적 구원의 출발지이다.

'산'(*oros*): 누가의 경우 산은 기도하는 곳이나(6:12; 9:28; 22:39), 마태의 경우 산은 특별한 하나님의 계시가 일어나는 곳이다. 그래서 산상설교(5:1), 여러 병자들을 고치시는 치유 행위(15:29), 변모(17:1), 부활하신 예수님의 선교 명령이 산에서 일어난다.

(17절) "예수를 뵈옵고 경배하나 아직도 의심하는 사람들이 있더라"

'경배하다'(*proskynein*): 이 단어는 '앞에 나아가'(*pros*)와 '입맞추다'(*kynein*)의 합성어이다. 이것은 굴욕의 '무릎 꿇다'(*gonypetein*)와 구별되게(27:29), '경배하다'의 뜻을 가지고 있다.

'의심하다'(*distazein*): 이 용어는 마태복음 전체에서 단 두 번 사용되는데, 그것도 예수께서 제자들 앞에 나타나실 때 사용되었다. 한번은 예수께서 물 위로 걸어 오셨을 때 물 속에 빠지는 베드로에 대하여(14:31), 그리고 다른 한 번은 부활 이후 예수께서 제자들 앞에 나타나셨을 때 이 용어가 사용되었다.

두 경우 모두 '의심'은 예수님의 나타나심에 대한 제자들의 새로운 경험을 나타내는데, 이 용어에서 마태의 교회 안에 일부 그리스도인들의 흔들리는 영적 상태를 찾아볼 수 있다.

2. 선교 명령(18-20절)

(18절) "예수께서 나아와 말씀하여 이르시되 하늘과 땅의 모든 **권세**를 내게 주셨으니"

'모든 권세'(*pasa exousia*): 이는 아버지께서 아들에게 주신 권세이다(마 11:27, "내 아버지께서 모든 것을 내게 주셨으니 아버지 외에는 아들을 아는 자가 없고 …"). 예수님의 권세는 바리새인과 서기관보다 나은 의를 가르치는 권세이며(7:29), 하나님만이 하시는 죄 용서를 행하시는 권세이며(9:6), 성전을 정화하는 권세이다(21:23-24, 28). 예수님의 지상 활동 시 이 권세가 제자들에게 위임되었던 것처럼(10:1), 부활 이후 예수님의 권세는 제자들에게 '함께 하리라'는 약속의 형태로 주어진다.

(19-20상반절) "그러므로 너희는 가서 **모든 민족을 제자로 삼아** 아버지와 아들과 성령의 이름으로 **세례를 베풀고** 내가 너희에게 분부한 모든 것을 **가르쳐 지키게 하라**"

'제자 삼으라'(*mathēteusate*): 이 구절에 사용된 유일한 명령형 동사이다. '제자 삼다'(*mathētheusate*)는 신약성경에서 총 네 번 사용되는데 4복음서 중 유일하게 마태복음에만 세 번 사용되는(13:52; 27:57; 28:19; 행 14:21 참조), 마태가 즐겨 사용하는 애용어이다. 이 명령형 동사에 세 개의 분사, '가서'(*poreuthentes*), '세례를 베풀고'(*baptizontes*), '가르치면서'

(*didaskontes*)가 연결됨으로써 제자 삼는 일이 구체적으로 설명되고 있다. 이 '세례 베풀다'와 '가르치다'에 해당하는 두 분사는 모두 현재형이어서 그것이 '계속되어야 하는 일'임을 나타낸다.

'모든 민족을'(*panta ta ethnē*): 제자 삼는 일은 모든 민족에게로 확대된다. 마태복음 전체에 이러한 '구원의 보편주의'가 나타난다(8:11-12; 10:18; 12:18, 21; 13:38; 21:43-45; 22:1-14; 24:14; 25:32; 26:13 참조). 이것은 18-20절에서 네 번 사용된 '모든'이란 단어에서도 입증된다('모든 권세', '모든 민족', '모든 것', '모든 날 동안').

마태의 경우 제자가 되는 것은 단순하게 세례 받고 말씀을 배우는 것일 뿐 아니라 주님께서 명하신 모든 것을 지키는 것(*tērein*)이다. 즉 마태복음의 무게 중심은 '전체 율법을 행함'(5:17-19 참조), '서기관과 바리새인보다 나은 의의 실천'(5:6, 10, 20; 6:33), '온전하게 행함'(5:48; 19:21), '믿음의 열매를 맺음'(3:10; 7:16-20; 12:33; 13:8; 21:18-22, 33-46)에 있다. 마태에 의하면 예수님은 가르침과 행함의 일치를 보여 주신 본이 되시며, 제자들은 예수님처럼 예수께서 가르치신 모든 것을 배우고 가르쳐야 할 뿐 아니라 행하여야 하며 또한 가르쳐 지키게 해야 한다. 부활 이후 가르침의 사역이 본격적으로 확대된다. 23장 8절에서는 예수님이 유일한 교사였으나, 부활 이후 그 가르침의 사역은 모든 제자들에게 확대된다.

(20하반절) "볼지어다 내가 세상 끝날까지 너희와 항상 함께 있으리라 하시니라"

19-20절에서 선교의 세 요소, 곧 아버지로부터 전권을 위임받은 아들의 '**기독론**', 제자 삼음과 세례 줌으로써 나타나는

‘**교회론**’, 세상 끝날까지 함께 하시겠다는 약속의 ‘**종말론**’이 함께 결합되었다. 이로써 구원의 과거, 현재, 미래가 함께 고려된다. 마태복음 첫 장에서 “하나님께서 우리와 함께 계시다”(1:23)는 ‘임마누엘’ 말씀은 마태복음 마지막 장 마지막 절에 다시 “세상 끝 날까지 너희와 항상 함께 있으리라”는 ‘약속’의 형태로 나타난다. 그러므로 18-20절의 말씀은 마태복음 전체를 올바르게 이해하는 전망을 던져 주는 해석학적인 열쇠가 된다.

마태의 경우 그리스도인이 된다는 것은 그리스도의 제자가 되는 것 외에 다른 것이 아니다. 그리스도의 제자로서 예수 그리스도의 말씀을 배우고 지키며, 또 다른 사람들을 가르치고 지키도록 그리스도의 제자로 삼는 것, 그것이 제자들이 해야 할 일이다.

본문이 전하는 말씀

첫째, 예수님의 부활은 하나님께서 개입하신 **계시적인 사건**이다. 이 부활하신 예수님을 믿는 자에게 하나님께서는 부활의 새 생명을 주신다. **부활 신앙**을 끝까지 붙들자.

둘째, 부활하신 주님은 고난의 현장을 떠났던 제자들을 형제로 받아 주셨다. 부활하신 주님을 믿는 것은 주님과 새로운 관계로 들어감을 의미한다. 다시 오실 주님을 기다리며 **새 생명** 가운데 살자.

셋째, 부활하신 주님은 제자들에게 이방 선교의 출발지인 갈릴리로 가라고 하신다. 주님을 따르는 제자들은 **열방 선교**를 위해 힘써야 한다.

넷째, 모든 권세를 가지신 주님께서 우리와 함께 하심으로써 주님을 따르는 제자들에게 또 다른 사람들을 제자 삼으라고 말씀하신다. 교회는, 그리스도의 제자는 **제자 삼는 일**을 계속하여야 한다.

다섯째, 주님께서 그러하셨듯이 제자들은 주님께 배운 것을 다른 사람들에게 **가르치고** 그것을 **지키게 해야 한다**. 배움과 행함과 가르침이 일치된 삶이 제자들이 추구해야 하는 삶이며 다른 사람들을 그리스도의 제자로 삼는 일이 제자들이 해야 할 일이다.

찬송: 151장(새 162장)

주요 참고문헌

국내서적

장흥길. 『나의 멍에를 메고 내게 배우라』 – 설교를 위한 마태복음 연구. 개정증보판. 서울: 한국성서학연구소, 2008.

France, Robert T. *Matthew: Evangelist and Teacher.* 이한수 역. 『마태신학』. 서울: 엠마오, 1995.

Luz, Ulrich. *Die Jesusgeschichte des Matthäus.* 박정수 역. 『마태공동체의 예수이야기』. 서울: 대한기독교서회, 2002.

Kingsbury, Jack Dean. *Matthew: Structure, Christology, Kingdom.* 김근수 역. 『마태복음서 연구』. 서울: 기독교문서선교회, 1990.

Schlatter, Adolf. *Das Evangelium nach Matthäus.* 김희보 역. 『마태복음 강해』. 서울: 종로서적, 1994.

Strecker, Georg. *Die Bergpredigt.* 전경연 · 강한표 공역. 『산상설교』. 서울: 대한기독교서회, 1992.

해외서적

Gnilka, Joachim. *Das Matthäusevangelium.* HThK.NT I/1, 2. Freiburg i. Breisgau: Herder, 1986/1988.

Grundmann, Walter. *Das Evangelium nach Matthäus.* ThHK 1. Berlin: Evangelische Verlagsanstalt, [7]1992.

Luz, Ulrich. *Das Evangelium nach Matthäus.* EKK I/1–4. Neukirchen–Vluyn: Neukirchener Verlag, [2]1989/1990/1997/2002.

Schnackenburg, Rudolf. *Matthäusevangelium.* NEB I/1, 2. Würzburg: Echter Verlag, [2]1991/[2]1994.

Schnelle, Udo. *Einleitung in das Neue Testament.* Göttingen: V. & R., [4]2002.

Schniewind, Julius. *Das Evangelium nach Matthäus.* Göttingen: V. & R., [13]1984.

Schweizer, Eduard. *Das Evangelium nach Matthäus.* NTD 2. Göttingen: V. & R., 1986.

해외논문

Stuhlmacher, Peter. "Zur missionsgeschichtlichen Bedeutung von Mt 28,16–20". *EvTh* 59(1999): 108–130.